숨 쉴 때마다
새로운 내가 된다면

후회를 최소화하고 만족을 극대화하는 법

숨 쉴 때마다
새로운 내가 된다면

The Earned Life

마셜 골드스미스 & 마크 라이터 지음 | 안솔비 옮김

한국경제신문

경영 코치로서 나는 50년 동안 경력을 쌓으며 미국의 수많은 위대한 리더들과 함께 일할 수 있는 영광을 누렸다. 이론상으로는 내가 그들을 가르쳤지만, 실제로는 그들이 나에게서 배운 것보다 내가 배운 것이 더 많았다. 아래의 리더와 사상가, 코치들은 나의 작업과 이 책을 지지해주는 은혜를 베풀었다. 독자 여러분이 그들의 위대한 업적을 파악하기 쉽도록 모든 사람들의 추천사 아래에 나의 코멘트를 적었다. 내가 배운 내용을 공유함으로써 이들이 나를 도와준 것처럼, 이 책이 여러분을 도울 수 있기를 바란다. **마셜 골드스미스**

● ○ 마셜 골드스미스와 함께 일하기 시작하면서 나의 삶은 훨씬 좋아졌다. 그때 이후로 내 인생의 중요한 결정은 모두 그의 지혜와 공감, 헌신의 영향을 받았다. 그의 '100명의 코치' 커뮤니티에서 우리는 만족을 향해 나아가고 후회에서 벗어날 수 있게 서로 돕는다. 이 놀라운 책을 읽으면서 마셜의 목소리에 귀를 기울여라. 도전에 맞서고 새로운 시작을 할 수 있다는 사실을 명심하라. 나는 집을 나설 때마다 겸손함과 열정을 떠올리며 다시한번 마땅한 삶을 얻기 위해 이 책의 오디오북을 듣는다.

김용, 세계은행 전 총재
파트너스인헬스의 설립자이자 세계은행의 총재로서 김용은 개발도상국에 긍정적인 영향을 끼치고 수천만 명의 목숨을 구한 인도주의적 활동을 이끌었다.

● ○ 마셜 골드스미스 코칭의 본질은 목적을 향한 그의 헌신에 있다. 그 목적은 나를 포함한 그의 모든 고객들이 행복과 만족을 찾고, 그들과 그들이 이끄는 사람들을 위해 더 나은 사람이 되도록 하는 것이다. 그리고 지금 그는 고객의 범위를 이 책을 읽는 독자들로 넓히고 있다. 우리가 원하는

사람이 되고, 후회 없는 충만한 삶을 살 수 있도록 도와준다니 이 얼마나 큰 선물인가! 고마워요, 마셜. 이 책은 정말 끝내줍니다!

앨런 멀럴리, 포드 전 CEO

9·11 테러 이후 보잉커머셜에어라인의 CEO로서, 그리고 재정적 위기 이후 포드의 CEO로서 앨런은 힘거운 도전에 맞서 미국에서 가장 성공적이고 인상적인 기업 성공 사례를 두 차례나 이끌었다.

○ 놀라운 코칭과 우정을 통해 마셜 골드스미스는 내가 더 좋은 리더가 되고, 더 행복한 사람이 되도록 이끌어 주었다. 그에게 받은 가장 큰 영향력은 긍정적인 변화를 만들기 위해 피드백을 수용하는 법(나의 모습을 인정한 뒤 피드포워드를 훈련하는 법)을 배웠다는 점이다. 존경받는 세계 최고의 코치가 행복하고 만족스러운 삶을 살아가는 데 필요한 가장 중요한 통찰력을 공유한다.

위베르 졸리, 베스트바이 전 CEO

위베르가 베스트바이에 합류했을 당시 회사는 거의 파산 직전이었다. 그가 맡은 8년 임기 이후 베스트바이는 경이로운 성장과 수익성을 달성했다. 이 놀라운 이야기는 그의 베스트셀러 《하트 오브 비즈니스》에 기록돼 있다.

○ 우리의 인생은 아름다운 것들로 가득 차 있는데, 나에게는 마셜 골드스미스가 그중 하나다. 내가 걸스카우트 CEO로 있을 때 그와 처음 만나 함께 일을 시작한 이후 지금까지, 마셜은 내 삶의 일에 있어서 매우 중요한 역할을 해왔다. 이 책을 통해 마셜은 우리 모두에게 꼭 필요한, 충만한 삶을 사는 방법을 알려준다. 꼭 읽어야 하는 걸작이다!

프랜시스 헤셀바인, 미국 걸스카우트 전 CEO

걸스카우트의 CEO였던 프랜시스는 엄청난 영향력을 행사했으며, 뛰어난 리더로서 미국 대통령 자유 훈장을 받기도 했다. 전설적인 피터 드러커는 프랜시스를 "내가 만난 최고의 경영진"이라고 단언했다.

● ○ 마셜 골드스미스는 단 5분 동안의 대화에서도 중요한 것에 집중하게 하면서도 성장에 관한 깊은 성찰을 제공하는 능력을 지니고 있다. 아주 놀랍다. 코로나19 팬데믹 동안 화이자가 생명을 구하는 중요한 역할을 하고 있을 때 나는 마셜에게 더욱 의존했다. 일과 관련된 문제뿐만 아니라 인생에 관해서도 깊은 대화를 나눌 수 있었기 때문이다. 그는 훌륭한 코치이자 교육자이자 작가다.

앨버트 불라, 화이자 CEO
화이자의 CEO로서 앨버트는 인류 역사상 가장 큰 도전이었던 코로나 팬데믹에 맞서 회사를 쉬지 않고 이끌어왔다. 화이자의 놀라운 성공은 신약 개발 역사상 유례없는 성장이다.

● ○ 마셜 골드스미스는 현대 사회의 현자다. 그의 정직함과 공감, 지혜는 내가 그와 함께한 모든 책과 강연, 회의, 대화 속에 그대로 담겨 있다.

애쉬슈 아드바니, 주니어어치브먼트 CEO
주니어어치브먼트는 전 세계 청소년들에게 경제적으로 도움을 준 업적으로 2022년 노벨 평화상 후보에 올랐다.

● ○ 마셜 골드스미스의 독특한 접근법은 나의 도전 의식을 일깨웠고, 더 좋은 리더이자 더 좋은 사람이 되도록 영감을 주었다. 이 책에서 마셜은 목적 지향의 삶을 만들어나가는 과정을 안내한다. 이 책의 철학적이고 실용적인 접근은 나에게 그랬던 것처럼 당신에게도 큰 도전이 될 것이다.

제임스 다우닝, 세인트주드어린이연구병원 회장 겸 CEO
소아 종양학자인 다우닝은 2014년 소아암 치료의 선두 주자인 세인트주드병원의 CEO로 임명됐다.

● ○ 마셜의 작품 컬렉션에 또 하나의 훌륭한 책이 추가됐다. 이 책에 담긴 조언을 따라가다 보면 지속적으로 목표를 성취하면서도 그 과정에서 행복

과 평화를 만나는 법을 찾게 될 것이다.

에이미 에드먼드슨, 하버드대학교 경영대학원 리더십 및 경영학 교수
2021년 에이미는 '싱커스 50'에서 세계에서 가장 영향력 있는 경영 사상가 1위에 뽑혔다.

● ○ 마셜 골드스미스는 핵심을 관통한다. 삶의 의미와 자신의 노력을 일치시키고 싶은 사람들에게 마셜은 멋진 동반자이자 길잡이, 그리고 응원단장이 돼줄 것이다. 그를 개인적으로 모르는 사람들이라 해도 이제 이 책을 통해 성장할 수 있으니 얼마나 운 좋은 일인가!

존 디커슨, CBS 뉴스 최고 정치 분석가
존은 〈CBS 선데이모닝〉과 〈CBS 이브닝뉴스〉를 포함한 CBS 뉴스 프로그램들의 기자로 활동하고 있으며, 베스트셀러 《세상에서 가장 어려운 일(The Hardest Job in the World)》을 쓴 저자다.

● ○ 나는 매일 모든 순간에 감사한 마음을 가지려고 한다. 나는 매우 목표 지향적인 사람이라서 행복과 성취가 상호 배타적일 필요는 없다는 사실을 가끔 잊곤 한다. 현재에 집중함으로써, 결정을 내리는 순간에 욕심을 버리는 선택을 할 수 있다. 마셜 골드스미스는 이러한 나의 성장과 노력에 도움을 준 훌륭한 코치다!

데이비드 장, 셰프·작가
획기적인 레스토랑 모모푸쿠를 설립한 데이비드는 제임스 비어드상을 수상했고, 인기 스타이자 베스트셀러 《인생의 맛 모모푸쿠》의 저자다.

● ○ 마셜 골드스미스와 일하는 것은 축복이다. 그는 내가 더 좋은 사람, 더 좋은 아내, 더 좋은 엄마, 그리고 더 좋은 리더가 될 수 있도록 끊임없이 도와준다. 그와의 여정은 근본적인 변화를 마주해야 했음에도 즐거움의 연속이었다. 이 책은 그의 영혼과 수많은 사람에게 끼친 그의 영향력을 완

벽하게 담고 있다.

아이샤 에번스, 죽스(Zoox) CEO
인텔의 수석 부사장이자 최고 전략 책임자였던 아이샤는 〈포천〉이 선정한 2021년 가장 영향력 있는 '주목해야 할' 여성 사업가 명단에 이름을 올렸다.

● ○ 방금 이 책을 완독했다. 나 자신과의 깊은 대화로 초대해준 이 책에 감사를 표한다!

난크혼데 반 덴 브룩, 경영 코치·활동가·기업가
난크혼데는 2021년 '싱커스 50'의 가장 영향력 있는 리더십 코치에 이름을 올렸다.

● ○ 마셜 골드스미스는 이 세상에서 가장 특별한 사람 100명과 주말 동안 총 400시간이 넘는 친밀한 대화를 나누며 배운 원칙들을 이 책에 아주 성공적으로 담아냈다.

마크 C. 톰슨, 리더십 코치
마크는 인기 있는 CEO 코치이며, '싱커스 50'이 선정한 경영 코치 상위 10위 안에 들었다. 베스트셀러《성공하는 사람들의 열정 포트폴리오》의 저자다.

● ○ 나는 마셜 골드스미스를 만나고 그가 내 인생의 일부가 되면서, 그와 더불어 '100명의 코치' 커뮤니티 안의 독특한 사람들에게서 가르침을 얻을 수 있었던 엄청난 행운을 잡았다. 프로 운동선수에서 새로운 인생으로의 전환 과정에서 그는 매우 중요한 역할을 해주었다.

파우 가솔, 전 NBA 올스타
파우는 NBA 챔피언을 2회 달성했고 올림픽은 5회 출전했으며(이 중 세 번은 메달도 땄다), 현재는 가솔재단의 회장이다.

● ○ 전 세계 리더들이 주말마다 줌 회의를 기다리도록 만들 수 있는 사람이 마

셜 골드스미스 말고 또 누가 있을까? 그는 사회에서 다양한 위치에 있는 인상적인 사람들을 소집해 지식을 공유하고, 배우고, 가장 중요하게는 '선행 베풀기'를 하도록 만들었다. '100명의 코치' 커뮤니티의 일원으로서 나는 우리의 토론이 '인류애'라는 공통적 맥락을 지녔다는 사실을 발견했다. 당신은 이 책을 통해 배움을 얻을 것이고, 당신이 얻은 통찰력으로 우리 모두가 선행 베풀기에 참여하게 될 것이라고 확신한다!

미셸 세이츠, 러셀인베스트먼트 의장 겸 CEO
2017년 CEO로 임명된 뒤 미셸은 세계에서 가장 거대하고 성공적인 투자회사를 이끌어오고 있다.

● ○ 마셜 골드스미스는 인생을 바꾸는 사람이다. 지난 10년 동안 내가 경력을 쌓는 순간마다 그는 핵심적인 조언을 해주었다. 마셜은 복잡한 것을 간단하게 만들어주고, 날마다 더 나아지도록 영감을 주며, 긍정적인 변화를 만들도록 도전 의식을 깨운다. 이 책은 우리의 정체성을 끊임없는 목표 달성에만 고정해둔다면 대담한 야심은 폭군이 될 수 있다는 사실을 일깨운다. 우리는 이 여정을 즐기고 행복을 누려야 한다. 이것이 우리가 해야 하는 가장 중요한 선택이다.

마고 조지아디스, 앤세스트리 회장 겸 CEO
앤세스트리의 놀라운 혁명을 이끌기 전, 마고는 마텔의 CEO였고 가장 영향력 있는 여성 사업가 50명 중 한 명으로 꼽혔다.

● ○ 마셜 골드스미스는 당신이 행복하고 현명해지도록 진심으로 도와주는 뛰어난 멘토다. 그는 나를 포함해 많은 사람들을 도와주었다. 그는 선한 영향력을 몇 배로 늘리는 사람이다. 수많은 독자들이 이 책에서 배운 내용으로 이 세상에 긍정적인 가치를 기하급수적으로 만들어내는 모습을 빨리 보고 싶다.

사닌 시앙, CEO 코치·고문·작가

듀크대학교 후쿠아경영대학원의 리더십 및 윤리 센터 창립 이사인 사닌은 '싱커스 50'이 선정한 코치 부분 1위를 차지했으며, 《더 런치 북(The Launch Book)》의 저자다.

● ○ 나는 마셜 골드스미스가 이끄는 유명한 리더들의 커뮤니티 일원이 되는 영광을 얻었다. 모든 사람들의 인성을 밝게 만들어주는 그의 능력은 참으로 비범하다. 개인적이든 직업적이든 모든 문제의 핵심을 관통하며 긍정적이고 생산적인 환경을 조성한다. 구성원들의 취약성을 오히려 동기부여하고 영감을 준다.

사라 허쉬랜드, 미국 올림픽&패럴림픽위원회 CEO
과거 와서맨의 전략사업개발부 수석 부회장이었던 사라는 2018년 미국 올림픽&패럴림픽위원회에 리더로 취임한 뒤 도쿄올림픽에서 미국 팀을 성공적으로 이끌었다.

● ○ 이 책은 마셜 골드스미스의 걸작이다. 깊이 있고, 명확하며, 공감을 불러일으키는 동시에 실용적이다. 이 책은 더 완전하고 만족스러운 삶을 살 수 있도록 우리 모두를 이끌어줄 것이다.

제프리 페퍼, 스탠퍼드대학교 경영대학원 조직행동학 교수
1970년 이후 스탠퍼드대학교 교수로 재직하고 있는 제프는 《생각의 속도로 실행하라》를 비롯해 15권이 넘는 책을 출간했다.

● ○ 마셜 골드스미스는 절대 조심스럽게 행동하지도, 놀라운 재치를 억누르지도 않는다. 그는 우리의 결점을 파악한 뒤 설득을 통해, 특히 숲을 보고 싶은 사람에게 유용할 만한 활용하기 쉬운 통찰력을 전함으로써 우리를 더 성장할 수 있도록 이끌어준다. 이 책은 그가 진정한 세계 최고의 코치임을 증명한다.

토니 마크스, 뉴욕공공도서관 총장 겸 CEO

애머스트칼리지의 총장이었던 토니는 2011년 뉴욕공공도서관의 총장으로 취임해 여러 가지 혁신적인 발전을 주도했다.

● ○ 마셜 골드스미스는 내가 아는 그 누구보다도 불가능한 것을 가능하게 만든다. 그가 없었다면 지금의 내가 되지 못했을 것이다. 마셜 덕분에 내 삶은 더 풍요롭고 즐거워졌다. 이 책이 당신에게도 같은 도움이 되기를 바란다!

마틴 린드스트롬, 작가·소비자 브랜딩 전문가
마틴은 린드스트롬컴퍼니의 창립자이며, 〈타임〉이 선정한 가장 영향력 있는 인물 100인에 들었다. 《쇼핑학》과 《스몰 데이터》를 쓴 그는 브랜딩의 세계 최고 권위자다.

● ○ 지난 몇십 년에 걸쳐 마셜 골드스미스는 세계에서 가장 훌륭한 리더십 사상가가 됐지만, 그럼에도 더욱 훌륭하고 배려심 넘치는 사람이 되려고 노력한다. 그는 온전한 삶을 사는 방법을 안다. 이 책이 당신도 그렇게 살 수 있도록 도와줄 것이다.

켄 블랜차드, 작가·연설가·비즈니스 컨설턴트
우상이자 존경받는 경영 교육자 켄은 가장 인기 있는 논픽션 작가 중 한 명으로, 그가 쓴 책들은 2,300만 부 이상의 판매 부수를 기록했다.

● ○ 마셜 골드스미스는 나를 포함한 수천 명의 인생을 발전시켰다. 그는 다른 사람을 돕는 일에 매우 진지한 유쾌한 휴머니스트다. 겸손한 수행가인 그는 상반되는 특성들을 모아 깊고 영원한 가치를 만든다.

아이세 비르셀, 디자이너·작가
〈패스트컴퍼니〉에서 뽑은 가장 창의적인 인물 100인에 이름을 올린 아이세는 '싱커스 50'에서 선정한 코치 10위 안에 들었으며, 《당신이 사랑하는 삶을 디자인하라(Design the Life You Love)》의 저자다.

●○ 마셜 골드스미스는 적절한 때에 알맞은 변화를 제안하는 재주가 있다. 이 책은 매우 훌륭하다.

리타 맥그래스, 컬럼비아대학교 경영대학원 교수
세계 최고의 혁신 전문가 리타는 '싱커스 50'이 뽑은 전략 사상가 1위를 차지했고, 《모든 것이 달라지는 순간》의 저자다.

●○ 마셜 골드스미스의 탁월함과 관대함은 그를 만나는 모든 사람들을 기쁘게 한다. 이 책에 소개된 그의 가르침과 코칭은 당신을 더 좋은 사람으로 만들 기회를 제공한다. '마셜 골드스미스를 경험할' 기회를 놓치지 말라!

체스터 엘턴&에이드리언 고스틱, 작가
체스터와 에이드리언은 〈뉴욕타임스〉 베스트셀러인 《올인(All In)》과 《감사함으로 리드하기(Leading with Gratitude)》의 저자다.

●○ 마셜 골드스미스는 이 책에서 자신의 방대한 코칭 경험을 농축해 후회를 만족으로 바꾸는 삶을 살 수 있도록 통찰력 있고 영감을 주는 지침을 만들었다. 대단하다.

사피 바칼, 물리학자·기업가·작가
사피는 오바마 대통령의 과학기술자문위원회에서 일했고, 〈월스트리트저널〉 베스트셀러 1위를 기록한 《룬샷》의 저자다.

●○ 이 책에서 마셜 골드스미스는 후회를 잊을 수 있는 방법을 알려준다. 끊임없는 공감과 지혜를 가지고 우리가 어떤 나이든 어떤 상황이든 상관없이 후회에서 만족으로 나아가는 방법을 제시한다.

샐리 헬게슨, 코치·작가
샐리는 포브스가 선정한 여성 리더들의 코치 1위에 올랐으며, 베스트셀러 《내일을 쓰는 여자》의 저자다.

● ○ 마셜 골드스미스에게서 나는 가능성을 현실로 바꿀 수 있는 선물을 받았다. 이 책을 읽어라. 당신도 그 선물을 얻어 갈 수 있다.

휘트니 존슨, 디스럽션어드바이저 CEO
휘트니는 '싱커스 50'이 선정한 경영 사상가 10인 안에 이름을 올렸고, 《똑똑한 성장(Smart Growth)》의 저자다.

● ○ 이 책은 당신이 진정으로 원하는 삶을 살도록, 또는 자기 삶을 등지려고 하는 순간 다시 현실로 돌아올 수 있도록 친절한 도움의 손길을 건넨다.

캐럴 카우프만, 하버드대학교 의과대학 코칭연구소 설립자
캐럴은 '싱커스 50'이 선정한 경영 코치 10인 안에 들었다.

● ○ 마셜 골드스미스가 또다시 해냈다. 이 책은 마셜에게 개인 코칭을 받는 것 같은 통찰력과 방법들을 담고 있다.

데이비드 울리히, 미시간대학교 로스경영대학원 교수
데이비드는 〈HR매거진〉이 선정한 인사관리 분야의 최고의 사상가이자 주목받는 작가로, '싱커스 50' 명예의 전당에 등재됐다.

통찰력과 응원을 보여준
루스벨트 토머스 주니어 박사(1944~2013년)에게,
그리고
우리를 만나게 해준 안닉 라파르게에게

"과거의 내가 지금의 나라고 가정하지 말라."
윌리엄 셰익스피어, 《헨리 5세》

숨 쉴 때마다 새로운 내가 된다면 **차례**

The Earned Life

2부

마땅한 삶을 획득하라

들어
가며

몇 년 전, 조지 W. 부시 행정부 시절에 나는 한 리더십 회담에서 리처드라는 이름의 남자를 소개받았다. 리처드는 예술가나 작가, 음악가를 관리하는 매니저였다. 우리 둘을 모두 알던 지인들은 리처드와 내가 공통점이 많다고 입을 모아 말했다. 그는 뉴욕에 살고 있었고 나도 막 그곳에 집을 구했던 참이라, 우리는 다음에 내가 뉴욕에 있을 때 함께 저녁을 먹기로 했다. 하지만 막판에 그는 뚜렷한 이유 없이 그 약속을 취소해버렸다. 뭐, 별수 없지.

그리고 몇 년이 지나 오바마 행정부 출범 이후, 우리는 마침내 함께 저녁 식사를 하게 됐고 친구들의 예상대로 처음부터 죽이 잘 맞았다. 그날 식탁 위로 열띤 토론과 많은 웃음이 오갔다. 그리고 어느 순간 리처드는 오래전 나와 한 약속을 취소했던 것에 회한을 표했다. 그는 우리가 만나기까지 "허송세월"한 수많은 좋은 시간과 즐거운 식사를 아쉬워했다. 물론 "허송세월"은 장난스러

숨 쉴 때마다 새로운 내가 된다면

운 표현이었지만, 그의 얼굴에 드리운 우울한 그늘은 숨길 수 없었다. 마치 인생의 중요한 선택을 망쳐버려서 미안한 듯 용서를 구하는 사람 같았다.

그는 나와 1년에 두세 번 뉴욕에서 만날 때면 자주 회한의 말을 던졌다. 그럴 때마다 나는 이렇게 말했다.

"그냥 잊어버려요. 사과는 받아줄게요."

그러던 어느 날 함께 저녁 식사를 하다가 그가 자신의 과거 이야기를 하나 들려주었다.

리처드가 메릴랜드 교외의 고등학교를 막 졸업했을 때였다. 평범한 학생이었고 대학에는 별로 흥미가 없던 리처드는 미국 육군에 자원 입대했다. 베트남전쟁에 투입되는 전투부대가 아닌 독일의 군 부대에서 3년 동안의 복무를 마친 뒤에야 그는 다시 메릴랜드로 돌아와 대학 학위를 따기로 마음먹었다. 21세의 나이에 마침내 미래에 대한 확신이 생긴 것이다. 그는 대학에 입학하기 전 여름 동안 워싱턴 DC에서 택시 운전으로 돈을 벌었다.

하루는 공항에서 베데스다 지역으로 가는 젊은 여성 승객 하나를 태웠는데, 그녀는 브라운대학교 학생으로 독일에서 1년 동안 공부를 마치고 돌아온 참이었다.

"우리는 꽉 막힌 도로에서 한 시간 동안 독일에 대한 기억을 나누었어요."

리처드가 설명했다.

"내 인생에서 가장 즐거운 시간이었죠. 그날 택시 안에서 우리는 분명 통하는 게 있었어요. 그녀의 부모님이 사는 저택 앞에 도착해 차를 세우고 그녀의 짐을 현관까지 옮긴 뒤에도 나는 시간을 끌면서 어떤 말을 해야 할지 고민했죠. 그녀와 다시 만나고 싶었지만, 택시 운전사가 손님에게 데이트 신청을 하는 것은 썩 보기 좋은 행동이 아니어서 차선책을 택했어요. 택시회사 명함에 내 이름을 적어서 건네며 말했어요. '공항으로 갈 때 택시가 필요하면 배차 담당자에게 전화해서 나를 불러달라고 하세요.' 잠시 뒤 그녀가 대답했어요. '그럼 저야 좋죠.' 마치 벌써 데이트 약속을 잡은 것만 같았죠. 나는 붕 뜬 기분으로 택시로 돌아갔고 희망에 부풀었어요. 그녀는 나에게 연락할 수 있었고, 나는 그녀가 어디 사는지 알고 있었으니까요. 우리는 조금이나마 연결돼 있었죠."

리처드의 이야기를 들으면서 나는 이 이야기가 어떻게 흘러갈지 확신할 수 있었다. 내가 본 거의 모든 로맨틱 코미디 영화에 등장하는 소재였으니까. 소녀와 소년이 만난 뒤 둘 중 하나가 이름이나 전화번호, 주소를 잊어버리고, 상대방은 헛되이 소식을 기다리다가, 몇 년 뒤 우연히 다시 만나 인연이 이어지는 것이다. 아니면 여기에서 조금 변형되든지.

"며칠 뒤 그녀에게서 연락이 왔고, 우리는 다음 주말에 데이트를 하기로 했어요."

리처드가 이야기를 이어나갔다.

"그녀의 집을 향해 차를 몰고 가다가 세 블록 떨어진 곳에 차를 세우고서 잠시 마음을 가다듬었어요. 그날 저녁은 나에게 정말 중요했어요. 그녀와 함께하는 미래를 상상했죠. 그녀의 집안이 훨씬 부유했지만 말이에요. 그리고 나는 정말이지 이해할 수 없는 행동을 했어요. 그 자리에 그냥 얼어붙었던 거예요. 너무 큰 집 때문이었는지, 화려한 동네 때문이었는지, 내가 택시를 운전한다는 사실 때문이었는지는 모르겠지만, 대문 앞까지 걸어갈 용기를 낼 수가 없었어요. 그 뒤로 다시는 그녀를 보지 못했죠. 그때의 그 비겁한 행동은 40년 동안 나를 괴롭혔어요. 분명 그게 내가 지금까지 혼자 지내는 중요한 이유일 거예요."

리처드는 목이 메는 듯 갑작스럽고 당황스러운 결말로 이야기를 끝맺었다. 그의 얼굴이 너무나 괴로워 보여서 나는 시선을 돌릴 수밖에 없었다. 내 예상대로라면 성공적인 첫 번째 데이트 이후 계속 좋은 시간을 보냈다는 따뜻한 추억 이야기나, 아니면 몇 번 만난 뒤에 남자와 여자는 서로 원하던 상대가 아니라는 사실을 깨달았다는 쓸쓸한 고백이 나와야 했다. 하지만 그런 이야기 대신 공허하고 가장 외로운 감정인 후회로 가득 찬 이야기를 들었다. 그와 나 사이에 비통한 감정이 덜컥 내려앉았고 순식간에 대화가 중단되었다. 나는 끝내 그의 마음을 치유해주거나 구원해줄 만한 말을 찾지 못했다. 후회는 어떤 사람에게도 일어나지 않기를 바라는 감정이다.

유용한 자기 계발서는 독자가 되풀이되는 문제를 극복할 수 있도록 돕는 데 목적을 둔다. 체중을 감량하거나 부자가 되거나 사랑을 찾는 것, 이 세 가지가 바로 떠오르는 가장 보편적인 문제들이다. 최근 내가 쓴 책들은 직업적 목표와 개인적 행복이 교차하는 상황에서 조화를 찾을 수 있는 행동에 집중했다. 《일 잘하는 당신이 성공을 못하는 20가지 비밀》에서는 직장에서 성공하지 못하게 하는 행동을 근절하는 방법을 살펴보았다. 《모조》에서는 직장에서 우리의 추진력을 막는 문제를 해결하는 방법을 알아보았고, 《트리거》에서는 일상에서 가장 매력적이지 않은 반응과 선택을 유발하는 상황을 분간하는 방법을 이야기했다.

이 책에서 다룰 문제는 바로 후회다.

일단 우리 삶이 양극단의 감정을 왔다 갔다 한다는 것을 전제로 한다. 한쪽 끝에는 우리가 '만족'이라고 알고 있는 감정이 있다. 우리는 내적 만족감을 여섯 가지 요소로 판단하며, 나는 이를 '만족 요소'라고 부른다.

- 목적
- 의미
- 성취
- 관계

- 직업
- 행복

이 요소들은 인생에서의 모든 노력을 좌우하는 이정표다.[*] 우리는 막대한 시간과 에너지를 투자해 인생의 목표와 의미를 찾고, 성취를 인정받고, 관계를 유지하고, 직업을 갖고, 행복해지려고 노력한다. 삶에서 우리는 끊임없이 경계하고 분투하는데, 그 이유는 여섯 가지 요소와의 연결성이 깨지기 쉽고, 불안정하고, 덧없기 때문이다.

예를 들어, 행복은 정서적 안녕을 판단하는 가장 보편적인 기준이다. 그래서 우리는 수시로 행복한지 스스로 자문하거나 다른 사람들에게 질문을 받는다. 하지만 행복은 일시적인 감정 상태로, 한낱 꿈처럼 사라져버린다. 갑자기 코가 가려울 때 손으로 긁고 나면 편안하고 행복하다고 느끼지만, 얼마 지나지 않아 귀찮은 파리가 윙윙거리며 방 안을 날아다니고 창문 사이로 찬 바람이 불어닥치고 수도꼭지에서는 물이 똑똑 떨어진다. 온종일 이러한 감정의 변화가 계속된다. 이처럼 행복은 순식간에 왔다가

---

[*] 이 항목에서 건강과 부는 의도적으로 제외했다. 이 두 가지가 우리가 노력을 많이 들이는 중요한 요소인 것은 맞지만, 이 책을 읽고 있는 독자라면 이미 그것이 인생에 많은 부분을 차지하고 있으며 잘 통제하고 있으리라 예상하기 때문이다. 당신은 거울 속 자신의 모습이나 통장 속 계좌 내역을 보면서 이렇게 말할 것이다. "잘하고 있군." 그렇지만 만약 다이어트나 건강, 부에 관한 조언이 필요하다면 다른 곳에서 더 좋은 답을 찾을 것이라고 확신한다.

사라지기를 되풀이한다. 의미, 목적, 직업, 관계, 성취는 모두 똑같이 취약하다. 손을 뻗어 꽉 잡아보지만, 손가락 사이로 덧없이 빠져나간다.

많은 사람들은 (1) 여섯 가지 만족 요소를 얻는 과정에 치르는 수많은 선택, 위험, 노력과 (2) 그렇게 함으로써 받는 보상 사이에서 균형을 이룰 수 있다면 영원한 만족감을 얻을 수 있다고 생각한다. 이 세상이 공평하고 공정하다는 것을 알고 있다는 듯이 말이다. 우리는 스스로 이렇게 되뇐다. **나는 원했고, 열심히 일했으며, 내가 노력한 만큼 보상을 얻었다. 다시 말해, 나는 마땅한 자격이 있다.** 이 단순한 역학 관계는 우리가 인생에서 열심히 노력하는 이유를 설명해준다. 그러나 앞으로 살펴보겠지만, 이 관계는 마땅한 삶의 불완전한 모습을 보여주기도 한다.

후회는 만족의 정반대에 있는 감정이다.

2011년 캐서린 슐츠(Kathryn Schulz)가 후회에 관해 다룬 훌륭한 TED 강연의 말을 빌리면, 후회란 "우리가 과거에 다르게 행동했더라면 현재 상황이 더 좋았거나 더 행복했으리라고 생각할 때 느끼는 감정"이다. 후회는 **주체**(후회는 남이 떠안기는 것이 아니라 우리 스스로 만드는 감정이다)와 **상상**(현재에 더 좋은 결과를 가져올 만한 다른 선택을 하는 모습을 상상해야 한다)이 뒤섞인 사악한 칵테일이다. 후회를 얼마나 자주 우리 인생에 끌어들이고 얼마나 오래 붙들고 있느냐의 영역만큼은 우리가 완전히 통제할 수 있다. 후회로 영원히 고통받고 갈팡질팡하는 삶을 살 것인가(내 친구 리처드처럼), 아니면 후회는 끊을 수 없는 감정이고 언젠가는 분명 또다시 겪게 될 것이라는 사실을 깨닫고 앞으로 나아갈 것인가?

모든 후회가 똑같은 것은 아니다. 티셔츠처럼 S, M, L, XL, XXL 사이즈 또는 그보다 큰 사이즈로 분류된다. 확실히 짚고 넘어갈 부분은 아주 사소한 후회, 예를 들면 동료의 기분을 상하게 하는 빈번한 말실수에 관해서는 이 책에서 다루지 않는다는 것이다. 보통 이런 애석한 실수는 진심 어린 사과로 해결할 수 있다. 또한 캐서린 슐츠가 이야기한 것처럼 문신과 같은 중간 크기의 후회에 대해 말하려는 것도 아니다. 캐서린은 문신 시술실을 나서자마자 '도대체 무슨 생각으로 한 거지?'라는 생각에 휩싸여 괴로웠다고 한다. 그녀는 이 후회를 마침내 극복했고, 심지어는 이 유감스러운 선택으로 얼마나 '노출'됐으며, 얼마나 '완전한 무보험 상태'인지에 대한 교훈을 얻었다. 그리고 미래에는 더 나은 선택을 하기로 다짐했다.

우리가 살펴볼 주제는 운명을 바꾸고 아주 오랫동안 우리를 괴롭히는 초대형 크기의 실존적 후회다. 실존적 후회에는 아이를 낳지 않기로 결심했다가 너무 늦게 마음을 바꾸는 경우나 사랑하는 사람을 아쉽게 놓치고 마는 경우 같은 것이 있다. 당신을 고용하려는 사람들보다 자기 능력을 훨씬 더 의심하는 바람에 완벽한 일자리를 거절하기도 한다. 또는 학업에 진지하게 임하지 않는다. 퇴직한 뒤에 과거를 돌아보며 여가를 더 즐기면서 일 외의 취미를 키웠다면 어땠을까 후회하기도 한다.

물론 실존적 후회를 피하기란 어렵겠지만 불가능하지는 않다. 우리가 만족감에 더 집중한다면 가능하다. 주어지는 기회를 잘 받아들인다면, 심지어 우리가 이미 행복하고 만족하다고 생각할 때조차도 후회를 피할 수 있다. 내가 아는 만족감을 찾는 가장 간단한 방법은 만족감을 온전히 받아들이는 것이다.

내가 쓴 이전 책들을 읽은 독자라면 나의 친구 앨런 멀럴리(Alan Mulally)를 향한 숨길 수 없는 존경심을 익히 알고 있을 것이다. 앨런은 만족감으로 가득하고 후회하지 않는 삶의 본보기를 보여준다.

2006년 앨런이 보잉커머셜에어플레인의 CEO로 있을 당시 그는 포드자동차에서 CEO 자리를 제안받았다. 그는 그의 유일한 직장이었던 보잉을 떠나는 것의 이해득실을 따져보고자 나에게 조언을 구했다. 나는 과거 그의 경영 코치이기도 했기에 유일하게 객관적인 시선에서 조언해줄 수 있다고 생각했다. 그는 매우 뛰어난 리더였고, 어떤 경영직을 맡아도 잘 해낼 것이라고 믿었다. 또한 머지않아 그에게 다른 회사를 이끌 여러 기회가 주어질 것이라는 사실을 알고 있었다. 물론 그를 보잉에서 끌어낼 만큼 충분히 매력적이거나 도전적인 자리는 거의 없을 테지만 말이다. 어떤 제안이든 특별한 기회여야 했다. 포드자동차를 되살리는 데 힘을 보태는 것은 좋은 기회가 분명했기에 나는 예전에 했었던 조언을 상기시켜주었다. **마음을 열어라.**

앨런은 처음에는 포드자동차의 제안을 거절했다. 하지만 열린 마음으로 이 자동차 대기업을 부활시키려면 무엇이 필요할지 정보를 계속 수집했고, 포드의 CEO 자리를 모든 측면에서 재검토했다(그의 재능 중 하나다). 그리고 며칠 뒤, 그는 포드의 제안을 받아들였다. 이 과정에서 그는 단순히 후회를 회피하는 것이 아니라 더 큰 만족감을 느끼기 위해 마음을 여는 데 집중하려고 했다.•

하지만 여기에서 후회는 부수적인 문제다. 이 책 제목을 '후회 치유법'이라고 지으면 어떨지 잠깐 고민하기도 했지만, 오해의 소지가 있다고 결론 내렸다. 후회는 우리가 안 좋은 선택을 하거나 모든 일이 실패했을 때 찾아와 문을 두드리는 낯선 존재다. 후회는 피해야 한다. 그렇지만 후회를 완전히 없앨 수는 없다는 것을 명심해야 한다(그렇게 해서도 안 된다. 후회를 통해 교훈을 얻을 수 있기 때문이다. "꼭 기억하기: 두 번 다시 같은 행동을 하지 말 것!") 이 책에서 말하는 후회에 대한 공식적인 방침은 불가피한 특성을 인정하되, 빈도수를 줄이자는 것이다. 후회는 복잡한 세상에서 만족감을 얻지

• 앨런이 CEO로 재임한 7년 동안 포드의 주가는 1,837퍼센트 상승했으며, 더 중요한 것은 노동조합이 결성된 회사의 직원들에게서 97퍼센트의 지지율을 얻었다는 사실이다.

못하게 막는 균형추 역할을 한다. 우리의 주된 주제는 바로 만족한 삶을 이루는 것이다. 그리고 나는 이를 **'마땅한 삶**(earned life)**'**이라고 부른다.

여기에서 지표가 되는 개념은 우리의 삶이 아래 그림처럼 '후회'와 '만족' 사이를 배회하는 연속체 위에 놓여 있다는 것이다.

후회   만족

이 선택 사이에서 우리는 분명 왼쪽보다 오른쪽 끝에 도달하려고 많은 시간을 쏟고 싶을 것이다. 이 책을 연구하면서 나는 일터에서 만난 다양한 사람들에게 자신의 삶이 이 연속체 위의 어디에 있다고 생각하는지 물어보았다. 철저하게 과학적인 연구라고 볼 수는 없었지만, 무엇이 사람들을 후회보다 만족에 더 가깝다고 느끼게 하는지, 그리고 만약 그렇다면 얼마나 가깝다고 생각하는지 알고 싶었다. 내 질문의 응답자들은 일반적인 기준에서 볼 때 모두 명확하게 성공한 사람들이었다. 이들은 모두 건강했다. 신뢰할 수 있는 직업적 성취를 쌓아왔고, 이에 수반되는 지위와 재력, 신망도 얻었다. 나는 이들 대부분이 오른쪽 끝에 매우 가까운 답을 낼 것이라고 예상했다. 모든 증거로 미루어보아 거의 완전한

만족을 경험해야만 했다.

하지만 어리석은 판단이었다. 사실 우리는 다른 사람의 열망의 크기를 알 수 없고, 그래서 그 누구도 그들의 실망과 후회의 깊이를 가늠하지 못한다. 잘 안다고 생각하는 사람조차도 우리는 그들이 어떤 만족과 어떤 후회를 느끼는지 예측할 수 없다. 아래 그림은 건서(Gunther)라는 이름의 한 유럽인 CEO의 답변으로, 그는 자기 분야에서 정상에 올랐지만 경력을 쌓느라 가족을 등한시했다는 후회에 사로잡혀 있었다.

후회   만족

건서는 자신의 만족감을 평가하는 데 부담을 느끼며, 모든 전통적인 지표들이 나타내는 자신의 성공이 부모로서, 그리고 남편으로서 느끼는 실패감을 상쇄할 수 없다고 생각했다. 가정에서의 실패는 그의 성공을 압도했고, 마치 잘못된 보상을 얻기 위해 인생을 낭비한 것 같았다.

나의 고객이었던 애린(Aarin)도 비슷한 상황이었다. 나는 그녀가 대단한 성과를 내는 사람이기에 후회 없이 충분히 만족한 삶을 살 것이라고 생각했다. 11세에 나이지리아에서 미국으로 이민 온

애린은 토목공학대학원 학위를 취득한 뒤 전문 지식을 쌓아 고층 건물이나 다리, 터널 등 큰 구조물 건축 사업의 컨설턴트로 유명해졌나. 그녀는 50대 초반의 나이로 행복한 결혼 생활을 하고 있었고, 성인이 된 자녀도 두 명 있었다. 아프리카계 이민자로서 그녀는 직업 특성상 거의 유일할 정도로 드문 경우였고, 처음부터 혼자 힘으로 경력을 쌓았다고 해도 과언이 아니었다. 그런 점에서 그녀를 매우 존경한다. 6년 동안 애린을 코치하면서 나는 그녀의 포부와 불만에 대해 잘 알고 있다고 생각했다. 그래서 그녀가 비교적 부정적인 답변을 내놓았을 때 매우 놀랄 수밖에 없었다.

후회   만족

　많은 사람 가운데 하필이면 애린 같은 사람이 어떻게 만족보다 후회를 더 많이 느낄 수 있을까? 그녀는 자신의 삶이 "만족의 기준치"를 달성했다고 말했다.

　"나는 불평할 이유가 하나도 없습니다."

　그럼에도 그녀는 후회의 감정에서 헤어나지 못했다. 그녀의 후회는 자신이 얼마나 해냈는지가 아니라 자신이 해내야 한다고 생각하는 것에 비해 얼마나 부족한지에 집중돼 있었다. 애린은 무엇을 이루었든지 간에 자신의 가능성이 부족하다는 생각을 떨쳐낼 수가 없었다. 그녀는 총경비와 급여를 충당할 정도로 보수가 높은 프로젝트를 맡으면 새로운 일을 구하는 데 최선을 다하지 않고 느긋해지곤 했던 것을 후회했다. 왜 그녀는 동시에 여러 프로젝트를 진행할 수 있는 사람을 고용하고 자신은 더 적극적으로 사업을 키우는 데 집중하지 않았을까?

"모든 사람들이 내가 강압적이라고 생각해요 나는 A형 행동 유형(스트레스를 받기 쉬운 성격 유형 중 하나로, 늘 시간에 쫓기고 경쟁적이며 성취 동기가 높고 공격적인 행동 특성을 보인다 - 옮긴이)처럼 보이지만 사실은 소심한 사람이에요. 나 자신이 지금과 같은 보수나 높은 평가를 받을 자격이 없는 사기꾼 같다는 생각을 자주 하고 이 사실을 들킬까 봐 항상 두렵습니다."

확실히 그녀는 더 많은 코칭이 필요해 보인다.

임의적이고 비과학적인 설문 조사의 응답에서 건서나 애린의 답과 비슷한 것을 하나라도 확인한 나는 매우 놀랐다. 만족한 삶의 표본인 줄 알았던 사람들이 알고 보니 끝없는 후회로 고통받고 있었다.

나는 모든 사람들이 월 스트리트의 투자자 레너드(Leonard)와 같은 답을 할 것이라고 예상했다. 차입 자본이 큰 투자를 하던 그는 2009년 도드-프랭크 금융 개혁의 희생양이 돼 46세의 나이에 어쩔 수 없이 은퇴하게 됐다. 레너드의 답변은 다음과 같았다.

후회   만족

나는 레너드가 일찍 은퇴하게 된 상황을 억울해하고, 이는 곧 극심한 후회를 낳았을 것이라고 장담했다. 하지만 그렇지 않았다. 아직 젊은 나이에 더 많은 경력을 쌓을 수 있었는데도 어떻게 이토록 긍정적일 수 있는지 그에게 물어보았다.

"나는 운 좋은 사람이에요. 통계학 교수님은 나한테 재능이 부족하다고 하셨어요. 그래도 수익률과 금리의 변화를 예측할 수 있었죠. 그래서 작은 재능으로도 돈을 벌 수 있는 채권 거래 시장에 발을 들였습니다. 그리고 온전히 성과에 따라 급여를 받는 회사에 입사하게 됐어요. 이익을 내면 내 몫은 계약상 돈으로 지급됐죠. 이익을 내지 못하면 자리에서 밀려나는 거였고요. 나는 매년 수익을 냈고, 한 번도 급여가 적다거나 부당하다고 생각하지 않았습니다. 나는 딱 받을 만큼 받았고, 그래서 충분하다고 느꼈죠. 과거를 회상할 때만 만족하는 것이 아니라 아직 수중에 돈이 남아 있어서 흡족합니다."

그는 이렇게 말하며 웃었고, 자신에게 주어진 행운에 놀라워하며 매우 기뻐했다.

그의 논리는 나를 무장해제시켰다. 오랫동안 나는 월 스트리트

에 대한 편견을 가지고 있었다. 월 스트리트 금융인들은 금융시장에 매력을 느껴서가 아니라 많은 돈을 벌고 일찍 은퇴한 뒤 남은 인생 동안 정말로 하고 싶은 일을 하기 위해 어쩔 수 없이 금융권에서 일하는 똑똑한 사람들이라고 생각했다. 그들은 미래의 자립과 안락함을 위해 꼭 좋아하지는 않지만 돈벌이가 되는 일을 하면서 인생 최고의 시절을 기꺼이 희생한다고 믿었다. 그는 내가 틀렸음을 증명했다. 그는 증권 거래 일을 좋아했다. 그에게는 이 일이 어렵지 않았고, 그래서 능력을 발휘할 기회가 많았다. 성과에 따라 돈을 받는 분야에서 일했던 것이 그에게는 딱히 보상이라기보다는 목적을 위한 수단이었다. 그는 직장에서 최고의 자리에 오르고 결과적으로 가족의 훌륭한 부양자가 되는 데서 만족감을 느꼈다.

나는 건강검진을 하는 의사가 된 것처럼 그에게 여섯 가지 만족 요소를 평가해달라고 부탁했다. 그는 모든 요소를 잘 해내고 있었다. 그는 언제나 재정적 안정을 추구했고, 그래서 그의 직계 가족뿐만 아니라 친척들까지 부양할 수 있었다. 이로써 목적, 성취, 의미 요소가 충족됐다. 그의 직업은 완벽했고, "어쩌면 지나칠 정도"라고 그가 말했다. 그는 금융 일을 좋아했다. 아내와 성인 자녀와의 관계도 돈독했다.

"아이들이 여전히 나와 함께 시간을 보내고 싶어 한다는 사실에 매번 놀랍니다."

레너드가 말했다. 금융권을 떠나고 10년 뒤, 그는 재산의 상당 부분을 기부하고 있으며, 무료로 재정 조언을 제공함으로써 자신의 전문 지식을 다른 방향으로 사용하고 있다. 나는 그에게 행복하냐고 굳이 묻지 않았다. 그의 얼굴에 이미 답이 쓰여 있었기 때문이다.

레드 헤이스(Red Hayes)는 1950년대에 〈만족하는 마음(Satisfied Mind)〉이라는 고전 컨트리음악을 작곡했다. 그는 이 곡의 아이디어를 그의 장인에게서 얻었다고 설명했다. 어느 날 그의 장인이 레드에게 세상에서 가장 부유한 사람이 누구라고 생각하는지 물었다고 한다. 레드는 조심스럽게 몇몇 이름을 댔다. 그러자 장인은 이렇게 말했다.

"자네가 틀렸네. 그건 바로 만족한 마음을 가진 사람일세."

레너드를 만나고 나서 나는 만족한 마음을 가진 부자를 찾았다고 생각했다. 그건 바로 만족을 극대화하고, 후회를 최소화하는 사람이었다. 어떻게 이런 일이 가능할까?

마땅한 삶의 실제 정의는 다음과 같다.

매 순간의 선택과 위험, 그리고 노력이 우리 인생의 가장 중요한 목표와 일치할 때 마땅한 삶을 살게 된다. 이는 최후의 결과에 구애되지 않는다.

여기에서 가장 신경 쓰이는 부분은 마지막 줄의 "최후의 결과에 구애되지 않는다"이다. 이 문장은 현대 사회에서 우리가 배운 목적 달성(목표를 설정하고, 열심히 노력하고, 보상을 얻는 것)의 내용과 어긋나기 때문이다.

우리는 크든 작든 어떠한 성공이 합당한지, 자비로운 우주가 잠시 우리를 불쌍하게 여겨 내린 선물인지 아닌지 마음속 깊이 알고 있다. 그리고 각각의 결과에서 느껴지는 감정 역시 다르다는 것도 잘 안다. 합당한 성공은 필연적이고 정당하다고 느껴지며, 마지막까지 고난에 승리를 빼앗기지 않았다는 약간의 안도감마저 든다.

반면, 부당한 성공은 처음에는 안도감과 놀라움에 휩싸이지만, 뜻밖의 행운의 수혜자가 됐다는 죄책감의 늪에 빠진다. 온전한 만족감을 느끼지 못하고 언짢은 기분이 든다. 의기양양하게 주먹을 치켜올리기보다는 멋쩍은 한숨을 내쉰다. 이러한 이유로 우리는 종종 시간이 지나면 과거를 바꿔 기억하고, 뜻밖의 행운이 아니라 기술과 노력을 통해 실제로 얻은 것이라고 여기기도 한다. 자신이 3루에 서 있는 것을 보고는 삼루타를 날렸다고 주장한다. 사실은 외야수의 실수 때문에 1루에서 3루로 오게 됐지만 말이다. 우리는 '성공'의 부조리함을 가리기 위해 역사를 재해석하는 심리 게임을 한다. 이는 "행운은 자수성가한 사람 앞에서 할 수 있는 말이 아니다"라는 엘윈 브룩스 화이트(E. B. White)의 날카로운 관찰력을 다시 한번 증명하는 셈이다.

이와 대조적으로, 진정으로 얻어낸 보상에는 세 가지 간단한 조건이 있다.

- 우리는 저마다 현실과 분명한 목표를 바탕으로 최고의 **선택**을 한다. 다시 말해 우리는 무엇을 원하는지, 그리고 얼마나 멀리 가야 하는지 잘 알고 있다.
- 그 과정에서 발생하는 **위험**을 감수한다.
- 최대의 **노력**을 투자한다.

선택, 위험, 노력의 놀라운 조합을 통해 얻을 수 있는 것은 '마땅한 보상(earned reward)'이라는 명예로운 결과다. 이는 완전히 논리적인 개념이다. 어느 정도는 말이다. 우리가 추구하는 모든 목표와 스스로 완벽해지기 위한 모든 바람직한 행동에 있어 마땅한 보상은 이상적인 해답이다. 사람들은 수입과 대학 학위, 다른 사람들의 신뢰를 "얻었다(earn)"고 표현한다. 우리는 육체적 건강을 얻어야 하고, 신망도 얻어야 한다. 이러한 것들은 쉽게 주어지지 않는다. 이 밖에도 무언가를 얻기 위한 노력은 끝이 없다. 고급 사무실부터 자녀들의 애정, 숙면, 명성과 좋은 평판까지 전부 선택, 위험, 최대 노력을 통해 얻어야만 하는 것들이다. 그렇기에 우리는 합당한 성공을 가치 있다고 여긴다. 원하는 것을 얻기 위해 에너지와 지혜, 의지를 최대로 투입하는 것은 모험적인 일이다.

하지만 마땅한 보상은 얼마나 모험적이든 간에 나의 목적에는 충분하지 않다. 분명 CEO 건서는 만족을 느끼지 못했다. 건서는 직장 생활 내내 그가 원했던 더 큰 목표를 향해 나아가며 마땅한 보상을 지속해서 얻었다. 하지만 모든 보상은 가정이 아닌 직장에서 얻은 것이었다. 이러한 보상으로는 가정생활에 대한 후회가 가득 차는 것을 막을 수 없었다. 분명 마땅한 삶으로 이어지지 못했다. 게다가 애린 역시 놀라운 업적을 연이어 달성해도 만족하지 못했다. 오히려 큰 성공을 거둘 때마다 그녀는 자신의 동기와 노력에 의심을 품게 된 것 같다. 그녀는 자신이 더 열심히 할 수 있었고, 그렇게 했어야만 했다고 생각했다.

선택과 위험, 그리고 최대 노력의 결과는 대개 '타당하거나 공정하지' 않다. 당신이 터무니없을 정도로 아주 행복한 삶을 살지 않은 이상 인생은 언제나 불공평하다는 사실을 잘 알 것이다. 이러한 불공평은 태어나면서부터 시작된다. 어떤 부모 밑에서 자랐는지, 자란 지역은 어디인지, 교육 기회는 얼마나 주어졌는지 등 너무 많은 요소가 우리의 통제 밖에 있다. 어떤 아이는 은수저를 그리는 동안 다른 아이는 석탄 한 덩이를 그린다. 유전적인 불리함은 대부분 현명한 선택을 하고 최대의 노력을 기울이면 극복할 수 있다. 하지만 그렇다고 하더라도 인생의 불공평은 우리를 괴롭힌다. 이를테면, 당신이 완벽한 입사 지원자이더라도 누군가의 조카가 당신 대신 고용될 수 있다. 당신은 모든 일을 제대로 한다고 해도, 그 결과가 공정하고 공평할 것이라는 보장은 없다. 씁쓸하고 억울한 기분을 느끼며 "이건 불공평해"라고 투덜댈 수 있다. 또는 인생의 쓴맛을 순순히 받아들일 수도 있다. 그렇지만 어떠한 목표를 '얻기' 위한 모든 시도가 타당한 보상을 가져다준다는 기대는 금물이다. 성과란 당신이 바라거나 합당한 자격이 있는 만큼 신뢰할 수 있는 것이 아니다.

내가 마땅한 보상이라는 개념을 너무 깊이 믿지 않으려는 더 결정적인 증거가 있다. 이러한 보상은 마땅한 삶을 향한 우리의 바람과 욕망을 담기에 너무 덧없고 깨지기 쉬운 그릇이기 때문이다. 마땅한 보상으로부터 얻는 감정적인 고조는 금방 사그라진다. 행복은 그 존재를 깨닫는 순간 사라진다. 오랫동안 바랐던 승진을 이루고 나면 벌써 사다리의 다음 계단을 올려다본다. 마치 열심히 일해서 얻은 보상에 이미 불만을 느끼는 것처럼 말이다. 몇 달 동안 선거운동을 하고서 당선이 되면 잠깐 축하하는 시간을 가진 다음 곧바로 투표자들을 위해 일을 시작해야 한다. 그간의 노력이 끝나면 새로운 분투가 시작된다. 우리가 얻은 보상이 급여 인상이든 협력 관계든 매우 만족스러운 평가든 무엇이든 간에 승리의 춤은 짧다. 우리의 만족감과 행복은 지속되지 않는다.

그렇지만 마땅한 보상과 여기에 들어가는 모든 노력의 가치를 폄하하고 싶은 마음은 없다. 목표를 세우고 바람직한 결과를 얻는 것은 성공에 꼭 필요한 첫 번째 단계다. 그러나 나는 어떠한 보상이 인생의 더 큰 목표와 어긋났을 때 그 보상이 마땅한 삶을 이루는 데 쓸모가 있는지 의문이다.

바로 이 지점에서 월 스트리트 금융인 레너드가 부와 재능을 더 많이 가진 사람들이 누리지 못한 만족감에 도달한 이유를 찾을 수 있다. 레너드는 단순히 돈을 벌기 위해 돈벌이에 뛰어든 것이 아니었다. 그의 노력은 자기 가족을 지키고 부양하는 더 높은 목표에 뿌리를 두고 있었다. 마땅한 보상이라 할지라도 더 큰 목표와 연결되지 않으면 공허한 성취일 뿐이다. 그건 마치 농구 선수가 치열한 접전 끝에 챔피언십 우승을 위해 수많은 희생(파울을 끌어내거나, 루스볼을 향해 뛰어들거나, 상대편 에이스 선수를 수비하는 등)을 자처하기보다 개인 득점 순위를 유지하는 데만 관심이 있는 것과 같다.

이 책에서는 마땅한 삶이 우리에게 몇 가지만 요구한다는 사실을 배우게 될 것이다.

- 다른 사람이 아닌 자기 자신의 인생을 살아라.
- 날마다 '마땅한 보상을 얻기 위해' 전념하라. 그리고 습관을 들여라.
- 보상을 얻는 순간을 단순히 개인적인 포부보다 더 큰 목표와 연관시켜라.

결국 마땅한 삶에 트로피 증정식 같은 것은 없다. 마땅한 삶을 사는 것의 대가는 끊임없이 그러한 삶을 얻는 과정에 몰두하는 일 자체에 있다.

이 책은 코로나19 팬데믹 동안 쓰여졌다. 나의 아내 리다(Lyda)와 함께 태평양 연안에 있는 남부 캘리포니아의 방 하나짜리 집에서 격리할 때였다. 우리는 막 샌디에이고 북쪽의 란초 산타페 지역에 있는 30년 된 집을 판 뒤, 쌍둥이 손자 에이버리와 오스틴이 사는 내슈빌에 완전히 터를 잡기 위해 이 아파트에 임시로 거주하고 있었다. 그리고 이사를 나가기까지 15개월을 기다려야 했다.

내가 쓴 이전 글과 다르게 이 책은 코칭한 고객들의 인생에서 많은 영향을 받았다. 그들의 사례를 글감에 이용한 것은 물론이고, 더불어 내 이야기도 담았다. 이 책은 내 인생에서 하고 싶은 모든 것을 하지 못했지만 시간이 부족하던 때에 쓴 것이다. 그래서 선택을 해야만 했다. 젊은 시절에 품었던 꿈들을 놓아주어야 했다. 단순히 시간이 부족했다기보다는 그런 꿈들은 더 이상 나에게 의미가 없었기 때문이다.

이 책에는 나의 미래에 대한 깊은 고민이 담겨 있다. 숨을 쉬고 있는 한 시간은 남아 있기에 고민하기에 너무 늦은 시기란 없다고 하지만, 그렇다고 해서 너무 이른 것도 아니다. 그러니 빠를수록 좋다. 나이가 많든 적든 당신도 이 책을 다 읽고 내려놓을 때쯤엔 자신이 가꾸고 있는 인생에 대해 심사숙고한 뒤 그 생각을 바탕으로 결정을 내리기를 바란다. 나를 도와준 사람들과 그들이 준 가르침을 통해 깨달은 깊은 성찰을 담고자 했다. 팬데믹으로 인해 성찰할 기회가 많았는데, 알고 보니 18개월 동안 비금전적인 가치를 얻을 수 있었던 놀라운 시간이었다.

또한 나는 예상할 수 있듯이 인생에서 실존적 후회를 마주할 기회가 잦아지는 단계에 있기에 많은 성찰을 하기도 했다. 시간이 무한해 보였던 젊은 시절에 나의 선택을 좌우했을지 모르는 미래의 10년 또는 20년 이후의 삶은 더 이상 나에게 합리적인 선택이 아니라는 단순한 이유 때문이었다. 어쩌면 30년 이상 살고 100세를 맞이할 수도 있다. 하지만 확신할 수 없으며, 나의 건강이 지속될지, 또는 어떤 친구나 동료가 이를 알아챌지 알 수 없다. 지구에서의 시간이 짧아질수록 나는 아직 확인하지 못한 인생의 모든 목표를 분류해야 했다. 내가 할 수 없는 항목은 무엇인가? 더 이상 중요하지 않은 것은 무엇인가? 내가 이루지 못하면 심각하게 후회할 만한, 꼭 해야 할 두세 가지 항목에는 무엇이 있는가? 나는 만족을 극대화하고 후회를 최소화하기 위해 나에게 남은 시간을 최대한 활용하고 싶었다.

이 책은 내가 꼭 해야 하는 것 중의 하나였다. 당신이 시간을 적절히 잘 사용하고 후회 없이 마무리 짓는 법을 배우는 데 이 책이 많은 도움이 되기를 바란다.

'마땅하다'란 당신에게 어떤 의미인가?

당신이 성취하고자 뛰어들었던 목표와 마침내 얻은 결과가 서로 가장 명백하게 연결됐던 순간을 떠올려보라. 어쩌면 대수학 과목에 A를 받기 위해 몇 시간 열심히 공부한 것처럼 단순한 경험일 것이다. 모든 동료들이 난관에 부딪혔던 문제를 순식간에 해결할 놀라운 해결책이 떠올라 동료들이 당신을 보는 시선이 달라졌던 순간일 수도 있다. 또는 새로운 사업을 시작하거나, 열심히 쓴 대본이 팔리거나, 새로운 상품을 만들어서 시장에 내놓는 등 감동적인 순간이 있었던 성취일지 모른다.

이 모든 것들은 '마땅한' 순간이고, 개별적이고 구체적인 목표와 연결돼 있다. 성공의 느낌이 되풀이하고 싶을 만큼 매우 만족스러웠기를 바란다. 이렇게 한 번에 한 가지 목표를 달성해나가면서 마땅한 보상이 있는 삶이 구축된다. 하지만 총합이 부분보다항상 위대한 것은 아니다. 마땅한 보상의 연속이 반드시 마땅한 삶을 가져다주지는 않는다.

실전에 적용하기

당신이 느낀 감정을 받아들이고 이를 자세히 설명하라. 그 감정을 일시적인 목표보다 더 크고 평생 추구할 가치가 있는 목표와 연결하라. 인생에서 매우 중요한 목표를 하나 골라라. 아마도 당신은 마땅한 순간과 정신적 수행을 연결해 계속 현명한 사람이 되고 싶을 것이다. 또는 당신이 세상을 떠난 뒤 다른 사람들에게 도움이 될 만한 유산을 물려주는 것처럼 미래를 내다보는 일을 하고 싶을 수 있다. 아니면 당신이 더 좋은 사람이 될 수 있도록 영감을 주는 누군가를 본보기 삼을 수 있다(예를 들어, 영화 〈라이언 일병 구하기〉의 유명한 결말 장면에서 톰 행크스가 연기한 존 밀러 대위는 라이언 일병을 구하려고 자신을 희생하며 이렇게 속삭인다. "값진 삶을 살아라.").

당신의 선택은 끝이 없지만, 무언가를 얻는 과정은 똑같다. (1) 선택을 하고, (2) 위험을 감수하고, (3) 모든 연료를 다 쓸 때까지 최선을 다한다. 유일한 차이는 물질적인 보상이 아닌 인생의 중요한 목적을 위해 노력한다는 것이다.

이 과정은 힘든 일을 하기 전의 준비운동에 불과하지만, 이 역시 쉬운 일은 아니다. 사람들은 대부분 나이와 상관없이 인생의 더 큰 목표를 찾을 일이 별로 없다. 일상에서의 평범한 요구를 충족하는 것만으로도 매시간 뇌를 사용하기에 충분하다. 꼭 기억하

라. 이는 시험도 아니고 당신의 답에 영원히 얽매이는 것도 아니다(당신이 변하면 같이 변할 수 있다). 중요한 것은 쉽든 어렵든 답을 찾으려는 당신의 노력이다. 자, 이제 시작할 준비가 됐다.

The Earned Life

✦ 1부 ✦

당신의 삶을 선택하라

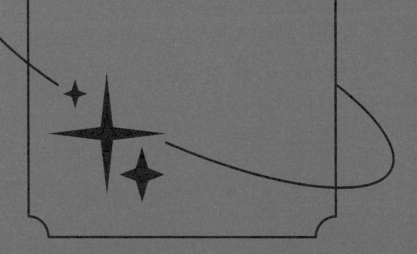

1장

'새로운 호흡' 인식 체계

석가모니가 "숨을 쉴 때마다 새로운 내가 된다"라고 한 말은 비유적인 표현이 아니었다. 그의 말은 글자 그대로를 의미했다.

부처는 삶이란 과거의 나로부터 현재의 나로 이어지는 끊임없이 환생하는 순간의 연속이라는 가르침을 전달했다. 선택과 행동으로써 당신은 한순간 기쁨과 행복, 슬픔과 두려움을 느낄 수 있다. 하지만 그 감정은 오래 지속되지 않는다. 새로운 호흡마다 감정은 변하고 결국에는 사라진다. 그 감정은 과거의 당신이 경험한 것이었다. 당신이 다음 호흡에, 내일에, 또는 내년에 일어나길 바라는 어떤 일이든 그건 또 다른 당신, 즉 미래의 당신이 경험할 것이다. 여기에서 유일하게 반복되는 것은 방금 숨을 들이쉰 현재의 당신이다.

나는 부처의 말이 옳다는 가정으로 이야기를 시작하겠다.

그렇다고 해서 신앙을 버리거나 불교로 개종하라는 뜻은 아니다.* 시간의 흐름에 대해 생각하고 마땅한 삶을 살기 위한 새로운 인식 체계로써 부처의 통찰력을 고려해달라는 것뿐이다.

불교에서 중심으로 삼는 개념은 **무상(無常)**이다. 즉, 현재의 감정과 생각, 물질적인 소유는 지속되지 않는다. 이러한 것들은 새로운 호흡을 채우는 시간만큼 짧은 순간에 사라질 수 있다. 우리는 이미 경험을 통해 이 사실을 알고 있다. 통제, 동기, 즐거움 등 모든 것은 영원히 지속되지 않는다. 손에 잡히자마자 돌연 손가락 사이로 빠져나간다.

그런데도 사람들은 삶을 이해하는 합리적인 방법으로 무상의 개념을 받아들이기 어려워한다. 사실 사람의 정체성과 특성이 통일되고 하나뿐이라는 것은 착각에 지나지 않는다. 어릴 때부터 깊게 뿌리박혀 있는 서구식 인식 체계는 무상에 반대되는 현존하는 관점이다. 이는 **"그리고 그들은 영원히 행복하게 살았답니다"**라는

● 나는 19세에 불교에 입문했다. 새로운 종교로 개종할 생각이 있어서가 아니라 호기심 많은 10대의 머릿속에서 희미하게 형성되고 있던 생각들을 불교가 명확하게 설명해주었기 때문이다. 즉, 불교에 들어선 이유는 개종을 위해서가 아니라 확립과 명료함을 얻기 위해서였다. 나는 새로운 호흡 인식 체계(내가 붙인 이름이다)를 수년간의 공부 끝에 내 것으로 만들수 있었다. 나중에 이 개념을 내 고객들에게 소개하게 된 것은 나의 서구식 코칭 방식이 직장에서 행동의 문제가 있는 상사들에게 효과를 내지 못했을 때였다. 서양식 인식 체계가 뿌리 깊게 박힌 그들은 과거의 업적에 집착했고, 더 많은 업적을 쌓기 위해 자신의 행동을 바꿀 필요가 없다고 믿었다. 그들은 "내가 정말로 잘못 행동했다면, 어떻게 이토록 성공할 수있었겠는가?"라고 주장하며 자신의 결점 덕분이 아니라, 그런 결점에도 불구하고 성공했을 가능성을 외면해버리곤 했다. 그래서 나는 최후의 승부수로 부처의 가르침을 통해 그들이 과거의 자아와 현재의 자아를 구분하도록 했고, 새로운 업적은 기술이나 지능의 문제가 아니라 어떻게 행동하느냐에 달려 있다는 사실을 분명히 하고자 했다.

언제나 같은 결말로 끝나는 동화와 같다. 서구식 인식 체계는 미래에 더 좋은 무언가를 얻기 위해 노력하면 다음 두 가지 결과가 나타날 것이라고 믿는다. (1) **어떤 성장을 했든 과거의 나와 본질적으로 똑같은 사람이고**(단지 더 좋아질 뿐), (2) **모든 증거에도 불구하고 이번만큼은 쭉 지속될 것이다.** 이러한 인식 체계는 우리의 영혼을 갉아먹는 모든 것에 대한 영구적인 해결책이 될 것이다. 이는 수학 과목을 열심히 공부해서 A를 받은 뒤 이제부터 영원히 학점이 A인 학생일 것으로 생각하거나, 자신의 성격이 굳어져서 영원히 바뀌지 않거나 또는 한번 올라간 집값이 영원히 내려가지 않으리라고 믿는 것만큼 타당한 일이다.

이것이 바로 서양의 위대한 '언젠가 ~을 하면 행복해질 거야' 병이다. 사회에 만연해 있는 이 사고방식 때문에 우리는 승진을 하고, 테슬라 자동차를 운전하고, 피자 한 조각을 다 먹고, 단기적 또는 장기적 욕구에 대한 어떠한 증표라도 얻어야 행복해질 것이라고 스스로 확신한다. 물론 마침내 증표를 얻게 되면, 그 가치를 깎아내리고 또 다른 증표를 얻고 싶은 마음이 피어난다. 그리고 이 과정이 끝없이 반복된다. 우리는 조직에서 한 단계 더 올라가기를 원한다. 테슬라의 주행거리가 더 늘어나기를 원한다. 그리고 포장해 갈 피자 한 조각을 더 주문한다. 우리는 부처가 말하는 "아귀(hungry ghost)의 세계"에 살며 계속 배를 채우지만 결코 만족하는 법이 없다.

이러한 삶의 방식은 좌절감을 안겨주기에 나는 다른 시선으로 세상을 바라볼 것을 권한다. 바로 과거나 미래보다 현재의 순간을 귀중하게 대하는 것이다.

목표를 설정하고 대단한 업적을 성취하는 데 익숙한 고객들에게 새로운 호흡 인식 체계를 설명하면, 그들은 과거의 성공을 기억하는 즐거움이나 야심 찬 목표를 추구하는 미래 지향적 기대감보다 **현재가 최우선**이라는 사실을 받아들이기까지 약간 시간이 걸린다. 미래 지향적으로 행동하는 것은 그들에게 당연한 일이고, 과거의 업적을 자랑하기 위해 뒤를 돌아보는 것 역시 마찬가지다. 놀랍게도 현재의 순간은 부차적인 생각일 뿐이다.

점차 나는 고객들의 고집스러운 태도를 누그러뜨렸다. 그들이 최근 또는 오래전에 저지른 큰 실수로 자신을 자책할 때면 나는 "그만하라"라고 말한 뒤 다음 내용을 따라 하라고 부탁했다. "그건 과거의 내가 저지른 일이다. 현재의 나는 그 실수를 하지 않았다. 그런데 왜 나는 지금의 내가 저지르지도 않은 과거의 실수 때문에 자신을 괴롭히고 있는가?" 그다음에, 문제를 떨쳐 버리는 만인 공통의 제스처를 취하게 한 뒤 이렇게 말하라고 했다. "잊어버려."

유치해 보일지 몰라도 이 방식은 효과가 있다. 그들은 과거를 집요하게 되풀이하는 것이 무의미하다는 사실을 깨달았을 뿐만 아니라 그 실수는 내가 아닌 다른 사람, 즉 과거의 내가 저질렀다는 심리적 안정감을 주는 개념을 받아들였다. 이들은 과거의 자신을 용서하고 미련을 버릴 수 있었다. 고객과 처음 만나는 자리라면 한 시간 동안의 대화 안에서 이 방법을 여섯 번 정도 사용하기도 한다. 하지만 결국에는 모두 내 말을 이해한다. 그들이 새로운 호흡 인식 체계가 직장에서뿐만 아니라 일상생활에서도 유용하다는 사실을 마침내 인정하게 된 것은 대체로 중대하고 난처한 순간에서였다.

10년 전, 나는 한 미디어 기업의 차기 CEO로 선임된 40대 초반의 경영진을 코치하기 시작했다. 그를 마이크라고 부르겠다. 마이크는 뛰어난 리더십 능력 덕분에 영리했고, 의욕적이었으며, 지킬 수 있는 약속만 하는 등 경영진의 기본적인 자질에서 차별성을 갖고 있었다. 하지만 그는 약간 거친 성향을 보였고, 이런 성향을 다듬기 위해 내가 투입됐다.

마이크는 자기 이익에 도움이 되는 사람에게는 매력 넘치는 면모를 보였지만, 별로 도움이 안 되는 사람에게는 무신경하거나 무시하는 태도를 보이기도 했다. 그는 매우 설득력 있는 사람이었지만, 자신의 말이 옳고 다른 사람들은 틀렸다는 것을 주변에서 즉시 인정하지 않으면 공격적인 성향을 드러냈다. 또한 그는 자신의 성공에 매우 만족했고, 불쾌한 특권 의식에 물들어 있었다. 자신이 특별한 사람이라는 것을 주변 사람들이 절대 잊지 못하게 했다.

무신경하고, 좀처럼 틀리지 않고, 특권 의식이 있다. 이는 경력을 단절시킬 만한 단점이 아니라 단지 그의 동료와 부하 직원이 참여하는 나의 다면 평가제를 통해 밝혀진 사안들이었다. 마이크와도 이 내용을 공유했다. 그는 겸허히 비판을 받아들였고, 2년도 안 돼서 (일대일 코칭의 본질적인 절차를 통해) 자기가 만족할 정도로, 더 중요하게는 동료들의 의견대로 자기 행동을 바꾸었다. (사람들이 조금이라도 알아챌 수 있으려면 생각보다 꽤 많이 바뀌어야 한다.)

그가 CEO가 된 후에도 우리는 친구로 지냈고, 적어도 한 달에 한 번은 그의 직장 생활에 대해, 그리고 점차 가정생활에 대해 이야기를 나누었다. 대학교 커플이었던 그와 그의 아내에게는 성인이 된 자녀가 네 명 있었고, 이들은 모두 독립해 따로 살고 있었다. 마이크가 모든 시간을 직장에 쏟는 동안 그의 아내 셰리가 혼자 아이들을 키웠다. 남편이 자기 자신만 돌보고 가정에 무신경한 것에 변치 않을 듯한 원한을 쌓았던 몇 년간의 갈등 이후에도 결혼 생활은 지속됐다.

"셰리가 잘못 판단한 건가요?"

나는 이렇게 질문하면서 만약 마이크가 직장에서 무신경하고 특권 의식이 있었다면 집에서도 똑같았을 것이라는 사실을 지적했다.

"하지만 이제 나는 달라졌어요."

그가 대답했다.

"심지어 아내도 그걸 인정했는걸요. 그리고 우리는 지금 더 행복합니다. 그런데도 왜 아내는 과거에서 벗어나지 못할까요?"

나는 그에게 새로운 호흡 인식 체계에 관해 설명했다. 사람은 뼈와 살과 감정과 기억이 하나로 뭉쳐진 형태가 아니라 새롭게 호흡하는 순간마다 시간이 기록되고 매 호흡과 함께 새롭게 태어나는, 꾸준히 확장하는 다수의 개체라는 개념을 서양인들은 이해하기 어렵다는 사실을 강조했다.

나는 그에게 말했다.

"당신의 아내는 당신과의 결혼 생활을 생각할 때 과거의 당신과 현재의 당신을 서로 분리하지 못해요. 그녀에게는 하나의 인물이고, 영원히 똑같은 한 사람인 것이죠. 우리 모두 주의를 조금만 기울이지 않아도 그렇게 생각하곤 합니다."

마이크는 이 개념을 받아들이기 어려워했다. 우리의 대화에 이따금 이 주제가 오르곤 했지만, 그는 자기 자신이 1년에 약 800만 번(우리가 1년 동안 숨 쉬는 대략적인 횟수) 새롭게 생겨나는 수많은 마이크의 연속이라는 것을 인정하기 힘들어했다. 이 개념은 그가 세상에 투영한 '성공한 마이크'라는 인상적이고 고정된 이미지와 충돌했다. 그렇지만 그를 탓할 수는 없었다. 나는 그에게 가벼운 제안이 아니라 새로운 인식 체계를 권하고 있었기 때문이다. 사람들은 각자의 속도에 맞춰 이해하기 마련이다.

우리는 여전히 주기적으로 대화를 나누고 있고, 마이크는 여전히 CEO로 일하고 있다. 그런데 2019년 여름, 그가 난데없이 전화를 걸어 와 잔뜩 흥분한 목소리로 나에게 말했다.

"드디어 깨달았어요!"

처음에는 무슨 이야기를 하는지 감이 오지 않았지만, 이내 새로운 호흡에 관한 이야기라는 것을 확신했다. 마이크는 전날 아내 셰리와 나눈 대화를 설명했다.

마이크와 셰리는 자녀들과 그들의 애인, 친구 여러 명과 함께 별장에서 7월 4일 독립 기념일 모임을 한 후 돌아오는 차 안에서 대화를 나누었다. 매우 정신없었지만 즐거운 주말이었고, 부부는 집으로 가는 두 시간 동안 가장 재미있었던 순간을 회상하며 자녀들이 어떻게 자랐는지, 친구들이 얼마나 매력적이고 친절했는지, 그리고 자녀들이 요리와 청소를 얼마나 잘 해냈는지 이야기하며 기뻐했다. 자신들에게 주어진 행운과 성공적인 양육을 뿌듯해했다. 하지만 그때 셰리가 그들의 공상에 찬물을 끼얹는 말을 했다.

"아이들이 자랄 때 당신이 좀 더 도움이 됐다면 얼마나 좋았을까. 나는 많이 외로웠어."

"나는 아내의 말에 상처받거나 화가 나지 않았어요."

마이크가 나에게 말했다.

"아내를 바라보며 차분하게 말했죠. '10년 전 그 남자에 대한 당신의 말은 전부 옳아. 그 남자는 아무것도 몰랐어. 하지만 지금 이 차에 있는 사람은 그 남자가 아니야. 더 좋은 사람이 됐지. 내

일이면 그 남자는 조금 더 좋아지려고 노력하는 또 다른 사람이 될 거야. 게다가 예전에 고통받았던 여자도 지금과 똑같은 사람이 아니야. 당신은 더 이상 존재하지 않는 누군가의 행동을 두고 나를 비난하고 있어. 이건 옳지 않아.'"

차 안에는 10초 동안 침묵이 흘렀고, 이어서 셰리는 사과하며 이렇게 말했다.

"당신 말이 맞아. 그 문제에 대해 좀 더 노력해야겠어."

마이크는 새로운 호흡 인식 체계를 이해하기까지 몇 년의 시간이 걸렸고 부처의 가르침을 완벽하게 적용할 만한 감정적으로 고조된 환경이 필요했다. 하지만 그의 아내는 10초 만에 받아들였다. 사람마다 시간 차이가 있어도 괜찮다. 다른 사람의 깨달음에 한패가 되는 일은 언제나 기쁘다.

다른 사람의 변화를 도울 목적이 있다면 무상이라는 개념을 받아들이기 수월하다. 그렇지 않았다면 나는 목적도 직업도 없었을 것이다. 번성하는 모든 것은 결국 쇠퇴하고 사라진다는 사실을 인정한다면, 속세의 업적과 지위에만 해당하는 것이 아니라는 점도 받아들이게 된다. 이 개념은 개인적인 성장에도 강력하게 적용된다. 또한 당신이 지금껏 살아온 사람이 현재의 당신이나 미래의 당신으로 영원히 남지 않는다는 사실도 알 수 있다. 과거의 죄를 내려놓고 새로운 삶으로 나아갈 수 있다.

그렇다면 새로운 호흡 인식 체계와 마땅한 삶을 사는 것에는 어떤 연관이 있을까?

이 연관성은 스위치를 탁 켜서 어두운 방을 밝히는 것처럼 즉각적이고 직접적이다. 당신이 얻은 가치 있는 모든 것(작게는 선생님의 칭찬부터 크게는 좋은 평판이나 우리가 사랑하는 사람에게 받는 사랑까지)은 세상의 변덕과 무관심에 의해 영원하지 않다는 사실을 인정한다면, 이러한 소중한 '소유물' 역시 거의 날마다 또는 매 시간, 어쩌면 숨을 쉴 때마다 끊임없이 다시 얻어야 한다는 사실도 인정해야 한다.

나의 고객들에게 과거의 실수를 자책하지 말라고 상기시켜주는 일("그건 과거의 당신이 했던 일이에요. 이제는 잊어버려요.")은 그들에게 중요한 도움이 될 것이다. 하지만 반대의 상황, 즉 고객들이 과거의 가장 빛나던 순간을 재현하고 싶어 할 때도 마찬가지다. 나는 이러한 사례를 과거에 운동선수나 CEO의 삶을 살다가 현재 새로운 삶을 꾸리는 데 어려움을 겪는 사람들에게서 가장 생생하게 확인한다. 그들이 향수에 젖어 과거의 성공을 이야기할 때, 그것이 15년 전에 금메달을 목에 건 순간이든 6개월 전에 2만 명의 조직을 이끌 때든, 그들을 현실로 돌아오게 해서 더 이상 존경받는 운동선수나 위엄 있는 CEO가 아니라는 사실을 그들에게 상기시켜주고 받아들이게 하는 것이 내 의무다.

과거의 업적은 다른 사람이 이룬 것이다. 당신이 소셜 미디어에서 꾸준히 팔로우하는 유명 인사를 보며 대리 만족하는 것과 다르지 않다. 그 유명 인사는 당신이라는 존재를 알고 있지도 신경 쓰지도 않는다. 서로가 전혀 모르는 사람일 뿐이다. 그저 과거의 명예로 끊임없이 돌아가는 것이다. 그 당시에 충분히 받을 자격이 있었던 명성과 관심, 존경이 실재하지 않는다는 뜻은 아니지만 이제는 희미해졌다. 과거의 영광을 회상하는 것은 더 이상 만족감이라고 볼 수 없다. 그보다는 얼마나 덧없는지, 그리고 얼마나 가차 없이 순식간에 사라져버리는지에 대한 후회의 한탄에 가깝다.

과거의 내가 누구였고 무엇을 성취했는지 추억에 젖은 채로는 만족감을 되찾을 수 없다. 만족감은 오로지 지금 당장의 나라는 사람에 의해서만 얻을 수 있다. 그리고 우리가 새로운 사람이 되는 순간마다 계속해서 얻어야 한다.

불교에서 깨달음을 얻은 농구 감독 필 잭슨(Phil Jackson)은 1990년대 중반 시카고 불스에서 연이어 NBA 우승을 차지한 뒤, 1998년 세 번째 우승 반지를 노리던 당시 이렇게 말했다.

"성공에 걸맞은 행동을 하는 순간에만 성공할 수 있다. 그렇다면 그 행동을 계속 반복하면 된다."

사실 우리는 마땅한 자격을 얻는 삶을 결코 끝내지 못한다. 스스로 "이 정도면 충분히 이루었어. 이제 다 했어"라고 말할 수 있는 마침표란 없다. 숨이 멈추는 순간에나 가능할 것이다.

실전

두 개의 편지

이 훈련은 새로운 호흡 인식 체계를 머리로는 이해하지만 실제 삶에서 자연스럽고 본능적으로 적용할 근육 기억이 아직 발달하지 않은 사람들을 위한 방법이다. 이러한 사람들은 과거와 현재의 자아 사이에 심리적 장벽을 만들지 못하기에 이 둘을 구분하는 것을 새로운 신념으로 삼아야 한다. 게다가 이들은 본질, 정신, 영혼처럼 고정되고 불변하며, 자신이 누구인지 정의하는 보이지 않고 바꿀 수 없는 부분이 존재한다고 믿는다. 과거와 현재의 자아를 공유할 수 있다고 혼동한다면, '두 개의 편지' 훈련을 통해 둘을 구분할 수 있다. 첫 번째 편지는 감사함에 관한 것이고, 두 번째 편지는 미래를 위한 투자에 관한 것이다.

첫 번째 편지

일단 오늘날 당신을 더 좋은 방향으로 이끌어주었던 과거의 창작 활동이나 힘든 일, 수련(그냥 주어진 것보다 마땅히 얻어낸 것이면 더 좋다)에 대해 과거의 나에게 감사함을 표현하는 편지를 쓰자. 최근 일일 수도 있고 오래전 일일 수도 있다. 현재 당신이라는 사람에게 변화를 만들어주었는지가 유일한 기준이다. 나는 '과거의 나에게 감사하기' 훈련을 실제로 많은 사람들과 해왔다.

어떤 사람은 현재의 건강과 활력을 위해 8년 전 채식을 시작한 과거의 자신에게 고마워했다. 어떤 작가는 중학교 내내, 그리고 대학원을 졸업하기까지 익숙하지 않은 단어를 읽으면 사전을 찾아보고 작은 공책에 정리하는 습관을 들였던 열 살의 자신에게 고마움을 표했다. "그 공책이 없었다면 작가가 되지 못했을 거예요." 그녀는 말했다. 어떤 여성은 여섯 살의 자신에게 수영을 배운 것을 고마워했는데, 덕분에 적어도 두 번 정도 그녀의 목숨을 구했기 때문이었다. 또 다른 이는 지금의 아내를 만나게 해준 대학교에 입학한 열여덟 살의 자신에게 고마워했다.

이 훈련은 과거와 현재의 나를 분리할 뿐만 아니라 기억이 희미해져서 연결 짓기 어려웠던 과거와 현재의 인과관계를 분명히 드러낸다. 당신은 감사한 순간에 겸손한 태도로 이런 상투적인 말을 해본 적이 있을 것이다. "거인의 어깨 위에 서 있기에 가능한 것입니다." 이 편지야말로 당신이 어쩌면 잊고 있었을 거인, 즉 과거의 당신을 알아볼 수 있도록 도와줄 것이다.

자, 숨을 깊게 들이쉬어라. 그리고 과거의 당신이 지금 이 책을 읽고 있는 당신에게 주었던 선물들을 모두 떠올려라. 만약 어떤 무리의 사람들이 당신에게 그렇게 멋진 선물들을 가득 주었다면 이 친절한 이들에게 당신은 뭐라고 말할 것인가? 지금이 바로 "고마워요"라고 말할 순간이다.

두 번째 편지

이제 현재의 당신이 1년 후, 5년 후, 또는 10년 후 미래의 당신에게 보내는 편지를 써라. 편지를 받는 사람에게 도움이 되도록 현재 당신이 하는 투자(희생, 노력, 교육, 관계 훈련 등을 통해)에 대해 자세히 설명하라. 이 투자는 자기 계발의 어떤 형태든 될 수 있다. 건강 증진을 위해 힘쓰거나 학위를 취득하거나 급여의 일정 비율을 단기재정증권(Treasury bill: 미국 재무성이 발행하는 만기 1년 미만의 국채 - 옮긴이)에 투자하는 등 여러 가지 종류가 있을 것이다. 일종의 자선 활동이라고 생각하라. 단, 실제 수혜자가 누구인지 알지 못할 뿐이다. 아직은 말이다.

나는 이 아이디어를 내셔널풋볼리그(NFL)의 뛰어난 러닝 백 선수인 커티스 마틴(Curtis Martin)에게서 얻었다. 커티스는 나를 만나기 전부터 몇 년 동안 새로운 호흡 인식 체계를 실천하고 있었다. 그는 마지못해 풋볼에 발을 들이게 됐다. 고등학교 2학년 때까지 풋볼을 하지 않았는데, 한 코치가 팀에 합류하면 하루에 세 시간은 그가 사는 피츠버그 동네의 위험한 거리에서 벗어날 수 있다고 설득하면서 시작됐다. 커티스가 살던 동네에서 누군가 그를 다른 사람으로 오인해 총을 겨눈 적이 있었다. 총을 겨눈 이가 방아쇠를 당겼지만 다행히 총알이 발사되지는 않았다. 고등학교 졸업반이 되자 모든 유명 대학에서 그를 데려가려고 했다. 그는 피츠버그 근처에 있는 학교를 선택했다.

대학 선수로 활동하면서 부상이 아주 많았음에도 출중한 실력 덕분에 뉴잉글랜드 패트리어츠는 1995년 신인 선수 선발 3라운 드에서 그를 뽑았다. 대부분의 젊은 운동선수들은 드래프트에서 지명되는 것을 복권에 당첨되는 것과 비슷한 행운이라고 여기지 만, 커티스가 처음 한 생각은 이랬다. '풋볼을 하고 싶지 않아.' 그 때 한 목사가 풋볼을 놓지 말라고 설득했다. 커티스는 사람들에 게 봉사하는 삶을 살고 싶어 했는데, 목사는 NFL이 커티스의 남 은 인생을 만들어나가는 하나의 수단이 될 수 있다고 했다. 이러 한 마음속 이미지가 커티스에게 목적과 동기를 주었다.

그는 NFL 선수 이후의 자신을 위한 투자로써 풋볼을 했다. 일 반적인 엘리트 선수들의 원동력과는 다르다. 그들은 경쟁을 좋아 한다. 지금 당장은 승리하는 것에 몰두하면 미래는 자연히 해결된 다고 생각한다. 하지만 커티스는 남들보다 조금 더 긴 경기를 뛰 었다. 그는 11번째 NFL 리그를 뛰던 중 선수 인생을 위협하는 부 상을 입은 후 NFL 역사상 최고의 러닝 백 4위(에밋 스미스, 월터 페이 튼, 배리 샌더스 다음이었다)에 오르며 은퇴했다.

선수 시절 그는 미혼모와 장애인, 위험한 환경에 처한 청소년을 지원하는 커티스마틴일자리재단(Curtis Martin Job Foundation)을 설립했다. 전 운동선수로서의 첫째 날, 커티스는 12년 전부터 투자해왔던 미래와 악수할 준비가 돼 있었고, 이를 간절히 원했다. 그는 새로운 삶을 살고 있었다.* 커티스 마틴의 이야기는 미래의 자신을 위한 투자의 좋은 예시다.

반면 앞서 소개했던 후회로 가득 찬 CEO 건서는 나쁜 예시다. 건서는 세 자녀가 자신처럼 열심히 일할 필요가 없도록 많은 부를 쌓으려고 평생 열심히 일했다. 하지만 대실패였다. 아이들은 그 돈 덕분에 감사해하지도 건설적인 삶을 살지도 않았고, 오히려 그 돈을 아무것도 하지 않는 특권으로 이용했다. 건서는 어떤 실수를 했을까? 그는 미래의 자신이나 아버지로서의 유산에 현재를 투자한 것이 아니었다. 그저 선물을 주었을 뿐이다. 여기에는 매우 큰 차이가 있다. 투자에는 예상 수익이 따른다. 그러나 선물은 아무런 조건이 붙지 않는다. 그는 자녀들에게 마땅하지도 가치 있지도 않은 선물을 주었다. 그리고 그에 대한 보답을 받고 싶었지만 자신이 무엇을 기대하는지 정확히 표현하지도 않았다. 결국 그는 자녀들에게 희생에 대한 감사한 마음을 받거나 자녀들이 스스

● 커티스는 2012년 NFL 명예의 전당 입성하며 이 모든 내용에 대해 연설했다. 그의 연설은 명예의 전당 역사상 가장 솔직하고 영향력 있는 연설로 유명하다. 미래의 나에게 보내는 편지의 좋은 본보기다.

로 건설적인 삶을 사는 모습을 보는 만족감을 얻지 못했다.

건서는 자신의 후회를 영화 〈콰이강의 다리〉의 강렬한 결말에 비유했다. 영화에서 포로가 된 영국군 니콜슨 대령은 자신의 부대가 포로로 붙잡히는 동안 사기를 유지하기 위해 일본군을 도와 다리를 건설하도록 했다. 그러나 연합군 병사들이 그 다리에 다이너마이트를 설치했다는 사실을 알게 되자 이를 막으려고 했고, 그 과정에서 어긋난 자부심을 느꼈다. 마침내 자신의 어리석음을 깨달은 그는 이렇게 말했다. "내가 도대체 무슨 짓을 한 거지?" 그러고는 다리를 폭파하려고 스스로 폭파 스위치 위로 쓰러진다.

만약 건서가 미래의 자신에게 편지를 썼다면 자녀들의 삶은 달라졌을지 모른다. 두 번째 편지는 단순히 목표를 적는 연습 그 이상이다. 이 방법을 이용하면 오늘날 당신의 선의의 노력은 건설적이고 행복한 삶을 살게 할 책임이 있는 사람, 즉 자기 자신과 당신이 가장 사랑하는 사람을 위한 투자라고 여기게 된다. 이건 단순한 선물이 아니다. 당신은 이에 대한 보답을 기대하고 있다.

숨 쉴 때마다 새로운 내가 된다면

2장

당신만의 삶을 방해하는 요소

2000년대 초부터 나는 해마다 8일 동안 투자은행 골드먼삭스의 경영진과 최고의 고객에게 리더십 수업을 진행해왔다. 이 영향력 있는 월 스트리트 기업의 연락 담당자는 40대 파트너인 마크 터섹(Mark Tercek)으로, 그는 골드먼의 연수 프로그램과 더불어 교육 부문 투자를 관리했다. 마크는 전형적인 월 스트리트 유형의 사람이었다. 영리하고, 카리스마 있고, 활력이 넘쳤으며, 회사에 도움이 되는 일에 돈을 쓰기 위해 매우 노력했다. 반면에 그는 겸손하고, 자신을 내세우지 않았으며, 두려울 정도로 다재다능했다. 또한 요가를 수련했고, 철인 3종 경기에 출전했으며, 엄격한 채식주의자인 데다가 열정적인 환경 운동가였다.

2005년에 그는 골드먼삭스에 환경 산업 부서를 설립하고 관리하는 일을 맡게 됐다. 이로부터 3년 뒤, 이 분야에서 넓은 인맥을 다진 덕분에 마크는 한 헤드헌팅회사의 친구로부터 미국에서 가장 큰 비영리 환경 단체인 국제자연보호협회(The Nature Conservancy, TNC) CEO 자리에 후보자를 제안해달라는 연락을 받았다. 마크는 다른 후보들의 이름과 그들의 자격 요건을 따져 보던 중 문득 이런 생각을 떠올렸다. **그렇다면 나는 어떤가?** 그는 그 CEO 자리에 완벽하게 어울렸다. 국제자연보호협회는 본질적으로 자선 '은행'이었고, 기금과 연간 기부금을 모아 보호가 필요한 광대한 자연 지대를 사들이고 있었다. 그의 전문 분야였던 재정 관리가 주요 자격 요건이었다. 더욱이 그는 마음속 깊이 이 일을 정말로 하고 싶었다. 마크처럼 열정적인 환경 운동가였던 아내 에이미도 그의 새로운 행보를 응원했다.

마크와 나는 계속해서 신뢰 관계를 쌓아오고 있었기에 그를 란초 산타페에 있는 우리 집으로 초대해 며칠간 기업의 잡음에서 벗어나 고민할 시간을 주었다. 비영리단체를 경영하기 위해 골드먼에서의 중요한 경력을 끝내고 네 명의 자녀와 오래 살던 뉴욕을 떠나 워싱턴 DC에 정착하게 하는 것이 옳은 선택일까? 우리가 이야기를 나누면 나눌수록 장점이 모든 단점을 덮어버린다는 사실이 확실해졌다. 그러나 마크는 계속 망설였다. 떠날 시간이 가까워지고 뉴욕행 비행기 출발 시간을 몇 시간 앞두고도 그는 여전히 불확실한 상태였다.

나는 그를 데리고 동네 숲길과 산책길을 오랫동안 걸었다. 고객들과 자주 하는 일이었다. 자연 속을 한없이 걷다 보면 마음이

숨 쉴 때마다 새로운 내가 된다면

비워지곤 한다. 그러다가 어느 순간 분명한 이유 없이 계속 망설이고 있는 그에게 물어보았다.

"왜 결정을 내리지 못하는 건가? 일자리 제안이 아니라 그저 면접일 뿐인데 말일세."

"만약 그 일을 맡게 되면, 골드먼의 동료들이 어떻게 생각할지 두려워요."

그의 대답에 나는 입이 떡 벌어졌다. 우리는 몇 시간에 걸쳐 그의 경력과 능력, 지적인 취미, 업적과 아쉬운 점 등을 꼼꼼히 살펴보았다. 그는 학교를 졸업한 후부터 지금까지 24년이라는 세월을 골드먼에 바쳤다. 새로운 직업에 딱 들어맞았고, 게다가 줄어드는 연봉을 감당할 수도 있었다(9년 전 골드먼의 기업공개가 재정적 안정을 보장해주었다). CEO 자리를 마다할 이유가 하나도 없었지만 그의 발목을 잡는 문제가 있었다. 골드먼의 동료들이 그가 결국 포기했으며 월 스트리트의 혹독함을 견딜 만큼 강인하지 않다고 생각할 것이라는 터무니없는 두려움 때문이었다.

나는 그의 팔을 붙잡아 멈춰 세우고 얼굴을 똑바로 바라보았다. 그가 내 입에서 나올 말에 집중하기를 바랐다.

"젠장, 마크. 당신을 위한 삶은 도대체 언제 살 작정인가?"

나는 몇 년 동안 수많은 경영진에게 큰 직장을 그만둘 적절한 시기에 대해 조언을 해주었다. 회사를 떠나지 말아야 할 모든 유형의 이유들은 대부분 다음 세 가지 주제에서 조금씩 변형된 것이었다.

- 나는 대체 불가능하다: **이 회사에는 내가 필요해.**
- 나는 성공했다: **우리 회사는 잘나가고 있어. 지금 그만두기에는 너무 일러.**
- 여기 말고는 갈 곳이 없다: **이다음에 무엇을 하고 싶은지 나도 모르겠어.**

하지만 마크 정도의 위치에 있는 사람이 동료들의 시선 때문에 꿈을 포기하는 것은 들어본 적이 없었다. 그날 나의 감정 폭발이 그의 정곡을 찌른 것이 분명했다. 그는 다음 날 헤드헌팅회사에 연락해 후보자로 자신의 이름을 올렸고, 얼마 지나지 않아 국제자연보호협회의 CEO직을 맡기 위해 골드먼을 퇴사했다. 마크와의 사건이 시발점이 돼 이 책과 '마땅한 삶'이라는 개념이 탄생했다. 물론 그 당시에는 전혀 몰랐지만 말이다.

그로부터 10년 후, 마크가 TNC 재임 동안 큰 성공을 거두고 나서 그는 우리의 일방적이었던 논쟁에 관해 이야기를 꺼냈다. 내가 했던 말(젠장, 당신을 위한 삶은 도대체 언제 살 작정인가?)이 그의 머리에 또렷하게 새겨지면서 일종의 연상기억장치처럼 삶에 의미와 목적을 주는 일을 충실히 하라고 말해주었다고 한다. 좋은 남편과 아빠가 돼라. 기부하라. 지구를 구하라. (알다시피 작은 일들이다.)

솔직히 나는 그 일을 잊고 있었지만, 마크의 전화를 받자마자 그날 논쟁에서 그의 태도, 구체적으로 말하면 동료들이 자신을 어떻게 생각할지 걱정하던 그의 두려움이 떠올랐다. 다른 사람의 시선에 얼어붙어 TNC 일을 얻을 노력조차 하지 않는다는 것을 이해할 수 없었다. 그런 선택을 했다면 그는 후회에 휩싸였을 게 분명하다. (사람은 무언가에 도전하고 실패했을 때 후회하지 않는다. 후회는 도전조차 하지 않았을 때 생긴다.)

마크와 통화를 끝낸 뒤 또 다른 기억이 떠올랐다. 지금은 고인이 된 내 친구 루스벨트 토머스 주니어(Roosevelt Thomas, Jr.) 박사가 생각났다. 하버드에서 조직행동학 박사 학위를 딴 그는 미국 기업의 다양성에 대한 태도를 바꾸어놓았다. 루스벨트의 핵심 통찰은 일상에서 과소평가된 **준거집단**의 영향력이었다. 초기에 우리는 이 주제에 관한 논문을 공동 집필하기도 했다. 루스벨트만이 일을 평생의 업으로 삼았지만 말이다.

루스벨트의 주장에 따르면, 사람들은 각자 특정 집단에 감정적으로 지성적으로 연결돼 있다고 느낀다. 오늘날 우리는 이 개념을 '부족주의'로 받아들이지만, 1970년대 초에 사회적 격변과 사람들 간의 차이점을 설명해주는 준거집단이라는 발상은 획기적이었다. 준거집단의 규모는 특정 종교나 정당처럼 거대할 수도 있고, 밴드 피시(Phish)를 좋아하는 집단, 일명 피시헤즈(Phish-heads)처럼 작을 수도 있다. 미국 내의 모든 준거집단을 분류하기란 불가능하다. 트위터의 해시태그 개수보다 많고, 토끼가 번식하듯이 기하급수로 늘어난다. 루스벨트의 요점은 어떤 사람의 준거집단을 안다면, 다시 말해 그들이 누구와 또는 무엇과 깊게 연결돼 있다고 느끼는지, 누구에게 감동을 주고 싶은지, 누구에게 존중을 받고 싶은지를 안다면 그 사람이 왜 그렇게 말하고, 생각하고, 행동하는지 이해할 수 있다는 것이었다. [결국 필연적으로 대부분의 사람은 **반(反)준거집단**도 가지게 된다. 사람들의 충성과 선택은 그들이 지지하는 것보다 반대하는 것을 기반으로 한다. 민주주의 대 공화주의, 또는 레알 마드리드 대 바르셀로나처럼 말이다. 우리가 좋아하는 것만큼이나 싫어하는 것 또한 우리에게 영향을 준다.] 다른 준거집단의 의견에 동의할 필요는 없지만, 그런 집단이 행사하는 영향력을 인정한다면 그 지지자들의 선택에 의아해하거나 그들을 '멍청이'로 치부하지 않을 수 있다.●

나는 루스벨트 토머스의 이론이 마크에게 어떤 식으로 적용됐는지 살펴보았다. 나는 마크의 준거집단은 채식을 하고, 요가 수련을 하고, 환경에 관심을 보이는 등 마크처럼 사회문제에 관심

● 참고로 나의 준거집단은 교사다. 선생님이셨던 내 어머니는 내가 성장하는 과정에서 가장 큰 영향을 준 사람이다. 그래서 나는 교사에게 동질감을 느낀다. 다른 사람을 돕기 위해 내가 아는 지식을 전달하는 능력을 기준으로 나 자신을 판단한다. 내가 중요하게 여기는 존경심 역시 대부분 교사에게서 비롯된다. 그렇지만 나는 이러한 개인적인 내용을 감추었고 티를 내거나 공개적으로 거론하지도 않았다. 심지어 아주 오래 알고 지낸 친구들도 내가 말하지 않는 한 이 사실을 모를 것이다. 그만큼 누군가의 준거집단은 비밀스럽다. 이를 알아내려면 끈질기게 탐구해야 한다. 그렇지만 그 보상은 당신이 잘 알고 있다고 믿었던 사람을 새로운 눈으로 보고 깊이 이해하게 되는 놀라운 경험이 될 것이다.

이 있는 사람들로 이루어져 있을 것이라고 착각했다. 그러나 마크는 사실 24년이 흐른 후에도 여전히 적극적이고, 맞춤 양복을 입고, 거래를 성사시키는 골드먼삭스의 동료들과 감정적으로 연결돼 있었다. 그들에게 인정을 받는 것은 마크에게 여전히 중요했다. 그에게 당장 그 집단에서 벗어나기를 기대하는 것은 그의 정체성을 부인하라는 것처럼 불가능한 요구였다. 준거집단의 영향력이 너무나 막강한 나머지 마크는 CEO 자리 후보자 추천을 요청받았던 첫 통화, 즉 그의 인생을 뒤집을 수 있었던 선물 같은 기회를 포기하려고 했다.

마크와의 통화는 나의 통찰력에 도화선이 됐다. "당신의 인생을 살라"라는 나의 조언이 그에게 설득력 있게 들렸다는 점은 흐뭇했지만, 속으로는 궁금증이 생겼다. **만약 마크처럼 의욕이 넘치고 성공에 익숙한 사람도 준거집단에 의해 좌절될 수 있다면, 자원과 기회가 부족한 사람들은 얼마나 많이 또 다른 이유로 방해를 받고 있을까?** 그들이 자신을 위한 삶을 살지 못하게 방해한 영향력은 무엇이었을까? 그리고 나는 어떤 도움을 줄 수 있을까?

한 가지 좋은 소식은 인류 역사상 그 어느 때보다 오늘이 자신의 삶을 창조하기가 가장 쉽다는 사실이다. 과거에는 거의 모든 사람들이 태어나면서부터 이미 사회적 약자였다. 투표권이 없었고 지도자를 뽑을 수 없었다. 순응이 곧 법이었고, 누구를 사랑하는지 또는 어떤 신을 숭배하는지(실제로 신을 숭배했다면)가 조금만 달라도 처벌받았다. 아마 그 당시에는 슬픔이 더 많았었을지 몰라도 후회는 더 적었다. 선택이 허락되지 않으면 그 선택을 후회할 수도 없다.

지난 100년 동안의 추세를 살펴보면 앞으로 우리는 계속 더 많은 권리와 자유를 얻게 된다는 점을 알 수 있다. 대부분의 나라에서는 농노가 사라졌고, 여성이 투표를 하며, 수억 명의 사람들이 빈곤에서 벗어나고 있으며, 동성애자여도 괜찮다. 다시 말해, 많은 사람들이 낙관할 만한 이유가 있다는 것이다. 낙관주의가 층층이 쌓인 케이크를 장식하는 아이싱은 바로 기술이다. 유동성과 정보의 접근성이 확장되면서 기술은 우리를 유혹하는 선택의 가짓수를 배가시켰다. 일과 여가 생활에 더 많은 자유와 더 많은 활동, 그리고 더 많은 선택이 생겼다.

문제는 바로 여기에 있다. 그리고 이런 거창한 주장을 하는 것은 나뿐만이 아니다. 경영학자 피터 드러커는 2005년 95세의 나이로 세상을 떠나기 전 다음과 같은 통찰을 남겼다.

지금으로부터 몇백 년 후 우리 시대의 역사가 장기적인 관점에서 기록될 때, 역사가들이 꼽는 가장 중요한 사건은 기술도, 인터넷도, 전자 상거래도 아닐 것이다. 그건 바로 인간 생활의 전례 없는 변화다. 역사상 처음으로 상당수 사람들이 선택권을 가지고 있으며, 그 수가 빠르게 증가하고 있다. 처음으로 사람들은 자기 자신

을 관리해야 할 것이다. 그리고 우리 사회는 이러한 현상에 아무런 준비를 하고 있지 않다.[*]

자유와 유동성은 심리학자 배리 슈워츠(Barry Schwartz)가 "선택의 패러독스(the paradox of choice)"라고 묘사한 유명한 개념을 탄생시켰다. 우리는 선택지가 많을 때보다 적을 때 더 좋은 결과를 낸다. 31가지 맛의 아이스크림 중에서 골라야 한다면 우리는 종종 실망스러운 선택을 한다. 두 가지 선택지(바닐라 맛 또는 민트 초콜릿칩 맛)뿐이라면 선택하기 훨씬 쉽고 더 만족스럽다. 복잡하고 빠르게 발전하는 세상에서 자신만의 삶을 만들어나가는 것도 마찬가지다. 무수한 선택지를 꼼꼼히 추리기가 어렵기도 하지만, 무엇을 원하는지 알고 있을 때조차도 어떻게 그 꿈을 좇아야 하는지 모를 때도 있다.

선택과 행동을 방해하고 나만의 삶을 살아가려는 의지를 꺾는 장벽들은 허물기가 만만치 않으며 종류도 다양하다. 다음에서 함께 살펴보자.

---

[*] 피터 F. 드러커, "지식을 관리하는 것은 자기 자신을 관리하는 것이다(Managing Knowledge Means Managing Oneself).", Leader to Leader 16 (Spring 2000): 8–10.

1. 첫 번째 장벽은 관성이다

유감스럽게도 관성은 변화에 대한 가장 단호하고 결정적인 반대자다. 지난 몇 년 동안 내 고객들이 바꾸고 싶다고 말했던 행동을 바꾸는 데 실패할 때마다 다음 주문에 의지했다. 인생에서 우리의 기본 반응은 의미나 행복을 경험하는 것이 아니다. **관성을 경험하는 것**이다. 나는 고객들이 관성은 어디에나 존재한다는 사실을 인정하고, 더불어 자신의 관성을 새로운 관점에서 바라보기를 바랐다.

우리는 관성을 둔하고 움직임이 없는 상태라고 생각한다. 수동성과 자유의 더 순수한 표현이라고 여긴다. 하지만 그렇지 않다. 관성은 다른 상태로 전환하지 않고 현재 취하고 있는 상태를 지속하고 있는 **능동적인 행동**이다. 이는 단순한 의미론이 아니다. 가장 나태한 수동적인 행동조차도 현 상태를 유지하려는 능동적인 선택이라고 바라보는 완전히 새로운 관점이다(다시 말해, 선택하지 않는 것 또한 선택이다. "나는 사양할게요"라고 말하는 것을 선택한 것이다). 반면 기어를 바꾸고 다른 행동을 하기로 선택하는 순간, 우리는 관성의 종으로 머무르기를 그만두게 된다. 관성의 희생양으로 살 것이냐, 또는 관성의 중력에서 벗어날 것이냐는 온전히 우리가 해야 할 선택이다. 사람들은 자신에게 선택권이 있음을 알게 될 때 보통 변화하는 힘이 생긴다.

관성의 또 다른 흥미로운 특징은 단기적인 미래를 엿볼 수 있다는 점이다. 그 어떤 알고리즘이나 예측 모형보다 훨씬 정확하다. 관성 때문에 나는 당신의 가까운 미래를 다음의 원칙에 따라 규정할 수 있다. 당신이 5분 뒤에 할 행동을 가장 정확하게 예측할 수 있는 것은 **현재 당신이 하고 있는 행동**이다. 만약 낮잠을 자고 있거나 집을 청소하고 있거나 온라인 쇼핑을 하고 있다면, 5분 뒤에도 똑같은 행동을 하고 있을 가능성이 매우 크다. 이 단기 원칙은 장기적으로도 적용할 수 있다. 지금으로부터 5년 뒤 당신의 모습을 가장 잘 예측할 수 있는 것은 현재 당신의 모습이다. 현재 다른 나라의 언어나 빵 만드는 방법을 모른다면, 아마 5년 뒤에도 여전히 모를 것이다. 현재 사이가 소원한 아버지와 대화를 나누지 않고 있다면, 5년 뒤에도 같은 상황일 가능성이 크다. 오늘 당신의 삶을 이루고 있는 작은 부분들 역시 마찬가지일 것이다.

관성의 영향력보다 우리의 의지를 더 높이 평가함으로써 이를 긍정적인 힘으로 바꿀 수 있다. 파괴적이지 않고 생산적인 습관과 절차를 만든다면(예를 들어, 아침에 일어나자마자 운동을 하고, 영양가 있는 똑같은 아침 식사를 하고, 가장 효율적인 출근길을 택한다면) 관성은 좋은 친구가 돼 우리의 현실성과 열정, 일관성을 유지해줄 것이다.

이러한 특징들로 인해 관성은 마땅한 삶의 모든 측면에 영향을 끼치는 중요한 원동력이 된다. 그러나 관성을 통제한다고 하더라도 우리가 원하는 삶을 살지 못하게 방해하는 다른 문제가 아직 남아 있다.

2. 자신의 프로그램에 갇힌다

나는 켄터키주에 있는 도시 루이빌에서 남쪽으로 약 50킬로미터 떨어져 있는 밸리 스테이션에서 자랐다. 마을 옆에는 인디애나주와 경계를 이루는 오하이오강이 흐르고 있었다. 나는 어머니의 하나뿐인 자식이었고, 그래서 어머니는 어릴 때부터 나의 페르소나와 자아상을 형성하는 데 최선을 다했다.

초등학교 선생님이었던 어머니는 체력보다 지능을 더 중요하게 생각했다. 그래서 내가 마을에서 가장 영리한 아이라고 믿도록 나를 프로그래밍했다. 게다가 아마도 내가 자동차 정비사나 전기 기술자와 같은 전문 기능자의 길을 선택하지 못하도록 나에게는 눈과 손의 협응력이나 기계를 다루는 재능이 없다는 사실을 계속 일깨워주었다. 그래서 중학교 때에는 수학에 재능이 있었고 표준화 검사에서 상위권을 차지했지만, 기계와 관련된 것이나 운동에 관해서는 형편없었다. 전구를 가는 법도 몰랐고, 딱 한 번 어린이 야구에서 야구방망이로 공을 맞힌 적이 있었는데(파울볼이었다) 관중들에게 기립 박수를 받았다.

다행히도 나는 어머니의 이러한 프로그래밍의 답으로 지능에 대한 변함없는 신뢰를 보여줬다. 그러나 불행한 점은 학교에서 열심히 노력할 필요가 없다는 지나친 자기 과신도 함께 발달했다는 사실이다. 나는 설렁설렁 공부하면서도 여전히 좋은 성적을 받을 수 있다는 사실을 알았다. 이 행운은 로즈헐먼공과대학과 인디애나대학교의 경영학 석사과정을 거칠 때까지 계속 이어졌고, 대담해진 나는 (수년간 학문 연구에 최선의 노력을 들이지 않았음에도) 캘리포니아대학교 로스앤젤레스캠퍼스(UCLA)에서 박사 학위를 받으려고 했다. 나에게 조직행동학 박사 학위가 왜 필요했는지, 그걸 가지고 무슨 일을 할 것인지 정확하게 설명할 수는 없었다. 적당히 하다 보니 여기까지 왔다는 생각이 들었다. 이렇게 계속 나아가면 어디에 다다를지 확인하지 않을 이유가 있겠는가?

다행히 UCLA에서 나보다 똑똑한 동기들과 지적으로 월등히 우월할 뿐만 아니라 내 허영심과 위선에 굴욕을 선사하기를 망설이지 않는 위압적인 교수들을 만날 수 있었다. 이는 당연한 나의 업보였다. 당시 26세였던 나는 박사 학위를 거저 얻는 것이 아니라 마땅히 얻어내기 위해 이곳에 왔음을 비로소 깨달았다. 어머니의 프로그래밍으로 인해 의도치 않은 결과를 극복하기까지 오랜 시간이 걸렸다.

우리는 모두 어떤 방법으로든 **부모에 의해 프로그래밍**된다. 어머니와 아버지의 입장에서도 어쩔 수 없는 일이다(그리고 보통 좋은 의도에서 비롯된다). 부모는 우리의 믿음과 사회적 가치, 다른 사람을 대하는 태도, 인간관계에서의 행동, 심지어는 응원할 스포츠 팀까지도 결정한다. 그들은 다른 무엇보다도 우리의 자아상을 형성한다. 기어 다니고, 걷고, 말하기 훨씬 전 아기 침대에만 누워 있는 갓난아기 시절부터 부모들은 자녀가 지닌 재능과 잠재력의 단서를 찾기 위해 자녀들의 행동을 과학수사하듯이 연구한다. 형제가 있을 때 이러한 특징이 가장 뚜렷하게 드러난다.

부모는 오랜 시간 동안 충분한 '증거'를 가지고 자녀들을 뚜렷한 특성으로 구분한다. 똑똑한 아이, 예쁜 아이, 힘센 아이, 착한 아이, 책임감 있는 아이 등 그 당시에 해당한다고 생각되는 수많은 표현 중에서 선택한다. 마치 자신도 모르는 사이에 자녀를 하나의 전형으로 삼고 미묘한 차이들을 전부 지우려는 것 같다. 그래서 조금만 방심해도 프로그래밍을 받아들일 뿐만 아니라 여기에 맞춰 행동하게 된다. 똑똑한 아이는 전문 지식보다 영리함에 의지하고, 예쁜 아이는 자기 외모에 의존하며, 힘센 아이는 말로 설득하기보다 원초적인 힘을 쓰기를 선호하고, 착한 아이는 지나치게 순종적인 사람이 되고, 책임감 있는 아이는 의무라는 명목으로 너무 자주 자신을 희생한다. 인생의 결정적인 부분이 인격 형성 시기에 사랑하는 사람에 의해 각인돼 이미 정해져 있다면, 우리는 누구의 삶을 사는 것인가?

좋은 소식은 우리가 원한다면 언제든지 **주입된 프로그램에서 벗어날 권리**가 있다는 것이다. 우리의 프로그램은 인생의 방해물이 될 때만 문제가 된다. 완전히 다른 일을 찾거나 새로운 헤어스타일에 도전하는 등 새로운 무언가를 시도하려고 하다가도 "나는 소질이 없어" 또는 "나와 안 어울려"라는 변명을 늘어놓으며 변화를 거부한다. 우리(또는 다른 누군가)가 "누가 그렇대?"라며 변명의 타당성에 이의를 제기하기 전에는, 절대적인 진리가 된 믿음에 자신의 의지를 내세울 생각조차 못 한다. 프로그래밍의 가장 강력한 영향력은 이를 거부할 필요성을 깨닫지 못하게 하는 것이다.

3. 의무감으로 인해 실패한다

아마 1989년에 개봉한 〈우리 아빠 야호(Parenthood)〉라는 영화 속의 마음 아픈 장면을 익히 알고 있을 것이다. 론 하워드가 감독한 이 영화는 스티브 마틴이 곤경에 처한 삼 남매의 아버지 길 베크만 역을, 메리 스틴버겐이 차분하고 인자한 아내 캐런 역을 맡았다. 영화는 후반부로 흘러가면서 첫째 아이 케빈에게 정서적인 문제가 있으며, 남편 길이 싫어하던 직장을 막 그만둔 직후 아내 캐런이 계획에 없던 넷째 아이를 임신했다는 사실을 남편에게 밝히는 장면으로 넘어간다. 갑작스러운 상황에 긴장감 있는 대화가 오가던 도중, 아들의 '꼴찌' 어린이 야구 팀 코치를 하러 집을 나서려는 길에게 아내가 묻는다. "꼭 가야 해?" 그 순간 문을 반쯤 나간 길이 갑자기 격한 표정으로 아내를 돌아보고는 이렇게 내뱉는다. "내 **인생 전부가 '해야 하는' 것뿐**이었어."

의무의 장점은 암묵적이든 명시적이든 다른 사람과의 약속을 지키게 한다는 것이다. 반면 의무로 비롯되는 불행은 타인과의 약속이 자기 자신에게 한 약속과 얼마나 자주 충돌하는가에서 발생한다. 이러한 순간이 닥치면 우리는 헌신 또는 이기심의 양극단 중 하나를 선택하며 행동을 지나치게 교정하려고 한다. 그래서 결국 자기 자신이나 우리에게 의지하는 사람에게 실망을 안겨준다. 의무는 책임을 우선시하도록 강요한다. 이는 기본 원칙을 넘어서 "올바른 일을 하라"라고 인도할 규범이 거의 없는 애매한 영역이다. 내 경험상 의무를 다루는 규칙 같은 것은 없다. 상황에 따라 달라진다.

헌신이 옳고 고귀한 선택일 때도 있다. 어떤 사람은 더 흥미로운 직업을 찾는 대신 가족 사업을 함께 일군다. 누군가는 따분하고 지긋지긋한 직장이지만 가족 생활비로 충분한 월급을 주는 회사에 남기로 한다. 가족들이 오래 살던 곳을 떠나기 원치 않기 때문에 다른 지역에서 경력을 쌓을 기회를 거절한다. 사랑하는 사람을 위해 자신의 의무를 다하면서 만족감을 얻기도 한다.

그렇긴 해도 다른 사람이 어떻게 생각하든 간에 때로는 자기 자신을 우선시해도 괜찮다. 희생과 타협에는 고통스럽고 큰 대가가 따를 수 있다. 쉽게 얻을 수 있는 것은 아니지만 명예롭고 꼭 필요할 때도 있다.

위대한 언론인 허버트 베이야드 스워프(Herbert Bayard Swope: 1917년 언론 부문 최초 퓰리처상 수상자)는 이렇게 말했다.

"나는 당신에게 틀림없는 성공의 공식을 알려줄 수는 없다. 하지만 **실패의 공식**은 말할 수 있다. 그건 바로 언제나 모든 사람을 기쁘게 하려고 애쓰는 것이다."

4. 상상의 실패로 고통받는다

당신이 원하는 삶으로 이끌어줄 두세 가지 선택지 중에서 선택하는 일은 많은 사람들이 혼란을 느낄 만하다. 반면, 어떤 사람들은 두세 개는커녕 한 가지 선택지도 상상하지 못한다.

나는 **창의성**이란 약간 다른 두 가지 아이디어를 융합해 독창적인 무언가를 만드는 문제라고 생각했다. 예를 들어, 식당에서 바닷가재와 스테이크를 함께 제공하며 '파도와 잔디(Surf 'n' Turf)'라고 이름 붙이는 것이 그렇다. A와 B를 더해 D라는 결과가 나왔다. 그러자 한 성공한 예술가는 자신이 기준을 너무 낮게 잡았다고 말했다. 창의성은 A와 F와 L을 가지고 Z라는 결과를 내는 것에 가깝다. 각 요소 간의 연관성이 적을수록 완전체를 만드는 데 더 많은 상상력이 필요하다. 'A+F+L=Z'의 창의성을 가진 사람은 매우 드물다. 대부분의 사람들에게는 'A+B=D' 정도의 창의성이 있다. 그리고 애석하게도, A와 B가 같은 공간에 있는 세계를 상상하기 어려운 사람도 있다.

이 책을 읽고 있다는 것은 자기 계발에 **호기심**이 있다는 증거다. 호기심은 **상상력**을 발동시키고 새로운 무언가를 그리기 위한 준비 태세다. 만약 당신이 대학 졸업장이 있는 미국인 30퍼센트 중 한 명이라면, 10대 시절부터 정체성 리부트, 즉 이 세상에서 당신의 자리를 얻을 가능성을 높여줄 자신의 새로운 모습을 찾는 것이 어떤 느낌인지 이미 알고 있을 것이다. **새로운 출발을 상상하는 방법**도 잘 알고 있을 것이다.

퓰리처상 소설 부문 수상자이자 《제국이 몰락한다(Empire Falls)》의 저자 리처드 루소(Richard Russo)는 자신의 대학생 시절을 회상하며 이렇게 적었다.

"대학이란 자기 자신의 새로운 모습을 창조하기 위해, 과거와의 연결 고리를 끊기 위해, 그리고 우리를 잘 아는 사람들에게 방해를 받았지만 자신이 항상 되고 싶었던 사람이 되기 위해 가는 곳이다."

루소는 대학을 '증인 보호 제도를 신청하는 것'에 비교했다.

"당신은 한두 개의 새로운 정체성을 시도해야만 한다. 당신의 원래 정체성을 쉽게 알 수 있도록 내버려두는 것은 실제로 제도의 목적에 어긋날 뿐만 아니라 매우 위험할 수 있다."

고등학교 졸업반을 돌이켜보라. 감히 말하건대 대학에 지원할 때가 인생에서 처음으로 미래를 통제하고 있다고 느꼈던 순간일 것이다. 그 과정이 지도교사, 시험 기관, 대학 입학 사정관(부모는 말할 것도 없고)의 연합으로 엄격하게 진행됐지만, 그렇더라도 모든 결정의 주체는 18세의 당신이었다. 그때의 당신은 자신의 강점과 약점을 평가했다. 그리고 통학 거리, 규모, 명성, 선별성, 사교 모임, 날씨, 학비, 재정 지원 등 기본적인 질문에 답을 하며 대학에

숨 쉴 때마다 새로운 내가 된다면

대한 기준을 세웠다. 대학을 몇 군데 지원할 것인지도 선택했다. 과제물을 쓰고 추천서를 받았다. 그리고 대학의 결정을 기다렸다. 만약 3, 4지망 대학에서 1지망보다 훨씬 좋은 장학금을 제공한다면, 대출이나 아르바이트를 통해 비용 문제를 해결하거나 덜 선호하는 대학에 입학해 장학금을 받으면서 적응했을 것이다.[*]

대학에 들어간 뒤에는 당신이 고등학생 때 무도회의 여왕이었든, 반에서 가장 웃긴 친구였든, 사교계 명사였든, 똑똑한 괴짜였든 상관없이, 당신의 청소년기를 지우고 새로운 각본을 쓸 기회가 주어진다. 루소가 말했듯이, 4년 전 대학에 입학한 사람과 비교해서 졸업할 때의 당신이 얼마나 달라졌는지에 따라 대학 생활의 성패 여부를 정확하게 판단할 수 있다. 당신은 이미 해본 적이 있으니 한 번 더 할 수 있다.

5. 변화의 속도에 휘둘린다

문화에 대한 거창한 말을 하는 것이 내가 하는 일이라면(실제로 그렇지는 않지만), 자신 있게 말할 수 있는 것이 하나 있다[싱귤래리티대학의 롭 네일(Rob Nail)에게서 배웠다].

---

[*] 최악의 경우 엄청난 재앙이 닥쳐 하위 지망 대학을 제외하고 모든 대학에서 떨어졌다면, 단 하나의 선택지만 있는 '비극'을 빨리 인정하고 손을 내미는 방법을 배울 수 있다. 인생이 우리에게 레몬을 쥐여주면 레모네이드를 만들라는 교훈 속에서 선택의 여지가 없을 때 생기는 힘을 처음 경험하는 순간이 될 것이다. 4장에서 조금 더 자세히 살펴보자.

오늘 당신이 경험하고 있는 변화의 속도는 앞으로 평생 당신이 경험하게 될 변화의 가장 느린 속도다.

다시 말해, 앞으로 계속 빨라진다는 것이다. 만약 당신이 가까운 미래의 어느 시점에 이르면(급한 프로젝트를 끝냈을 때나 아이들이 성장해 집안 살림이 수월해졌을 때) **삶의 속도**와 **변화의 속도**가 더 느긋하고 완만했던 시절로 돌아갈 수 있다고 생각한다면, 무의미한 향수에 빠져 착각하는 것이다. 그런 일은 일어나지 않는다. 당신과 동료들은 급한 일을 끝낸 뒤 바로 느긋한 시간을 보낼 수 없을 것이다. 또 다른 다급한 업무가 생길 것이고(반드시 그렇다), '바쁜 속도'는 이제 뉴 노멀이 됐다는 사실을 깨닫게 될 것이다. 정신없는 집안일도 마찬가지다. 아이들이 커서 둥지를 떠난다고 해서 평온해지지 않는다. 멈추는 법을 모르는 바퀴와 같다. 언제나 지금 당장 해결해야 할 일이 존재한다.

몇 년 전 나는 맨해튼에서 공항에 가려고 택시를 탄 적이 있다. 택시 기사는 시내 중심지를 시속 30킬로미터가 넘지 않는 속도로 느리게 운전했다. 도시 외곽의 시속 90킬로미터 도로를 달릴 때 딱 한 번 시속 55킬로미터로 속도를 높였다. 내가 조금 더 빨리 가줄 수 있냐고 묻자 그는 거절했다.

"나한테는 이게 빠른 속도입니다. 정 원하신다면 차를 세우고 바로 내려드릴게요."

숨 쉴 때마다 새로운 내가 된다면

그는 마치 다른 시대에 운전을 배운 사람처럼 자동차가 빨라졌고, 도로가 좋아졌으며, 승객들이 바빠졌다는 사실을 전혀 모르는 것 같았다.

빨라지는 변화의 속도에 적응하지 못하면 상상의 실패와 같은 방식으로 우리를 방해한다. 주변에서 일어나는 일을 이해할 수는 없다. 따라잡지 못하면 휘둘리다가 결국 뒤처진다. 그렇게 뒤처지면 다른 사람들의 과거에 살게 된다.

6. 대리 만족에 중독된다

내가 마크 터섹에게 자기만의 삶을 살라고 했을 때, 나는 쉽게 "왜 다른 사람의 삶을 살고 있는가?"라고 물어볼 수도 있었다. 이는 실제로 **대리 생활**이라고 알려진 동전의 양면과 같다. 지난 20년간 지속된 가장 두려운 영혼 착취 현상이다. 소셜 미디어나 기술 발전에 따른 주의 산만 때문에 우리는 자기 자신의 삶보다 다른 사람의 삶을 통해 인생을 살아갈 기회가 아주 많아졌다. 우리는 소셜 미디어 속 낯선 사람의 포장된 모습에 영향을 받는다. 때로는 그들에게 깊은 인상을 주기 위해 가식적인 모습을 보여주며 보답한다. 우리가 그랬던 것처럼 그들이 열렬한 관심을 보일 가능성이 없다는 사실은 무시한 채 말이다.

대리 생활의 가장 어리석은 현상 중 하나는 우리가 직접 비디오게임을 즐기는 것(그 자체도 실제 삶의 시뮬레이션이다)을 떠나, 최고

게임 선수들이 우리가 좋아하는 게임으로 경쟁하는 것을 보려고 돈을 지불하기 시작한 것이다. 우리가 지켜보는 것에서 다른 사람이 대신 하는 걸 지켜보는 것으로 바뀌었다.

기술에 중독된 우리는 페이스북, 트위터, 인스타그램에 의한 단기적인 도파민 주도의 피드백 순환으로 말미암아 장기 목표와 만족을 희생시킨다. 이는 건강하지 못한 삶이다. 변화의 속도가 그랬듯이, 대다수 사람들이 소셜 미디어의 거부할 수 없는 중독에서 갑자기 벗어나 이 사회적 문제가 진정될 것이라는 전망은 보이지 않는다. 대리 만족이 얼마나 극심하게 우리 인생에 침투할지는 오로지 우리만이 통제할 수 있다.

이러한 경향으로 비롯되는 피해는 주의 산만이 더 심해진다는 것이다. 우리가 해야 하는 것에 집중하지 못하며, T. S. 엘리엇(T. S. Eliot)의 영원히 기억될 표현에 따르면, "방해로 인한 방해로부터 방해받는다". 이건 단순히 소셜 미디어의 잘못만은 아니다. 우리 사회 전체가 방해 엔진처럼 작동한다. 어느 맑고 따뜻한 날, 텔레비전에서는 야구 경기를 중계하고, 라디오에서는 뉴스 속보가 나오고, 전화벨이 울리고, 누군가 문을 두드리고, 집안에 급한 일이 생기고, 갑자기 도넛 생각이 간절하다. 누구든 또는 무엇이든 우리가 해야 하는 일에 집중하지 못하게 하고 다른 사람이 원하는 일을 하도록 구슬릴 수 있다. 이는 **당신을 위한 삶을 살지 않는 것**의 또 다른 정의다.

7. 활주로가 끝난다

한 친구가 조라는 이름의 남자에 관한 이야기를 들려주었다. 그는 극작가가 되고 싶었지만 20대 중반에 접어들어 자신의 진정한 열정은 와인임을 깨달았다. 그래서 인생의 방향을 바꾸고 와인 평론가가 됐다. 그는 와인에 관한 글을 쓰며 와인을 맛보고 공부하며 돈을 벌었다고 한다. 전체 원고료의 일부는 자신을 위한 와인을 사는 데 썼다. 조가 일을 시작한 것은 1970년대 말로, 세계 최고의 와인들이 억만장자에 의해 가격이 상승하기 훨씬 전이었다.

남보다 빨리 출발한 덕분에 그는 저널리스트의 적당한 월급으로 와인업계의 부러움을 사며 1만 5,000병의 와인 컬렉션을 갖추게 됐다. 그는 인색하게 굴지 않고 자신의 귀한 와인을 통 크게 베풀었다. 만약 당신이 저녁 식사를 하자며 조 부부를 집으로 초대했다면 그는 와인을 제공하겠다고 했을 것이다. 이를 거절하는 것은 바보나 다름없다. 유명한 와인 제조자도 그를 알고 있고 매년 한정판 와인을 처음 맛볼 기회가 주어지는 최종 감정가 명단에 그의 이름이 오르기도 했다.

그렇게 60대 중반의 나이가 된 조가 이탈리아 와인계 최고 스타 중 한 명인 안젤로 가야(Angelo Gaja)가 매년 보내오던 사전 출시 와인을 받았을 때 그 순간이 도래했다. 그는 자신의 나이를 계산해보고는 그해에 가야가 제공한 와인을 마실 준비가 되려면 90세까지 건강하게 살아 있어야 한다는 것을 깨달았다. 결국 그는 가야에게 가슴 아픈 전화를 걸어서(그리고 다른 와인 제조자들에게도 같은 내용의 전화를 했다) 명단에서 자신을 제외해달라고 부탁했다. 그는 이미 자신의 지하실에 평생 마실 수 있는 와인을 가지고 있었다. 와인 수집가로서 그는 더 이상 나아갈 곳이 없었다.

'활주로'는 우리의 운명을 이루기 위해 **자신에게 할당된 시간**이다. 뛰어난 운동선수나 패션모델, 발레 무용수 등 체력이나 외모에 의존해 노화의 영향을 많이 받는 '공연자'들은 조가 했던 것처럼 똑같이 자신의 활주로를 계산할 수 있다. 대통령이나 36명의 주지사 등 많은 미국 정치인들은 임기 제한이 있어서 안건이 통과되는 데 필요한 시간을 구체적으로 알 수 있다. 예술가, 의사, 과학자, 투자자, 교사, 작가, 경영진 등 머리를 쓰는 일을 하는 사람들은 능력과 열망을 유지하는 한 활주로를 늘릴 수 있다. 그 밖의 사람들은 활주로를 계산하거나 이미 끝났는지 확인할 만한 정보가 충분하지 않다.

활주로가 큰 방해물이 되는 경우는 두 가지로 나뉜다. 우리가 젊을 때는 활주로를 과대평가하곤 했다. 돈은 부족했을지라도 시간만큼은 영원해 보였기에 다급한 마음이 별로 없었다. 더 매력적이고 비현실적인 선택지를 시험해보기 위해 '진짜 인생'의 시작을 미뤘다. 학업을 잠시 중단하고 미래를 위한 준비 및 휴식 시간을 가지는, 이른바 갭이어(gap year)를 보내기도 한다. 이런 시간이 잘못된 것은 아니다. 우유부단함과 관성으로 갭이어가 10년 또는 더 심하게는 평생까지 연장되지만 않는다면 말이다.

나이가 들면서 나타나는 정반대의 방해물은 더 불쾌하다. 우리는 어리석게도 새로운 꿈에 도전하기에는 시간이 부족하다고 믿는다. 무언가를 하기에 나이가 너무 많다고 생각한다. 나의 CEO 고객들이 '은퇴 나이'에 가까워지면 이런 모습이 항상 목격된다. 물질적 성공은 관심사가 아니다. 그들은 미련 없이 리더의 자리를 다음 세대에게 넘긴다. 인생의 의미와 목적을 여전히 원하지만 그들의 과거와 현재, 그리고 미래의 의미에 대한 심각한 오해 때문에(5장을 참고하라) 나이를 핑계로 새로운 시작을 위한 기회를 차단해버린다. 그들은 그 누구도 젊은 후보자들 사이에서 굳이 65세인 자신을 고용하지 않으리라고 생각한다.* 이들은 고장 난 시계를 바라보며 시간이 멈췄다고 확신한다.

성인은 25세든 70세가 넘었든 어떤 나이에서나 자신의 활주로를 잘못 계산할 수 있다. 내가 아는 어떤 사람은 로스쿨 3년을 마치고 6년 동안 조직의 계층을 오른 30세에 이르러서야 변호사 업무가 변호사를 위한 것이 아니라는 사실을 깨달았다. 이는 21세기에 대형 로펌에 다니는 젊은 변호사들이 흔히 느끼는 감정이다. 이들은 밑바닥부터 일을 다시 시작해야 한다는 사실에 옴짝달싹 못 한 채 세 가지 방식으로 힘겨운 싸움을 한다. 첫 번째, 그들은

● 완전히 잘못된 생각이다. 사람들은 새로운 것보다 명백하게 좋은 것을 더 선호한다.

예상보다 빨리 이 일에 낙담한 것이 축복이라기보다는 재앙이라고 여긴다(결국 이들은 지루한 일을 회피하고 있다). 두 번째, 다음 단계를 상상하지 못한다. 세 번째, 앞으로 인생이 아직 3분의 2가 남아 있다는 사실을 인식하지 못한다. 수많은 활주로가 있다는 사실을 어떤 사람들은 위압적이라고 느낀다. 나는 이를 **생명선**이라고 말하고 싶다.

부모의 영향, 의무, 심리적 장애, 동료의 압박, 부족한 시간, 그리고 현상을 유지하려는 관성적인 헌신까지… 이렇게 계속 반복되는 장애물들은 우리를 그 자리에 얼어붙게 만들고, 새로운 길을 갈망하면서도 첫발을 내딛지 못하게 만든다. 하지만 이들은 한쪽으로 제쳐두고서 앞으로 나아갈 수 있는 일시적인 장애물에 불과하다. 영원히 무능한 상태도 아니고, 고쳐 쓰거나 대체 불가능한 신념도 아니다.

우리는 길을 찾을 수 있는 상쇄의 특성도 가지고 있다. 그건 대단한 비밀이 아니다. 동기, 능력, 이해, 자신감과 같은 잠재된 힘은 우리 모두의 내면에 존재하며, 싹을 틔워주기를 기다리고 있다. 이는 잠재력을 키우는 요소들이다. 우리의 이익을 위해 이것들을 어떻게 활용할지 한 번씩 고민해야 한다.

숨 쉴 때마다 새로운 내가 된다면

이제 예정된 프로그래밍을 방해해보자

이 방법을 통해 프로그래밍에 대한 이해를 높일 수 있다. 당신이 여섯 살이라고 상상해보자. 부모님이 가장 친한 친구들을 저녁 식사에 초대했다. 저녁 식사를 마친 후, 어른들은 당신이 잠들었다고 생각했고, 그중 한 명이 부모님에게 당신이 어떤 아이인지 물어본다.

부모님이 사실 그대로 대답할 것이라는 가정하에 다음 질문들에 답해보자.

- 당신의 부모님이 여섯 살인 당신을 묘사할 때 어떤 표현을 사용할지 적어보자.
- 당신이 현재 당신의 모습을 묘사할 때 어떤 표현을 사용할지 적어보자.
- 달라진 점이 있다면 어떤 표현인가? 어떻게 바뀌었는가? 왜 그

렇게 바뀌었는가?

앞으로의 인생 계획에 도움이 될 이 실전법을 통해 새롭게 알
게 된 내용은 무엇인가?

숨 쉴 때마다 새로운 내가 된다면

3장

성공 체크리스트

1976년, 27세였던 나는 동기부여, 능력, 이해, 자신감에 관한 박사 논문을 썼다. 그리고 이 요소들을 성공에 필요한 네 가지 인지적이고 감정적인 자질로 구분했다.

- **동기부여**란 매일 아침 눈을 뜨고, 구체적인 목표를 추구하며, 실패와 좌절을 만나도 추진력을 유지하게 해주는 힘이다.
- **능력**은 목표를 달성하는 데 필요한 적성과 기술을 가지는 것이다.
- **이해**는 무엇을 어떻게 해야 할지, 그리고 무엇을 하지 말아야 할지 아는 것이다.
- **자신감**은 한번 시작한 일을 실제로 해낼 수 있다는 믿음이다. 전에 해본 일이든 처음 시도하는 일이든 상관없다.

이 네 가지 자질은 오늘날에도 여전히 필수적인 성공 요소다 (그리고 당신 생각만큼 너무 뻔하지 않을 것이다). 이 도구 상자에서 한 가지 요소만 제거해도 실패할 확률이 급격하게 커진다. 또한 이들은 업무별로 한정적이라는 특성도 명심해야 한다. 인생에 보편적으로 적용되는 힘이 아니다. 예를 들어, 동기부여가 잘되는 사람 같은 것은 존재하지 않는다. 모든 일에 동기부여를 받는 사람은 없기 때문이다. 우리는 선택적으로 동기부여를 얻고, 여러 개가 아닌 한 가지 목표를 향해 나아간다. 능력과 이해, 자신감에도 같은 특성이 적용된다. 이러한 요소들은 모두 한정적이다. 그 누구도 모든 것을 할 수 있거나, 모든 것을 알거나, 모든 상황에 자신감을 가지지는 않는다. 이는 1976년에 27세의 내가 내린 결론이었다.

하지만 비즈니스 세계에서 경영 코치로서 40년 동안 일하면서 네 가지 특성만으로는 전체 그림을 볼 수 없다는 사실을 배웠다. 당시의 내 논문은 틀렸다기보다는 불완전했다. 시간이 흐르면서 욕구, 재능, 지능, 자기 신념이라는 뚜렷한 색깔만 가지고는 성공이라는 그림을 색칠할 수 없다는 사실을 알았다. 모든 구체적인 일이나 목표를 위해서는 조력과 이를 수용하는 시장이 필요하다.

성공할 가능성을 키워줄 개인적인 자산에는 많은 종류가 있다. 예를 들면, 창의성, 절제, 회복력, 공감, 유머, 감사, 교육, 적절한 시기, 호감 등이다. 하지만 다양한 연령대의 고객이 중요한 직업적 결정(이곳에 머무를지 떠날지, 새로운 직업이 자신에게 맞는지, 다음에는 어떤 일을 할지)에 관해 나에게 조언을 구하러 오면, 나는 여섯 가지 필수 고려 사항을 질문한다. 각 문항을 신중하게 고민하지 않고서는 다음 단계로 넘어가지 않는다. 정기검진을 할 때 먼저 맥박과 혈압을 재는 것처럼 매우 기본적인 과정이다.

1. 동기부여

동기는 당신이 선택한 분야에서 성공하기 위해 노력하는 이유다. 당신이 '왜' 그 일을 하는지를 말해준다.

1979년 8월, 테드 케네디(Ted Kennedy)는 재선에 출마하는 지미 카터(Jimmy Carter) 대통령에게 도전장을 내밀었다. 정치인이 당내 경선에서 현직 대통령을 이긴 적은 거의 없었지만, 당시 케네디는 인기 없는 카터를 물리칠 만한 유력한 후보였다. 케네디는 많은 국민이 시청하는 텔레비전 인터뷰를 통해 출마를 선언했다. 이 인터뷰를 진행한 CBS의 로저 머드(Roger Mudd) 기자는 가장 먼저 매우 간단한 질문을 던졌다.

"왜 대통령이 되려고 하시나요?"

그러나 케네디는 불명예스럽게도 대답을 망쳐버렸다. 두서없고 일관성 없는 그의 답변은 유권자들을 실망시켰고, 유권자들은 그를 뽑을 이유를 찾지 못했다. 사실상 선거운동은 시작하기도 전에 끝나버렸다. 이 인터뷰를 시청한 수백만 명의 미국인들처럼 나도 이런 생각을 했던 것이 기억난다.

'대통령이 되려는 이유가 정치 계급의 최고 자리에 오르려는 개인적인 야망을 만족시키는 것만으로는 충분하지 않아. 왜 대통령이 되고 싶은지 말하려면, 그 위치에서 구체적으로 무슨 일을 할 것인지 밝혀야 해. 도로 건설이든, 굶주린 아이들을 배불리 먹이는 일이든, 금리 인하든 말이지'(당시 금리는 18퍼센트를 웃돌았다).

그 인터뷰에서는 케네디가 **왜** 대통령이 되고 싶은지, 그리고 백악관에 입성하면 **어떻게** 일할 것인지에 대해 아무것도 들을 수 없었다.

동기부여는 목표를 성취하기 위해 돌진하는 강력한 엔진과 같지만, 각각의 목표를 이루는 데 필요한 구체적인 일을 직접 실천에 옮기는 것과 분리해서 생각해서는 안 된다. 그래서 목표 달성이라는 사전에서 사람들이 잘못 이해하고, 그래서 잘못 사용하는 단어 중 하나가 동기부여다. 나는 일주일에도 몇 번이나 사람들이 '성공하고 싶은 동기부여' 또는 '좋은 상사(또는 교사, 아버지, 배우자 등)가 되고 싶은 동기부여'가 있다고 묘사하는 말을 듣는다. 이 문맥에서 사용된 '동기부여'는 아무런 의미가 없는 말이다. '성공하고 싶지 않은 동기부여'나 '나쁜 상사가 되고 싶은 동기부여'가 있는 사람은 한 번도 본 적이 없기 때문이다. 사람들은 동기부여를 욕구와 혼동한다. "성공하고 싶다" 또는 "좋은 상사가 되고 싶다"라고 말하는 편이 나을 것이다. 그렇지 않은 사람이 어디 있겠는가?

동기부여를 받는다는 것은 단순히 목표가 생기면서 얻게 된 에너지 넘치는 감정 상태가 아니다. 목표를 이루기 위해 요구되는 구체적인 업무들을 하고자 하는 강력한 욕구와 고조된 감정 상태가 결합하는 것이다. 그래서 돈을 벌거나 살을 빼거나 중국어를 유창하게 말하고 싶은 동기부여가 생겼다는 것은 아무리 진심으로 원한다고 하더라도 그러한 목표를 이루기 위해 수반되는 크고 작은 일을 해내지 않는다면 옳지 않은 표현이 된다.

진정한 동기부여를 확인하는 것은 증거를 기반으로 한다. 만약 마라톤을 세 시간 안에 완주하겠다는 목표가 있다면, 이 고된 신체적 성취에 요구되는 필수적인 일을 하고자 하는 동기부여가 생겼는지 확인한다. 예를 들어, 일주일에 여섯 번 아침 일찍 일어나 목표한 달리기 거리를 채우거나, 최고의 성과를 위해 식단을 구성하고, 부상의 위험을 줄이기 위해 체육관에서 운동을 하며 힘과 유연성을 기르고, 몸 상태가 휴식과 회복이 필요할 때는 하루 정도 쉰다는 상식을 지키고 있는가?

만약 이보다 부족하다면 그건 스스로 "동기부여가 된다"라고 속이는 것에 불과하다.

성공한 사람들을 돕는 코치로서 내 일은 사람들의 동기를 판단하는 것이 아니다. 나는 그들이 결심을 굳힐 수 있도록 돕는다. 인생을 살다 보면 모호한 동기부여를 많이 얻을 수 있다. 돈, 명예,

승진, 상, 위신과 같은 보상은 우리를 더 열심히 노력하게 만들 수 있지만 "이게 다야?"라는 물음만 남길 수도 있다. 사랑하는 사람에게 다하는 의무는 책임을 졌다는 뿌듯함을 안겨줄 수 있지만 그에 따른 희생에 괴로울 수도 있다. 자신만만하고 낙관적인 도전은 기대 이상의 결과를 얻기도 하지만(이런 뜻밖의 선물은 언제나 기분 좋다) 자신의 어리석음에 당황할 수도 있다("도대체 무슨 생각을 한 거야!"). 이 중 어떤 것이 거짓이고 어떤 것이 합리적인지 내가 어떻게 판단해줄 수 있겠는가?

동기부여에 대한 오해와 실행 의지에 대한 과대평가는 자기만의 삶을 만들어나가는 과정에서 마주치는 두 가지 결정적인 실수다. 하지만 진정한 동기를 찾는 과정에서 막을 수 있는 몇 가지 실수를 예상할 수 있어야 한다.

동기부여는 전술이 아니라 전략이다. 동기는 어떠한 방식으로 **행동하는 이유**다. **동기부여**는 그 행동을 **지속하는 이유**다. 일요일 오후에 넘치는 에너지를 발산하려고 충동적으로 달리기를 하는 것과 건강 증진과 체중 감량, 또는 대회 훈련을 위해 일주일에 여섯 번씩 매주 달리기를 하는 것은 전혀 다르다. 동기부여를 파악할 때는 꼭 장기적인 지속 가능성을 평가한다. 그리고 위기, 불안, 거부, 방해에 맞닥뜨렸을 때 지속할 수 있는 자기 능력도 현실적으로 판단한다. 다음 두 가지 질문에 답해보자. 과거에 역경을 만나면 어떻게 대처했는가? 왜 이번에는 다를 것인가?

동기부여는 하나 이상을 가질 수 있다. 미국의 뛰어난 작가 조이스 캐롤 오츠(Joyce Carol Oates)는 〈내가 믿는 것(This I Believe)〉이라는 짧은 글에서 자신이 글을 쓰는 이유를 다섯 가지로 정리했다. (1) '내가 살았던 지역을 기념하기 위한' **기념**의 목적이다. (2) 자기 삶을 직접 변호할 수 없는 사람들을 위해 **증인**이 되기 위함이다. (3) 성인기의 타협에 대항하는 '의지'로서의 **자기표현**이다. (4) 캐릭터에 '공감을 불러일으키기' 위한 **선전**(또는 '설교')의 목적이다. (5) 실제 책이라는 **미적 대상**을 향한 **애정**이다. 하나의 동기부여가 힘을 잃으면 다른 동기가 계속 글을 쓸 수 있게 했다. 성공한 사람들은 동시에 두 가지 이상의 상반된 생각을 마음속에 담아둘 수 있다. 당신의 동기부여도 마찬가지다.

관성은 동기부여가 아니다. 플로리다에는 거의 매일 골프를 치는 퇴직자들이 있다. 몇 시간씩 드넓은 잔디를 돌아다니며 작은 흰 공을 치게 만드는 동기는 골프에 대한 애정인가, 아니면 실력 차이를 좁히고 싶은 강한 열정인가? 그것도 아니면 관성에 젖어 하루를 보낼 만한 다른 방법을 모르는 것인가? 당신이 날마다 똑같은 하루를 살고 있다면 이 질문을 스스로 던져볼 수 있다. 내가 지금 나의 인생을 사는 이유는 만족감을 얻고 있어서인가, 아니면 대안을 상상할 수 없어서인가? 솔직하게 답변하는 것이 매우 중요하다. 하지만 너무 가슴 아픈 결론에 도달할 가능성도 있다.

그렇다면 특정한 동기에 어떻게 모든 관심을 집중시킬 수 있을까? 내 경험상 마땅한 삶을 살고 싶은 바람을 명확하게 하는 보편적인 기준이 적어도 하나는 존재한다. 그건 바로 **만족을 높이고 후회를 최소화하는 삶을 살고 싶다는 마음**이다.

2. 능력

능력이란 어떠한 일을 성공하는 데 필요한 기술의 수준을 말한다. 이상적인 상황이라면 당신은 무엇을 잘하고 무엇을 못하는지 잘 알고 있으며, 오로지 최대한의 실력을 발휘하고 싶어서 능력 이상의 일을 맡는다. 그렇지 않다면 능력 안에서만 머무른다. 당신을 돋보이게 하는 뛰어난 기술을 가지고 있다면, 그건 동기부여와 밀접한 관련이 있어야 한다. 당신이 잘하는 일에 대해 계속 동기부여를 받는 것이 문제가 돼선 안 된다. 그럼에도 문제가 되기도 한다.

듀크대학교의 코치 K 리더십 및 윤리 센터(COLE)의 공동 설립자이자 이사인 사닌 시앙(Sanyin Siang)은 사람들은 저마다 당연하게 여기는 기술을 적어도 하나씩 가지고 있으며, 다른 사람에게는 그런 기술이 없다는 것을 알게 되면 당황한다고 한다. 그녀는 이를 "전문 기술의 책임"이라고 부른다. 절대음감, 천부적인 손과 눈의 협응력, 맹렬한 질주 속도, 켄드릭 라마(Kendrick Lamar)의 랩 가사를 한 번만 듣고도 정확히 따라 하는 능력까지, 이러한 재능은 우리에게 너무 쉽게 주어지기 때문에 책임이 따른다고 사닌은 말한다. 이런 재능을 마땅히 얻었다고 느끼지 않고, 그래서 우리를 특별하게 만드는 다양한 길을 무시한다. 마치 초능력을 가지고 있으면서 사용하지 않는 것과 같다.

이러한 인식은 곤란하다. 만약 우리가 쉽게 주어진 능력을 수용할 수 없다면 그 대안은 무엇일까? 능력을 최고로 발휘하지 못하거나 중간 정도 위치에 머무르며 특별한 존재가 될 수 없는 분야에서 경력을 쌓는 것일까? 이 방법도 추천하지 않는다.

하지만 우리는 여기에서 '능력'을 너무 좁게 정의하고 있다. 마치 천부적인 재능이 있는 것과 일을 할 수 있는 최소한의 기술을 보유한 것 사이에만 존재하는 것처럼 말이다. 감정적이고 심리적인 요소(신경질, 완강함, 설득력, 평정심)도 마찬가지로 능력을 확립하는 데 있어 매우 중요한 역할을 한다.

예를 들어, 판매원들이나 배우들이 아무리 언변이 좋거나 감동적으로 대사를 전달하더라도, 거절에 잘 대처하는 것이 이들의 필수 능력이다. 종양학자는 암 치료 프로토콜이 효과적이라는 것이 입증되기만을 기다리며 수십 년 동안 실험을 진행하지만, 그 노력이 반드시 획기적인 발견으로 이어진다는 보장은 없다. 치료 약을 찾는 그들의 능력을 정의하는 것은 생화학 관련 전문 지식이 아니라 **실패에 맞서는 끝없는 도전**인 셈이다. 소설을 쓰는 일을 하고 싶다면 이야기의 구성, 캐릭터, 대화 내용을 쓰는 능력만큼이나 매일매일 책상 앞에서 외로움을 견디는 의지도 꼭 필요하다.

고독한 작업에 익숙해져야 매일 책상 앞에 앉을 수 있다.

나의 어머니는 1950년대부터 1970년대까지 켄터키주 시골에서 초등학교 선생님으로 일했다. 어머니는 학생들의 성적표를 작성할 때 성취, 노력, 행동, 이 세 가지 부문에서 등급을 매겼다. 옆에는 출석 칸도 있었다. 당시 교육자들은 학생의 능력은 시험에서 정답을 아는 것 이상이라는 사실을 알고 있었던 것 같다. 노력과 올바른 행동, 출석도 중요했다. 성인이 된 지금도 크게 달라진 것은 없다. 능력은 하나의 독립된 재능이 아니다. 우리가 살고 싶은 삶과 조화를 이루는 기술과 개성의 모음집이다.

3. 이해

이해란 무엇을 할지, 그리고 어떻게 할지를 아는 것이다. 집단 내에서의 행동에 초점을 맞추었던 내 박사 학위 논문은 이해를 역할 인지의 관점에서 분석했고, 질서와 계급의 프리즘을 통해 바라보았다. 사람들은 계급 안에서 자신의 위치를 이해하고 있는가? 예를 들어보자.

기술자인 당신은 부서 내의 다른 모든 기술자들과 똑같은 능력을 넘치거나 부족하게 가지고 있다. 그들과 마찬가지로 당신은 조직이라는 큰 기계의 톱니바퀴다. 50년 전 조직행동 분야를 연구하게 만든 그러한 환경 속에서 '이해'란 기계 안에서 자신이 수행해야 하는 특정 업무를 잘 알고 있고, 그 역할에서 이탈하지 않는

숨 쉴 때마다 새로운 내가 된다면

것을 의미했다. 당신과 상사 사이에서 당신의 책임에 대해 오해가 생기는 일은 없었다. 그저 당신의 자리를 지키면 됐다. 그 자리가 근무 교대를 하며 많은 역할을 맡아야 하는 응급실 의사나 경찰관에게는 더 복잡하고 혼잡할 수는 있다. 하지만 응급실 의사는 자신의 직업이 고통을 완화하고 상처를 치료하는 일이라는 사실을 잘 이해해야 한다. 마찬가지로 경찰관은 시민을 안전하게 보호해야 한다는 사실을 잘 이해해야 한다. 이들 역시 자신의 위치를 유지한다.

경영진들의 대인 관계 기술을 향상하기 위해 그들과 일대일로 일하기 시작하면서 나의 견해가 바뀌었다. 주어진 역할은 여전히 중요하지만, 이른바 '소프트' 기술도 중요했다. 예를 들면, 시기 선택, 고마움, 친절함, 듣는 능력, 그리고 가장 중요하게는 황금률을 따르는 것이 있다. 마땅한 삶의 추구를 포함한 어떤 상황에서도 우리를 인도하는 가치들이다. 나는 이 사실을 깨닫기 위해 사소하지만 고통스러운 배움의 순간이 필요했다.

예전에 한 보험회사의 주요 관리자들을 위한 만찬 행사에 강연 초대를 받은 적이 있는데, 그 당시 나는 청중들의 분위기를 완전히 오해했었다. 최근에 심각한 재정적 어려움을 겪은 사람들 앞에서 지나치게 익살스러웠던 것이다.

강연 후에 CEO는 내가 자신과 회사 직원들을 불쾌하게 만들었다고 말했다. 그날 저녁은 그에게 실망만 안겨주었다(그리고 그의 비판은 나 역시 듣기 괴로웠다). 물론 전부 나의 잘못이었고, 이해의 과정에서 오류가 있었다. 내 역할을 오해했다. 나는 내가 그들의 선생이자 엔터테이너라고 생각했다. 그러나 사실은 그 회사의 손님일 뿐이었다. 말하자면 진흙이 잔뜩 묻은 신발을 신고서 그들의 집에 걸어 들어간 것과 다름없었다.

사태를 수습하려면 **소프트 스킬**이 필요하다. 이 경우에는 나의 수치심보다는 CEO의 실망에 초점을 맞추고서 현재 상황을 분명하게 관찰해야 했다. 나는 내 앞에 서 있는 CEO의 감정을 파악하려고 노력했다. 다음 강연을 무료로 해주겠다는 제안도 생각했지만, 오늘의 결과를 고려하면 CEO가 다음을 기약할 것 같지 않았다. 시간이 상처를 치유해주기를 바라며 아무것도 하지 않는 방법도 있었다. 하지만 바로 그 순간, 신속하게 해결하려고 애쓴다는 것을 보여주면 고객은 어떤 문제라도 용서할 것이라는 자명한 이치가 떠올랐다. **입장을 바꿔 생각하라**는 황금률이 적용되는 순간이었다. 상황이 뒤바뀌어 만약 내가 불쾌한 CEO의 입장이라면 나는 무엇을 기대할 것인가? 어떤 행동을 해야 할지 파악할 수 있었다. 강연 비용이 한 사람의 연봉만큼 상당히 큰돈이었지만, 나는 그에게 "이번 강연은 제가 내는 것으로 하겠습니다"라고 말했다. 며칠 뒤 수표가 도착했지만 나는 사과의 쪽지와 함께 돌려보냈다. 우리 모두에게, 특히 그보다는 나에게 적절한 감정 정리가 필요했다.

이해는 좋은 것과 그렇지 않은 것의 차이를 아는 것이고, 둘 중 누구의 입장에도 처할 수 있다는 사실을 인정하는 것이다.

4. 자신감

자신감은 성공할 수 있다는 믿음이다. 자신감은 훈련, 반복, 꾸준한 성장, 그리고 연이은 성공(긍정적인 영향을 주고받는다)의 신비한 연금술을 통해 얻는다. 예를 들어 대중 앞에서 말하기와 같은 과거에 성공적으로 극복했던 문제를 다시 접할 때 사람들은 가장 자주 자신감을 느낀다. 그다음으로는 다른 사람에게는 부족한 특별한 기술을 가졌을 때도 그렇다. 나는 마라톤 선수인 친구에게 목표를 이루기 위해 일주일에 몇 킬로미터씩 뛰는지 물어본 적이 있다(그는 아주 뛰어나지는 않아도 훈련 때마다 최선을 다하고, 경주에서는 다른 아마추어 선수들에게 주목을 받는 선수다).

"거리는 문제가 아니야. 필요할 때 언제든 남보다 빨리 달릴 수 있다는 자신감을 가지기 위해 속도를 내는 훈련을 하는 거야. 속도는 서서히 자신감을 붙게 하고, 그렇게 생긴 자신감으로 더 빠른 속도를 낼 수 있는 거지."

골프나 야구 같은 종목에서 자신감이 매우 중요하다는 점은 익히 알고 있었다. 스포츠 역사에서 자신감을 잃고 하룻밤 사이에 골프 선수가 좋은 코스를 찾지 못하거나 야구 선수가 제대로 된 커브볼을 던지지 못하는 경우를 많이 봐왔다. 하지만 장거리달리기에서도 자신감이 중요하다는 것은 전혀 몰랐다. 마라톤은 운동 기술이라기보다는 고통을 인내하는 훈련이라는 인상이 있었다. 그러나 친구의 말뜻을 이해했다. 원할 때마다 속도를 낼 수 있다는 **믿음**이 있다면 **긍정적인 피드백 회로**가 만들어져서 더 빨리 달릴 수 있고, 따라서 자신감도 더 많이 얻을 수 있다는 것이다.

이것이 바로 자신감의 매력이다. 자신감은 다른 모든 긍정적인 덕목과 선택의 산물이며, 당신을 더 강하게 만들어줌으로써 보답한다. 만약 당신이 동기와 능력, 이해의 영역은 모두 충족했지만 자신감이 부족하다면 참으로 불행하고 용납할 수 없는 일이다. 당신은 자신감을 가질 자격이 충분하다.

5. 조력

조력은 성공하는 데 필요한 외부의 도움을 말한다. 다음 세 가지 경로를 통해 마치 기병대처럼 당신을 구하러 온다.

가장 먼저 조력은 **조직**을 통해 돈, 시설, 사무 공간 등 당신이 중요한 자원이라고 여기는 어떤 것이든 다양한 형태로 제공될 수 있다. 조직의 지원은 자원이 한정돼 있어서 쉽게 얻을 수 없다. 당신 몫의 파이를 차지해야 한다.

또한 조력은 **개인**을 통해 지휘, 지도, 교육, 권한 부여, 신뢰 구축 등의 형태로 제공되기도 한다. 조력자는 교사, 멘토, 상사, 또는 당신을 점찍은 권위 있는 사람이 될 수 있다. 나는 개인적으로 후자의 경우가 직장에서 얻을 수 있는 가장 큰 행운이라고 생각한 다(물론 그 행운을 알아볼 수 있어야 한다). 예전에 나는 대형 법률 회사의 최연소 파트너 변호사에게 어떻게 35세 이전에 채용 실무 책임자 자리에 오를 수 있었는지 물어본 적이 있다. 그는 이렇게 대답했다.

"저는 대놓고 저에게 적대감을 드러내는 상사 때문에 이전 회사를 그만두었어요. 그런데 이 회사의 직속상관은 정반대였어요. 출근 첫날부터 그는 자신이 은퇴한 후 후임 자리에 저를 앉히겠다며 5년 계획을 세웠다고 말했어요. 그가 하라는 대로만 한다면 일이 잘못되는 일은 없을 테고 잘못된다면 그건 제 탓이겠구나 생각했죠. 그의 조력이 모든 걸 바꾸어놓았습니다."

마지막으로 조력은 명확한 **집단**이 될 수도 있다. 조력 집단의 특이한 점은 사람들이 그것을 인정하기 꺼린다는 사실이다. 조력 집단을 부정하려는 태도는 성공을 위한 동기부여, 능력, 이해, 자신감의 핵심적인 기여를 고려하면 이해할 수 있다. 사람들은 독백하는 배우처럼 조용히 바깥세상의 영향력을 무시하며 이러한 요소들을 개발한다. 마땅한 삶을 사는 것의 맥락 속에서도 이해할 수 있다. 월급이든 존경이든 인생 전체든 무언가를 '마땅히 얻는 것'은 자급자족의 의미를 암시한다. 마치 다른 누구의 도움 없이 업적을 이루었고, 그래서 더 영광스럽고 명예로운 것처럼 말이다.

하지만 이건 크나큰 착각이다. 사람들은 누구나 도움이 필요하다. 이 사실을 인정하는 것은 나약함의 상징이 아니라 지혜로운 행동이다. 그리고 필수 기술이다. 특히 개인 사업자나 프리랜서로 일하고 있다면 더 필요하다. 대기업, 정부 기관, 비영리단체 같은 조직 안에는 조력 집단이 이미 인프라에 포함돼 있다. CEO들은 이사회가 있고, 관리자들은 매주 회의가 있고, 자율적인 분위기의 보조 직원들은 본능적으로 서로를 도울 작은 집단을 형성한다. 이들은 언제든 원할 때마다 피드백과 아이디어, 응원을 받을 수 있다. 최근 회사를 독립한 사람들이 큰 조직의 "동료애가 그립다"라고 말한다면, **집단 조력**이 그립다는 점을 진심으로 인정하는 것이다.

엄청난 성공을 거둔 사람들에게는 비밀 아닌 비밀이 있다. 내가 아는 가장 똑똑하고 뛰어난 사람들은 자신의 조력 집단을 열심히 구축하고, 그 집단의 도움에 가장 의존하는 이들이었다(그리고 그들은 이 사실을 부끄러워하지 않았다). 이런 사람들을 코치했기에 잘 안다. 그들의 조력 집단에 들어가는 것이 내 일이기도 하다. 나는 그들이 상담과 위로를 받기 위해 자주 조직의 담을 넘는 모습을 보았다. 충고를 활용해 어떻게 자신의 성공과 직접적으로 연결하는지도 보았다. 그들에게 조력 집단은 일을 더 빨리 순조롭게 할 수 있도록 최대의 에너지를 투자하는 것과 같았다. 성공한 사람들에게 이 방법이 효과가 있었다면 우리가 하지 않을 이유가 있겠는가?

숨 쉴 때마다 새로운 내가 된다면

당신의 조력 집단에는 그 누구라도, 심지어 가족 구성원도 포함될 수 있다. 여섯 명 정도가 관리하기 적당한 수다. 조력자가 이보다 많으면 당신이 받는 도움이 반복되거나 혼란스러울 수 있다. 또는 복잡하고 다양한 삶에 맞춰 각각의 상황에 따른 다수의 조력 집단을 구성할 수도 있다. 시간이 흐르면서 당신과 세상이 변함에 따라 조력 집단의 구성원도 바뀔 수 있다. 단, 한 가지 경고하고 싶은 점이 있다. 집단 내에서 가장 존경받고 성공한 사람이 되지 말라(당신은 팬이 아니라 조력자를 찾고 있다). 또한 가장 부족한 사람이 되지도 말라. 중간 어딘가가 가장 좋다.

6. 시장

이 문제는 가족 내에서 아주 흔하게 찾아볼 수 있다. 어떤 남매가 같은 가정에서 자라서 같은 학교 제도를 거친 뒤 서로 완전히 다른 직업 목표를 세웠다. 누나는 박사 학위를 취득한 전문가, 예를 들면 기술자가 되고 싶었다. 누나 못지않은 목적의식과 야망이 있었지만 더 공상적이고 순탄치 않은 길을 택한 남동생은 일반적인 대학 진학이 아니라 칼 만드는 장인의 길을 걸었다. 기술자가 되고 싶었던 누나는 교육과정을 이수한 뒤, 경쟁이 심하기는 해도 건실한 산업 생태계로 진출했다. 그녀의 직장 생활은 순탄하게 흘러갔다. 그녀의 기술을 요구하는 제조사, 첨단 기술 회사, 디자인 회사의 탄탄한 시장 덕분이었다. 기술자에 대한 수요는 항상 많다. 하지만 칼 장인은 그렇지 않다. 만약 타이밍이 어긋난다면 남동생이 일을 시작한 시기에 시장이 이미 포화 상태거나 새로운 혁신으로 붕괴할 수도 있다. 그를 두 팔 벌려 맞이했어야 했던 시장은 그가 상상한 것보다 훨씬 제멋대로였고 고객의 변덕에 취약했다. 심지어 바로 눈앞에서 사라지고 있는지도 몰랐다.

같은 가정에서 자란 두 사람은 각자가 원하는 삶을 정확히 알고 있었다. 그리고 각자가 속한 시장에 따라 서로 다른 결과를 얻었다.

생계유지 걱정 없이 가장 간절한 꿈을 좇을 수 있다는 것은 낭만적인 생각이다. 그러나 사실 거의 모든 사람이 공과금을 납부하고 가족을 부양하기 위해 생활비를 버는 것은 당연하고, 양육과 개인 성향의 영향으로 대부분의 사람은 만족과 자부심을 물질적 보상과 연결할 수밖에 없다. 많은 재산을 상속받지 않는 이상, 한 직장에서 충분히 돈을 벌고 나서야 벌이를 신경 쓰지 않아도 되는 새로운 직장에서 호사를 누릴 수 있다. 월급에 의존하는 사람이라면 모두 이 사실을 알고 있다.

하지만 매일 수천 명의 미국인이 새로운 사업을 시작하거나, 학교로 돌아가거나, 다른 지역으로 이사하거나, 편한 직장을 그만두고 자립하면서도(이 모든 게 삶의 만족도를 높이기 바라는 마음에서다) 스스로에게 냉정한 질문을 던지지 않는다. 새로운 사업을 시작하거나, 학위를 따거나, 새로운 마을로 이사하거나, 대기업에서 일

숨 쉴 때마다 새로운 내가 된다면

하지 않게 된다면 나의 상품과 서비스를 원하는 시장이 존재하겠는가?

몇 년 전, 나의 가장 친한 친구가 비슷한 실수를 저질렀다. 그는 대형 컨설팅회사에서 최고 전략 전문가로서 100만 달러 이상의 연봉을 벌고 있었지만, 회사를 나가서 독립하면 더 성공할 수 있다고 생각했다. 그의 조력 집단 중 몇 명은 대기업을 떠나면 닥치게 될 뻔한 위험에 대해 경고했다. 회사 내 그의 위치에서 주어지는 믿을 수 있고 명성 있는 고객 명단은 개인 사업으로 전환하는 즉시 줄어들 것이라고 설득했다. 하지만 그는 우리가 하는 말을 믿지 않았다. 그리고 안타깝게도 시장은 그를 거부했다. 그에게 넘어오리라 믿었던 고객들은 대기업에 남는 선택을 했다. 그는 손실을 만회하지 못했다.

만약 당신이 제공하는 것을 **원하는 시장**이 없다면(그리고 갑자기 새로운 산업을 만들 수 있는 보기 드문 선견지명이 생기지 않는다면), 당신의 모든 기술, 자신감, 조력은 이 관문을 뛰어넘을 수 없다. 야구 선수 요기 베라(Yogi Berra)가 말한 것처럼 말이다.

"야구팬들이 야구장에 오기를 원하지 않는다면, 무엇으로도 그들을 막을 수 없다."

지금까지 어려운 일이나 목표에서 성공할 가능성을 판단하기 위해 확인해야 할 네 가지 내적 요소와 두 가지 외적 요소를 알아보았다. 훌륭한 요리사가 요리에 있어 중요한 요소로 가장 먼저 꼽는 것은 바로 **미즈 앙 플라스**(mise en place)라는 개념이다. 요리에 필요한 모든 재료를 주방에 배치하고 사전 준비를 마친다. 그다음에 요리를 시작한다. 대부분의 체크리스트처럼 미즈 앙 플라스는 가장 투박한 준비 도구인 반면, 요리사의 동기부여, 능력, 이해, 그리고 무엇보다도 자신감을 다잡는 마음가짐이기도 하다. 모든 것이 준비된 요리사는 자유롭게 창의력을 펼치고 자신이 가장 잘하는 것, 즉 평범한 재료로 특별한 요리를 만들 수 있다.

당신에게 중요한 도전을 시작하기 전에 미즈 앙 플라스로서 이 성공 체크리스트를 확인하라. 그리고 자기 자신을 솔직하게 점검하라. 이 일에서 동기부여를 얻는가? 그 일을 할 수 있는가? 나의 능력을 어떻게 활용해야 하는지 이해하고 있는가? 과거의 성취에서 할 수 있다는 자신감을 얻었는가? 다른 이의 도움을 받고 있는가? 이러한 노력이 인정받을 수 있는 시장이 존재하는가?

여섯 가지 요소들은 정렬을 이루어야 하고, 서로서로 발전돼야한다. 원하는 대로 메뉴를 조합할 수 있는 아라카르트(à la carte)가 아니다. 다섯 가지 요소는 강한데 나머지 하나는 약점이어선 안된다. 모든 요소는 당신에게 특별한 자질을 포함할 만큼 충분히 광범위하고, 그래서 큰 변화를 앞두었을 때 따져봐야 할 핵심 질문의 이상적인 조합이기도 하다. 각각의 항목을 살피다 보면 모든 요소가 준비됐는지 아닌지 알 수 있다. 함께 예시를 살펴보자.

숨 쉴 때마다 새로운 내가 된다면

아래에는 내 친구 마리가 3년 전 파스타 소스 사업을 시작할 때 나와 나눈 체크리스트에 관한 대화를 요약한 것이다. 마리는 은퇴한 식품 전문가로, 그녀가 만든 소스가 너무 훌륭해서 친구들이 항상 "이 소스 꼭 팔아봐"라고 말하곤 했다. 그래서 사업을 시작했다. 그녀가 모든 요소를 잘 갖추었는지 직접 확인해보자.

- **동기부여**: "고객들이 인정하는 특별한 제품을 만들 때 쾌감을 느껴요. 돈보다는 인정받고 싶은 욕구가 더 커요. 아직까지는요."
- **능력**: "대학 졸업 후 첫 직장에서는 식품회사를 위해 레시피를 개발하는 일을 했어요. 그래서 레시피를 구성하는 법과 완전히 새로운 요리를 개발하는 법을 잘 알고 있어요."
- **이해**: "처음부터 창업을 잘하는 사람은 없어요. 하면서 배우는 거죠. 나는 '한 번 속은 것은 속인 사람 잘못이지만, 두 번 속은 것은 속은 사람 잘못이다'라는 '어리석음의 법칙'을 잊지 않으려고 했어요."
- **자신감**: "보통 상품 번호를 뜻하는 SKU로 부르는 개별 상품 세 가지를 우리 브랜드에서 개발했어요. 네 번째, 다섯 번째 아이디어가 떠오르기를 기대하는 것은 바보 같은 게 아니에요. 그렇게 될 테니까요."
- **조력**: "작년에 창업 지원 대회에 참가했는데, 식품업계 전문가들에게 6개월 동안 멘토링을 받게 될 5개 회사 중에 우리가 뽑

혔어요. 대체로 투자자를 유치하기 위한 내용이라서 아직 큰 흥미는 없지만요. 그래도 모르는 부분이 생기면 멘토에게 연락해요."

- **시장:** "소비자들은 앞으로도 계속 소스 제품이 필요할 거예요. 파스타와 피자에 넣거나, 파프리카구이의 속 재료로 쓰거나, 칠리소스를 만들 때 사용하니까요. 우리가 노리는 것은 하이엔드 시장이에요. 모든 사람이 우리 제품을 원할 필요는 없어요. 딱 맞는 조각만 찾으면 돼요. 바로 그 소비자들이 우리를 찾을 거예요."

그리고 나는 마리에게 모든 요소가 정렬을 이루었다고 생각하는지 물어보았다.

"내가 느낀 감정이 바로 그거예요. 나는 매우 즐기고 있었거든요. 그렇지만 일을 시작한 지 2년 후 조금씩 이익을 내고 있을 때, 아직 월급도 받지 못한다면 이 모든 일의 목적은 무엇일지 궁금해졌어요. 최종 단계는 무엇일까? 한 멘토가 스타트업의 목표는 이윤이 꾸준히 증가하거나 인수되는 것이라고 말해주었죠. 우리의 목표는 누군가 우리 기업을 인수하는 것이라고 결정했고, 그럼 이후에 더 많은 자원으로 회사를 유지하거나 다른 일을 시작할 수 있겠죠. 이런 생각이 나에게 명확성과 목표를 주었어요. 다시 한번 모든 것이 잘 정리됐다는 느낌이 들었어요."

마리는 모든 문제에 올바른 답을 가지고 있었다. 당신도 현재 인생에 대해 똑같은 대답을 할 수 있는가?

인접 분야를 찾아라

성공을 거둔 사진작가는 중년기로 접어들면서 영화 촬영기사나 감독으로 직업을 전환할 수 있지만, 그가 뇌 외과 의사의 길을 걷기는 어려울 것이다. 촬영기사나 감독은 카메라, 사람, 아이디어를 가지고 일한다는 점에서 사진작가의 능력 및 이해 요소와 인접해 있지만, 신경외과 수술은 그렇지 않다. 그렇기에 마땅한 삶을 위해 체크리스트를 훑어볼 때 바로 이 인접성이 흥미로운 요소가 된다.

동기부여, 능력, 이해, 자신감, 조력, 시장이 모두 제대로 작동해야 하는 필수 요소라면, 인접성은 있으면 더 좋은 요소다.

우리의 삶이나 직업이 불안하고 더 만족스러운 것을 원할 때, 현재의 처지에서 180도 달라진 삶을 상상하면 마음의 위안을 얻을 수 있다. 하지만 성공할 가능성은 자신의 전문 기술과 경험, 관련성에서 크게 벗어나지 않은 사람의 손을 들어준다. 그렇다고 해서 우리 인생에서 작고 점진적인 변화만 가능하다는 뜻은 아니다. 매우 큰 변화도 일어날 수 있다. 다만 인접성은 꼭 필요하다. 직접적이지 않더라도 그동안의 업적과 연관이 있어야 한다.

김용(Jim Yong Kim)은 내가 아는 가장 똑똑한 사람이다. 하버드에서 의학박사와 인류학박사 학위를 취득한 그는 세계 보건과 전염병 분야의 전문가이며, 비영리 의료 단체인 파트너스인헬스(Partners in Health)의 공동 설립자이고, 하버드 의과대학 학과장과 세계보건기구(WHO) 에이즈국 국장을 맡았으며, '천재상'이라 불리는 맥아더상을 수상했고, 매년 영향력 있는 리더 명단에 이름을 올렸다. 2009년 그가 50세 되던 해에 다트머스대학교가 왜 그를 총장으로 데려오고 싶어 했는지를 알 수 있는 대목이다.

김용과 나는 장단점을 따져보았다. 다트머스에서 그는 교수진과 기부자, 그리고 다루기 힘들기로 유명한 학생들을 상대해야 했다. 공중 보건 위기 문제와 씨름하던 삶과는 매우 달랐다. 반면, 그는 그동안 도전한 모든 분야에서 성공을 거두었다. 게다가 이 일은 집을 오래 비우지 않아도 됐다. 이는 어린 두 아들에게도 좋은 환경이 될 수 있었다. 또한 그는 아이비리그에서의 학업 생활에도 익숙했다. 나는 그에게 총장 자리를 맡으라고 권했다. 매우 재미있는 도전이 될 것 같았다.

내가 놓친 부분은 바로 **인접성**이었다. 그의 과학적 지식을 활용할 수 있고, 이전 직장처럼 동기부여를 주는 부분이 충분했는가? 그는 이 일을 감당할 수 있었지만, 다트머스대학교와 학생들을 사랑했음에도 그의 재능을 전부 발휘하지는 못했다.

총장직을 맡은 지 3년 후, 세계은행(World Bank)은 그에게 워싱턴 DC에 있는 거대한 조직의 총재 자리를 제안했다. 우리는 한 번 더 장단점을 따져보았다. 얼핏 세계은행을 관리하는 일은 대학 총장보다 훨씬 더 인접성이 떨어지는 것처럼 보인다. 그는 국제금융에 관해서는 거의 아는 바가 없었다. 하지만 세계은행은 JP모건 체이스와 같은 금융기관이 아니다. 세계은행은 개발도상국의 빈곤을 해소하기 위해 자금을 분배하는 세계적인 협력 기구다. 세계적, 협력 관계, 빈곤. 이 단어들은 그의 인생을 정의하는 말이다.

그에게 빈곤과 공중 보건 위기는 단순히 인접한 문제가 아니었다. 완전히 똑같은 문제라고 여겼다. 김용이 총재 자리를 맡는다면, 빈곤 해소라는 세계은행의 임무 방향을 조정해 가장 취약한 계층을 위협하는 특정 질병과 맞서 싸울 수 있을 것이다. 이번에는 내가 굳이 그를 설득할 필요도 없었다. 그에게는 이 일을 잘할 수 있다는 확신이 있었다. 세계은행에서 7년간의 임기를 지낸 결과, 그가 진행한 프로그램이 2,000만 명의 생명을 구했다고 추정된다. 내 이력서에 이런 내용을 실으려면 팔다리 한두 개 정도는 희생해야 할 것이다.

대체로 우리는 눈앞의 기회와 자신의 능력이 서로 연관성이 있는지 잘 알 수 있다. 인접성을 파악하기 어려운 것은 새로운 기회가 마치 자신의 원래 모습과 되고 싶은 모습에서 멀리 벗어나는 무리한 시도처럼 느껴질 때뿐이다. 하지만 인접성이 실제로 존재한다는 사실을 인지한다면 새로운 도전은 곧 완벽하게 이해된다. 현재 삶과의 인접성을 알아내고 싶다면 새로운 삶에서 성공하기 위해 꼭 필요한 자신의 강점을 한 가지 찾아야 한다.

예를 들어, 50년 전에는 운동선수나 코치가 은퇴 후 스포츠 방송 해설 위원이 되는 것이 무리한 도전이라고 여겨지던 때가 있었다. 하지만 운동선수들이 경기에 관해 매우 잘 알고 있으며, 카메라 앞에서 나누는 동료 선수와의 인터뷰를 신뢰할 수 있다는 사실을 방송국 관계자들이 깨달은 후에는 더 이상 그렇지 않았다. 선수들의 인접성은 스포츠에 대한 상황 판단 능력, 즉 전문성이지 현장에서도 배울 수 있는 방송 전달력이 아니었다.

실전에 적용하기

3개월 동안 직장에서 가장 자주 소통한 사람들을 20명 정도 나열해보라. 당신이 명단의 사람들과 공유하는 한 가지 두드러지는 기술이나 특성이 있는가? 만약 있다면, 그 기술이 당신을 완전히 다른 분야로 이끌어줄 수 있는 유형의 것인가? 다시 말해, 당신이 되고 싶은 모습은 현재 당신의 모습에 부합하는가? 광고대행사의 광고 제작 감독으로 일하는 것이 처음에는 시나리오 작가가 되기 위한 완벽한 훈련이라고 보기 어려울 것이다.

하지만 두 직업의 인접성을 제대로 통찰한다면 완벽하게 납득할 수 있다. 두 가지 모두 스토리텔링에 재능이 있어야 한다. 판매 기술도 마찬가지다. 무언가를 판매하는 능력이 있다면 사람들을 설득하고 그들의 지갑에서 돈을 꺼낼 수 있는 능력이 필요한 모든 직업과 인접성이 있는 것이다. 다른 사람과 구별 짓는 자신의 특성을 잘 파악한다면, 그 기술이 필요한 모든 기회를 알아보는 눈이 생긴다. 인접성은 당신의 선택지를 몇 배 이상 늘려준다.

4장

선택하지 않는 것의 힘

나는 가능하면 선택을 피하려고 한다. 우리 집 옷장을 열면 초록색 폴로셔츠가 50장 넘게 걸려 있는 모습을 볼 수 있다. 다른 선반에는 똑같은 카키색 바지 27장이 정리돼 있다. 그리고 바닥에는 착용한 기간에 따라 상태가 조금씩 다른 갈색 가죽 로퍼가 여섯 켤레 놓여 있다.*

초록색 폴로셔츠와 카키색 바지, 가죽 로퍼는(대략 1976년의 항공기 기술자를 떠올리면 된다) 나의 직업복이다. 내가 의식적으로 이런 옷들과 신발을 선택하게 된 것은 주간지 〈더 뉴요커〉의 라리사 맥파쿼아(Larissa MacFarquhar)가 나에 관한 글을 쓰려고 자료 수집을 하는 동안 내가 항상 이 옷을 입고 있었다고 언급한 후부터였

● 몇 년 전 통신회사 벨사우스(Bell South)의 임원들을 집으로 초대한 적이 있다. 그들에게 집 내부를 보여주며 옷장도 함께 둘러보았다. 똑같은 카키색 바지들이 줄 맞춰 있는 것을 본 한 임원이 옆 사람에게 이렇게 말했다. "어휴, 다행이다. 난 또 바지가 딱 하나뿐인 줄 알았네."

다. 얼마 지나지 않아 그녀의 글을 읽은 고객들은 내가 초록색 폴로셔츠에 카키색 바지를 입고 나타나지 않으면 실망감을 표현하기 시작했다. 그래서 그들을 기쁘게 해주기로 했다. 그 결과, 나의 직업복은 **해방의 행위**라는 것을 깨닫게 됐다. 일주일에 서너 번씩 떠나기도 하는 출장에 앞서 짐을 쌀 때마다 무엇을 입을지 고민할 필요가 없어졌다. 회의가 있든 청중이 있든 상관없이 언제나 초록색 셔츠와 카키색 바지를 입었다. 내가 상대할 필요가 없는 결정이 하나 더 생긴 것이다.

고위 경영진과 인사 담당자들의 좁은 세계에서 이 옷차림은 점점 나만의 특징이 됐고, 마치 타이거 우즈(감히 그에게 빗댄 오만함을 눈감아주기를)가 골프 대회 마지막 날인 일요일에는 빨간 셔츠와 짙은 색 바지를 입는 것과 같다. 하지만 그의 경우처럼 나를 브랜드화하려는 시도는 아니었다. 나 자신에게 선택하지 않는 자유를 선물한 하나의 예시에 불과했다.

시간이 흐르면서, 적어도 나에게 중요하지 않은 작은 문제에 있어서 **선택을 회피하는 것**은 나에게 가장 중요한 우선순위가 됐다. 모르는 사람이 애써서 나와 만나고 싶어 할 때는 웬만하면 '어리석은 선택은 아닐 거야'라는 생각으로 시간을 낸다. 새로운 조수가 필요하면 자격을 갖춘 첫 번째 지원자를 고용한다. 식당에 가면 종업원에게 이렇게 묻는다. "무엇을 추천하시나요?" (이 방법에는 구매자의 후회를 줄여주는 이점도 있다. 당신이 참여하지 않은 선택에 대해서는 후회할 수 없다.)

이는 게으름이나 우유부단함과는 다르다. 꼭 필요하지 않은 선택을 회피하려는 의식적인 훈련으로, 새로운 고객과 18개월짜리 계약을 맺을 것인가와 같은 하루에도 몇 번씩 일어나는 중대한 결정을 위해 뇌세포를 아껴두기 위함이다. 물론 선택을 좋아하는 사람들도 있다. 바로 떠오르는 것은 CEO나 영화감독, 인테리어 디자이너 정도도. 이들은 기업 인수, 또는 배우의 머리 길이, 회색 벽의 미묘한 색감 차이 등에 대해 찬성하거나 반대할 수 있는 권한을 즐긴다. 나는 그렇지 않다. 아마 당신도 나와 같을 것이다.

대규모 연구에서 밝혀졌듯이, 선택 과정은 매일 우리의 정신적 에너지를 가장 많이 소모하며, 결국 전부 고갈돼 나쁜 결정을 내리게 한다. 아침 식사 메뉴를 고르는 사소한 선택부터 울리는 전화를 받을 것인지 무시할 것인지와 같은 다급한 결정, 그리고 새로운 자동차를 구매하기 위해 조사하고, 시험 주행을 하고, 영업사원과 가격을 흥정하는 등 시간이 소모되고 때로는 긴장감이 느껴지는 절차까지, 결국 선택에 지배당하는 생활이 되고 만다.•

• 만약 내가 당신에게 하루 동안 있었던 모든 선택을 기록하라고 한다면(물론 가장 먼저 이 제안을 받아들일 것인지 거절한 것인지 결정한 다음, 종이, 메모지, 노트, 디지털 기기 중 어디에 기록할지 선택하고, 스마트폰이나 연필이 아닌 펜을 선택했다면 잉크 색은 무엇으로 할지 고르고……. 내 의도를 눈치챘는가?), 하루에 몇 번의 선택을 할 것이라고 예상하는가? 힌트를 하나 주자면, 극단적인 선택 회피주의자인 나는 오후 4시가 되기도 전에 횟수가 300번에 달하자 기록하는 걸 포기해버렸다.

어떤 삶을 살든 우리는 모두 선택해야 한다. 마땅한 삶을 살기 위해서는 규모의 확장과 규율, 그리고 희생정신을 가지고 선택을 내려야 한다.

1960년대에 밸리 스테이션에서 고등학교에 다닐 당시, 1학년 영어 선생님은 중요한 읽기 과제를 낸 후에는 꼭 각자 원하는 주제에 관해 글을 쓰도록 했다. 단, 방금 공부한 책이나 희곡, 단편소설과 어떻게 해서든 관련이 있어야 했다. 선생님은 이러한 글을 "프리 스타일"이라고 불렀다. 한 해가 지나고 다음 학년에서 만난 새로운 영어 선생님도 비슷한 수업을 했지만, 주제를 선택해준다는 점이 달랐다. 나는 선생님에게 왜 프리 스타일을 허락하지 않는지 물었다. 그 선생님은 이렇게 대답했다.

"나는 너희를 도와주려고 하는 거야. 지난 몇 년 동안 내가 가르친 학생들은 어떤 주제를 써야 할지 모르겠다고 매번 불평했어. 주제를 선택하는 자유는 학생들이 가장 원하지 않는 것이지."

그 뒤로 수십 년 동안 잊고 지냈던 그때 일이 다시 떠오른 것은 나의 또 다른 스승인 앨런 멀럴리가 2006년 포드자동차의 CEO로 들어가면서 도입했던 사업 계획 검토(Business Plan Review, BPR) 회의에 대해 알게 된 후였다. 이미 알려진 바와 같이 BPR은 미시간주 디어본에 있는 포드 본사의 선더버드 회의실에서 매주 목요일 아침 7시에 열리는 엄격하게 체계화된 주간 회의로, 포드의 최고 임원진 16명이 모두 참여한다. 회의 참석은 의무이고, 만약 직접 올 수 없는 상황이라면 화상회의 시스템을 이용해야 한다. 대리인을 보낼 수도 없다. 앨런은 항상 똑같은 말로 회의의 문을 열었다.

"나는 포드자동차의 CEO 앨런 멀럴리입니다. 우리가 할 일은……."

그런 다음 모회사의 5년 사업 계획과 예측 및 실적을 검토하면서 각 항목을 초록색(그대로 진행), 노란색(개선됐지만 잠시 보류), 빨간색(무산)으로 나누어 등급을 매겼다. 앨런은 이 과정을 5분 안에 끝냈다. 그리고 각 임원들도 앨런과 같은 형식으로 기록했다. 이름, 순위, 계획을 적고 프로젝트 목록의 진행 상황에 따라 색깔별로 점수를 매겨야 했다.

또한 앨런은 회의실 안에서 정중함과 공평하게 책임지는 태도를 요구했다. 평가나 비난, 방해, 냉소적인 말은 허락되지 않았다. 그는 말했다.

"이 시간을 즐기되, 다른 사람의 희생을 요구하지 마세요."

BPR은 심리적으로 안정적인 공간이었다.

포드의 임원들은 처음에는 이 회의가 정말로 비난이나 평가를 하는 자리가 아닌지 믿기 어려웠다. 그래서 이들은 자신이 맡은 프로젝트에 빨간색 등급을 매기기를 망설였다. 동료들이 비웃을까 봐 두려웠던 것이다.

앨런은 첫째 주부터 바로 현장에서 지적하며 빈정거리는 태도를 차단했다. 모든 임원은 그의 뜻을 이해했다. 그러나 그들이 적극적으로 빨간색 등급을 보고하기까지, 즉 자기 부서의 약점을 인정하기까지는 오랜 시간이 걸렸다. 앨런이 약속한 보복 없는 투명성을 시험하고 싶은 사람은 아무도 없었다. 한 달이 지난 후 북아메리카 책임자가 처음으로 폐쇄된 캐나다 생산 라인에 대해 빨간색 등급을 보고하자 앨런은 그의 정직함과 분별력을 칭찬했다. 앨런의 그러한 반응은 회의 분위기에 도움이 됐다. 앨런이 포드 수뇌부의 마음을 움직였다는 것을 눈치챈 순간이었다. 하지만 모두가 그런 것은 아니었다.

앨런이 매주 목요일 두 시간의 회의를 제외하고 나머지 166시간 대부분은 그들에게 관여하지 않았다는 사실을 명심하라. 그는 사소한 것까지 통제하기 위해서가 아니라 그들을 도와주기 위해 그 자리에 있었으며, BPR 안에서 그가 요구한 투명성과 질서가 결국에는 포드 전체에도 스며들 것이라고 믿었다. 이러한 과정이 포드의 문화를 재조성하기 시작했다.

하지만 그럼에도 불구하고 고위 간부 두 명은 그의 철학을 따를 수 없다고 말했다. 실질적으로 친절한 태도가 겉치레나 가식처럼 느껴진다고 인정한 셈이었다. 앨런은 간부 두 명에게 그렇게 느꼈다는 점에서 유감이긴 하나, 그건 그들의 선택이라고 말했다. 그들은 규칙을 잘 알고 있었고, 예외는 없었다. 그들을 해고한 것은 앨런이 아니라 그들 자신이었다.

　나의 책《트리거》의 독자라면 내가 몇 단락을 할애해 앨런 멀
럴리의 경영 방식을 설명한 게 이번이 처음이 아니라는 사실을
알아차렸을 것이다. 나는 그의 BPR이 매우 훌륭한 경영 도구이
며, 사람들이 제시한 계획과 그 계획의 실행 사이의 간극을 좁힐
수 있는 내가 본 가장 효율적인 전략이라고 생각한다. 책임감을
가지게 하는 아주 영리한 수완으로 더 많은 관리자들이 본보기로
삼아야 한다. 하지만 최근 들어 BPR의 제약성이 주는 날카로운
교훈의 진가를 알아보게 됐다. 이 가르침은 선택 자체보다는 그
뒤에 따라오는 선택에 따른 책임에 관한 것이다. 특히 마땅한 삶
만들기의 맥락에서 활용할 수 있다.

　BPR 회의에서의 예의 바른 태도에 관한 앨런의 원칙은 임원
들이 처음에 걱정했던 것과 다르게 그들을 통제하기 위한 엄격한
조치라기보다는 오히려 선물 같은 것이었다. 앨런은 임원들에게
'선택하지 않는 것의 힘'을 손에 쥐여준 것이다. 임원들은 긍정적
인 방향으로 행동하거나 아니면 다른 직장을 찾아야 했기에, 마치
앨런이 양자택일의 문제를 제시한 것처럼 여길 수 있었다. 하지만
앨런이 첫 BPR을 소집하기 전에 임원들이 자기 힘으로 다른 직
장을 찾아 떠날 수 있었던 것이 아니므로 그렇게 볼 수는 없다. 앨
런은 그들에게 떠나라고 강요하지 않았다. 그는 BPR에서 긍정적
으로 행동하고 소통하라는 딱 한 가지 선택지를 제시했다. 이는

실질적으로 선택권이 없는 것이다. 새로운 쇼가 시작됐다. 임원들은 쇼에 전념하거나, 아니면 무대를 떠나야 했다.

이것이 바로 선택하지 않는 것의 힘 중에서 '선택하지 않는 것'의 영역이다. 앨런은 BPR을 **주간** 행사로 만들면서 '힘'의 영역을 발전시켰다.

앨런 멀럴리가 이끄는 포드자동차의 입장에서 계획의 의미를 이해할 필요가 있다. 사업 계획 검토(BPR)의 목적에 숨겨진 의미는 없다. 이름에 그 뜻이 담겨 있듯이, 말 그대로 **사업 계획을 검토하기 위함**이다. 포드는 '계획'을 가장 중요시했고, 다양한 계획이 존재했다. 모회사의 전체적인 계획뿐만 아니라 각각 책임자를 둔 16가지 계획이 있었다. 모든 사람들이 계획을 세우도록 도왔다. 아무도 혼동하지 않았다. 계획들은 임원들이 5분 프레젠테이션을 시작할 때 마치 주문을 외우듯 되풀이됐다. 그리고 이 과정을 매주 반복했다. BPR의 모든 사람은 주어진 임무와 개인적인 목표가 무엇인지, 그 목표에 도달하려면 무엇을 해야 하는지, 그리고 언제 승리가 인정되는지 잘 알고 있었다.

BPR에서 형성된 역학 관계를 생각해보자. 앨런은 임원들에게 유일한 선택지를 제공함으로써(BPR에 참여하고, 자신의 계획을 인지하고, 진행 상황을 보고하고, 완전한 투명성을 실천하고, 예의 바르게 행동하기) 그들이 전념하도록 했으며, 그런 태도를 공공연하게 드러내도록 장려했다. 조직뿐만 아니라 자기 스스로 책임감을 느끼도록 만들었다. 매주 모든 임원은 동료들의 지난 일주일간 진행 상황에 대해 들었고, 자신의 상황도 비교해야 했다. 내부 및 외부의 인정에 익숙한 경쟁심 강한 임원들에게 BPR은 스스로 만들어낸 수치심 또는 마땅한 만족을 느낄 수 있는, 위축되지만 매우 동기부여가 되는 환경이었다. 무엇을 선택할지는 어려운 문제가 아니었다.

매주 수치를 보고하게 하자 이 과정에 긴박감이 더해졌다. 고위 임원들은 일을 미루거나 다른 문제에 주의를 뺏길 만한 여유가 없었다. 각자의 계획을 충실히 따라야 했다.

앨런은 임원들이 목요일마다 성과를 보여주면서 빨간색 등급 몇 개 정도는 노란색으로 바뀌고, 노란색 몇 개 정도는 초록색으로 바뀌기를 원했다. 하지만 그런 결과를 내지 못하더라도 질책하지 않았다. 그보다는 그들의 정직함을 칭찬했다. 빨간 등급이 몇 개 있다고 해서 나쁜 사람이 되는 것은 아니기 때문이다. 다음 주 목요일에는 조금 더 나아질 수 있었다. 만약 누군가가 계속 빨간색을 보고한다면 혼자 해결하기 어려운 문제라는 판단으로 앨런은 도움의 손길을 내밀었다. 하지만 결국 그들은 돌파구를 찾았다. 임원들은 알고 있었다. BPR에 무조건 참석할 수밖에 없는 것처럼, 더 잘하는 것 말고는 다른 선택지가 없다는 것을 말이다.

매주 겪는 엄청난 긴박감은 임원들에게 미래에 대한 힘을 주었다. 그들은 자신들이 어떤 기대를 받고 있으며, 실적에 대한 책임은 오로지 자기에게 있다는 것을 알고 있었다. 노란색이나 빨간색이었던 계획을 초록색으로 보고할 때면, 그 성과는 완전히 마땅하다고 느껴졌다. 바로 이 점이 앨런의 BPR이 주는 선물이었다. 앨런은 각자의 가능성을 발휘할 힘을 주었다. 단 하나의 선택지만 주어질 때, 유일하게 만족스러운 대응은 그 선택에서 원하는 결과를 내는 것뿐이다.

만약 앨런의 접근법이 매 순간의 경쟁과 엄청난 채무 및 법적 책임을 떠안은 채 무너져가는 거대 기업을 회복시킬 수 있다면, 이를 재해석해서 만족하지 못했던 삶을 마땅한 삶으로 바꾸는 문제에도 적용할 수 있지 않을까? 이 주제는 2부에서 한 번 더 다루겠다. 일단 지금은 선택에 관해 이야기해보자.

직업적인 측면에서 볼 때 세상에서 가장 운 좋은 사람은 "나는 돈을 받지 않아도 기쁘게 할 수 있는 일을 하면서 돈을 벌고 있어요"라고 진심으로 말할 수 있는 사람일 것이다. 음악가, 프로 게이머, 공원 경비원, 패션 디자이너, 음식 비평가, 프로 포커 선수, 댄서, 개인 쇼핑 도우미, 성직자 등 이들은 모두 자신이 사랑하는 일에 재능이 있고, 자신이 재능 있는 일을 사랑한다. 그리고 사회는 기꺼이 돈을 지불한다. 이들은 월급이 어마어마하든 보잘것없든 자신이 선택한 길을 후회하는 경우가 거의 없다. 그들 앞에 놓인 유일한 길이었기 때문이다. 다시 말해, 다른 선택지가 없었다.

소수의 운 좋은 사람들과 멀지 않은 곳에는 뛰어난 기술을 가진 사람들이 있는데, 이들은 현재의 위치에 어떻게 도달했느냐는 질문에 이렇게 대답한다. "그게 내가 유일하게 잘하는 일이었거든요." 전문가나 정원사, 소프트웨어 디자이너, 기자가 자신을 소개할 때 흔히 하는 말이다. 이들은 자기 일을 무료로 할 정도로 운이 좋은 것은 아니지만, 진로를 선택할 때의 수월함은 비디오 게이머나 성직자의 경우와 동일했다. 이들도 다른 선택의 여지가 없다고 믿었다.

마땅한 삶을 사는 것은 선택과 함께 시작한다. 미래를 위해 당신이 품고 있는 모든 아이디어를 꼼꼼하게 살피고(아이디어가 있다고 가정한다면) 그중에서 전념할 한 가지를 선택한다. 말은 쉬워 보이지만, 실제로는 그렇지 않다. 어쩌면 당신은 가만히 있지 못하는 창의적인 유형의 사람으로, 아이디어가 너무 많아서 한 가지를 딱 집어내지 못할 수도 있다. 또는 정반대의 문제를 가지고 있을지도 모른다. 아이디어가 부족해서 자동으로 관성에 머무르는 것이다.

이처럼 난처한 상황이라면 어디에서부터 시작해야 할까? 어떤 희생을 치러야 할지, 누구와 공유할지, 어떤 곳을 선택할지 등 미래에 대해 어떻게 결정을 내려야 할까? 최종 선택이 후회보다 만족을 느낄 수 있는 최고의 기회라고 어떻게 확신할 수 있을까?

상투적인 방법은 가장 먼저 자기 자신에게 질문을 던지는 것이다. **다음에 나는 무엇을 하고 싶은가? 또는 어떤 일을 할 때 행복한**

가? 하지만 나는 이렇게 말하고 싶다. 아직 너무 이르다! 순서가 잘못됐다. 가장 먼저 몇 가지 사전 단계를 밟아야 한다. 각 단계를 통해 수많은 선택지를 더는 선택의 여지가 없는 단 하나의 선택지까지 압축할 수 있어야 한다.

마땅한 삶을 사는 것은 무엇보다도 규모의 문제다. 즉, 당신의 목적에 부합하는 일에는 최선을 다하고, 결과에 영향을 주지 않는 일에는 큰 노력을 들이지 않는 것이다. 바로 이것이 마땅한 삶을 사는 비결이다. **양극단의 삶을 사는 것.** 꼭 해야 하는 부분은 극대화하고, 반드시 필요하지 않은 부분은 최소화한다.

나는 40세 전만 해도 이 사실을 인정하지 않았다. 73세의 나이로 이 책을 쓰고 있는 현재까지 내가 경험한 만족과 비교적 적은 후회로 미루어볼 때, 나는 마땅한 삶을 살고 있다고 생각한다. 그건 지금으로부터 30여년 전인 1989년에 했던 자아 성찰 덕이 크다고 본다. 그 당시에는 계획적이진 않았지만 꽤나 순차적으로 흘러갔던 나의 커리어가 내가 늘 꿈꿨던 주말이 있는 삶을 향하고 있지 않다는 사실이 분명해졌다. 리다와 나에게는 어린 자녀가 둘 있었고 대출이 많은 상태였다. 생애 처음으로 나는 기업 교육자로서 조직이나 파트너의 지원 없이 혼자 일하면 어떨까 고민하고 있었다. 만약 일이 잘 풀린다면 다양한 지역을 이동하며 일해야 해서 가족들과 떨어져 지내는 시간이 늘어난다는 점이 걱정스러웠다. 위험한 미지의 영역에 대한 고민은 이내 자아 성찰로 이어졌다.

그래서 나는 그러한 삶이 제공하고 요구하는 것에 대한 비용편익분석을 했다. 나 자신을 지탱하고 행복하게 하는 심리적이고 정서적인 원천이 있는가? 그리고 나는 오랫동안 꾸준히 다른 우선순위나 방해 요소를 물리치고 그러한 원천을 극대화할 의지가 있었는가? 다시 말해, 나는 새로운 도전에 성공하기 위해 기꺼이 대가를 치렀는가?

동기부여와 능력, 이해, 자신감의 영역을 시험하는 것이 아니었다. 이 일을 하는데 얼마나 희생할 수 있는가를 판단하는 것이었다. 우선순위를 정하고 기꺼이 받아들일 수 있는 절충점과 마주했다. 누군가는 비상식적으로 불균형하다고 여길 만한 삶에서 나는 균형을 찾을 수 있을까?

삶의 만족감을 좌우한다고 생각한 여섯 가지 요소를 다음과 같이 정리했다.

- 성취(Achievement)
- 직업(Engagement)
- 행복(Happiness)
- 의미(Meaning)
- 목적(Purpose)
- 관계(Relationships)

목적, 직업, 성취, 의미, 행복이라는 이상적인 요소를 빠르게 훑어보았다. 모두 익숙한 하나의 사슬로 연결돼 있었다. **목적**은 내가 하는 일에 이유를 가지고 있다는 뜻이었고, 이는 만족스러운 **직업**을 보장했고, 목적 **성취**의 가능성을 키웠으며, 그 결과 삶의 **의미**뿐만 아니라 잠깐의 **행복**도 더해주었다. 새로운 도전이 이 모든 것들을 가져다준다는 데에는 의심할 여지가 없었다. 하나를 극대화하면 나머지는 자연스레 따라올 것이다.

이제 남아 있는 것은 **관계**, 즉 가족이었다. 내가 걱정하는 부분은 끊임없는 출장이 리다와 아이들과의 관계에 끼치는 영향이었다.

이 질문을 고민하는 과정에서, 많은 사람을 혼란스럽게 하는 전형적인 '모 아니면 도'의 문제가 아니라는 사실을 문득 깨달았다. 나는 마치 돌아다닐 것인가, 집에 머무를 것인가 사이에서 자유롭게 선택할 수 있다고 생각했다. 하지만 진실은 이러했다. (1) 그때 당시에 이 길은 나만의 삶을 살 수 있는 최고의 선택이었고, 내 훈련과 관심사, 그리고 사람들을 의미 있는 방식으로 이끌어주고 싶은 욕구가 전부 일치하고 있었다. (2) 내 말을 다른 사람들이 듣고 싶어 하고, 그 일로 돈을 벌 수 있다는 점이 만족스러웠다. (3) 그리고 가장 중요한 것은 끊임없는 이동은 그 일에서 타협이 불가능한 것이며, 내가 장거리 트럭 운전사나 승무원인 것과 다를 바가 없다는 사실이었다.

다시 말해, 나는 두 가지 선택지 사이에서 고민하는 상황이 아니었다. 나에게는 한 가지 선택만이 있었다. 즉, 선택권이 없었다. 유일한 문제는 규모였다. 꼭 필요한 출장의 규모는 어느 정도인가? 길 위에서 며칠 정도가 '극대화하기'의 자격이 있는가? 그리고 집에서의 나의 존재를 '최소화하기'의 결과는 어떠할 것인가? 기업 교육자와 다른 알 수 없는 대안 사이의 어려운 선택과 마주한 것이 아니었다. 배는 이미 떠났다. 나는 그저 절충점의 조건과 규모를 협상하고 있었다.

만약 마땅한 삶이 희생과 절충을 통해 중요한 영역에 주력하는 것이라면, 나는 이때부터 마땅한 삶에 대해 진지하게 생각하게 됐다. 나에게는 다른 선택의 여지가 없었다.

실전

실전

질문을 뒤집어라

마땅한 삶을 사는 데 있어 첫 번째 걸림돌은 어떤 삶을 살아야 하는지 결정하는 것이다. 만약 기발한 생각이 떠오르지 않는다면 행운이나 다른 사람의 도움 및 통찰에 의존할 것이다. 하지만 인생을 바꿀 아이디어가 언제 당신의 무릎 위로 떨어질지 어떻게 알수 있을까? 또 관성이나 현재 상태를 유지하는 안락함, 상상의 실패, 우리에게 다가온 일생일대의 기회를 가리는 방해물을 어떻게 피할 수 있을까? 기회를 놓쳐버리지 않고 인생의 전환점을 알아보려면 어떻게 해야 할까? 결국 중요한 문제에 대한 답은 당신에게 달려 있다.

실전에 적용하기

당신에게 더 창의적으로 생각하거나 눈앞에 닥친 행운을 알아보라고 지시할 수는 없지만, 아래 2단계 방법을 통해 직접 답을 찾도록 도와줄 수는 있다.

1. 다른 사람을 위해 한 일을 자기 자신에게도 하라. 당신의 조언으로 다른 누군가의 인생에 큰 변화를 가져다준 경험이 있는가? 당신이 주선한 소개팅에서 만난 두 사람이 행복하게 결혼에 골인했을 수 있다. 또는 누군가에게 완벽한 일자리를 소개해주었을지도 모른다. 한 친구가 몇 년 전 당신이 무심코 던진 말 덕분에 인생의 전환점을 맞이했다며 고마움을 표현했을 수도 있다. 또는 오히려 더 잘된 일이라고 확신하며 직원 한 명을 해고했는데, 훗날 그 직원이 감사 인사를 전하며 당신의 말이 맞았고 그때 그 일이 자신에게 일어난 최고의 사건이었음을 인정했을지 모른다. 다른 사람의 부족함보다는 특별한 점을 알아보고, 더 잘할 수 있다고 용기를 줬을 수도 있다.

당신은 그들 자신도 보지 못했던 면모를 알아보았다. 이것으로 새로운 도전을 떠올릴 수 있는지의 문제는 해결됐다. 다른 사람에게 이미 해본 적이 있으니 자기 자신에게도 그대로 하면 된다.

2. 기본적인 질문부터 시작하라. "남은 삶 동안 무엇을 하고 싶은가?", "어떤 의미 있는 일을 할 수 있을까?", "무엇이 나를 행복하게 하는가?" 이런 질문은 기본적인 것이 아니다. 평생에 걸쳐 답을 찾아야 하는 깊이 있고 다면적인 문제다(쉽고 빠른 답을 기대하지는 말라). 기본적인 질문은 하나의 요소만을 다룬다. 왜냐면 우리 인생의 거의 모든 중대한 결정에는 설득력 있는 이유가 네다섯

가지씩이나 필요하지 않기 때문이다. 한 가지 이유만 있으면 된다. 사람들이 결혼하는 이유는 그 사람을 사랑하기 때문이다. 이 설명만으로 찬성이든 반대든 다른 이유를 압도하기에 충분하다.•

"그를 사랑하는가?"는 기본적인 질문이다. "당신의 고객은 누구인가?"도 그렇다. "이게 효과가 있을까?", "우리가 감당할 수 있을까?", "어디에서부터 잘못됐을까?", "정말 진심인가?" 또는 "무엇을 향해 달리는가?"도 마찬가지다. 현실과 당신의 능력 및 의도에 대한 깊은 고찰을 요구하는, 즉 어려운 진실을 이끌어내는 단순한 표현의 질문이 기본적인 질문이 될 자격을 얻는다.

사람들에게 인생의 큰 변화에 관한 조언을 할 때 물어보는 가장 흔한 질문은 그 대답만큼이나 기본적이다. "어디에서 살고 싶은가?" 너무 기본적인 질문이라서 사람들은 쉽게 놓치고 만다. 하지만 우리는 모두 자기 마음속에 이상적인 장소의 이미지를 그리고 있기에 망설임 없이 대답한다. 그제야 미래에 대한 진짜 고민이 시작된다. 이상적인 장소에서 온종일 무엇을 하는 상상을 하는가? 그곳에서 의미 있는 직업을 찾을 수 있는가? 우리가 사랑하는 사람들은 이러한 변화를 어떻게 생각할까? 만약 자녀나 손자

• 이렇게 주장하는 것은 내가 직접 경험했기 때문이다. 아내와 나는 35년 동안 샌디에이고에서 지낸 후 단 하나의 이유만으로 내슈빌로 이사했다. 손자들과 가까운 곳에 살기 위해서였다. 사실 내슈빌이 살기에 아주 좋은 지역이었다는 점은 보너스였다. 더 나은 삶의 질이나 그 밖의 이유는 우리가 결정하는 데 전혀 고려 대상이 아니었다.

가 있다면 그들과 떨어져 지내는 생활을 견딜 수 있을까? 구체적으로 어떤 장소를 선택하느냐에 따라 각자의 이상적인 생활 방식도 단적으로 알 수 있다. "하와이"나 "스위스 알프스"라고 대답한 사람은 "뉴욕"이나 "베를린"이라고 답한 사람과 같은 생활을 상상하지는 않을 것이다. 알프스에서는 브로드웨이 공연을 볼 수 없고, 베를린에서는 산맥을 오를 수 없다.

여기에서 영감을 받은 다음 질문은 "그곳에서 매일 무엇을 할 생각인가?"다. 바로 이 지점에서 기본적인 질문의 진가가 드러난다. 기본적인 질문은 기본적인 대답을 내놓게 하고, 답을 찾아야 하는 더 많은 질문을 계속 떠오르게 한다. 이러한 과정을 통해 현재 생활에 대한 솔직한 심정은 무엇이며, 어떤 모습이길 바라는지 깨닫는다. 가끔은 현재 상태를 유지하는 데 만족한다는 결론이 나올 수도 있다. 또는 전혀 만족하지 못하다는 사실을 발견할지도 모른다. 바로 그럴 때 창의력이 시동을 건다.

5장

열망: 현재보다 미래에 특권을 줘라

지금까지 우리는 만족하는 직업을 찾는 관점에서 마땅한 삶에 관해 이야기를 나누었고, 많은 사람들이 평생의 직업을 선택하고 전념하기까지가 얼마나 어려운 일인지에 주목했다.

소설가 이자크 디네센(Isak Dinesen)은 이렇게 표현했다.

"우리는 선택을 하기 전에 두려움에 떤다. 그리고 잘못된 선택을 했을까 봐 또다시 마음 졸인다."

하지만 대부분은 진로 선택의 길에서 괴로운 딜레마를 겪지 않는다. 왜냐면 이들에게 마땅한 삶은 생계유지로 하는 일의 목적이 아니기 때문이다. 그들이 열망하는 가치 및 기술은 전문성 검증이나 물질적 축적과는 별로 연관이 없다.

어떤 사람들에게 일생의 사명은 '봉사'하는 것이다. 이들은 많은 사람을 도울수록 인생의 목적과 의미를 찾을 수 있다. 다른 사람을 도울 때 그들은 말 그대로 목적과 의미를 쌓게 되는데, 이는 부의 한 형태로서 그들에게는 돈이나 지위, 권력, 명성과 같은 틀에 박힌 전리품보다 훨씬 매력적이다.

또는 다른 사람들에게 베푸는 것보다 자기 자신을 가꾸는 데 전념하는 사람들도 있다(그렇다고 해서 잘못됐다는 뜻은 절대 아니다). 이들에게는 꾸준한 자기 계발이 결정적인 목표다. 혈압을 낮추는 것이든 정서 지능을 키우는 것이든 모두 우수함의 내적 기준에 따라 판단한다. 기준에 도달하기 위해 노력하고, 절대 닿을 수는 없지만 가까워질수록 만족감을 느낀다.

가장 강한 열망이 정신적·도덕적 깨우침에 있는 사람도 있다. 물질적 이익과 상관없이, 정확하게는 물질적 이익이 없기에 세상과의 관계에서 만족감을 얻는다. 이들은 물질적 재산에 의존하지 않을수록 더 많은 깨우침을 얻는다.

또한 특히 중년층 이상의 사람들은 자녀와 손자, 증손자가 전부 모인 대가족의 모습을 바라보면서 자신의 만족감을 판단하기도 한다. 자신들이 이 사회에 번듯하고 생산적인 시민들을 얼마나 많이 배출했는지에 뿌듯해하며 인정받는다고 느낀다. 이들은 평생에 걸쳐 매년, 매 순간 노력을 통해 얻어야 하는 책임감 있는 가장의 역할을 해낼 때 진정으로 만족한 삶을 산다.

이는 만족감을 추구하는 과정에서 점차 완성되기를 바라는 강점 및 소프트(soft) 가치(측정할 수 없어서 '소프트'라고 부른다)의 일부다. 이들은 다음 문장에서 구분되는 명백한 차이점을 강조한다.

당신이 매일 하는 행동은 현재 원하는 모습이나 앞으로 되고 싶은 모습과 다르다.

나는 이 책을 쓰면서 내가 직접 차린 음식을 먹었는지, 즉 내가 마땅한 삶을 살고 있는지 돌이켜보기 전까지는 이 차이점을 인지하지 못했다. 만일 마땅한 삶을 살고 있다면, 그 결과는 내가 하루 동안 하는 행동 때문인가, 아니면 지금 원하는 모습 때문인가, 그것도 아니면 미래에 되고 싶은 모습 때문인가? 또는 이 세 가지 차원을 얼마나 성공적으로 통합했는지를 보여주는 척도이며, 그래서 나는 따뜻한 만족감에 몸을 뉘며 스스로 "미션 성공"이라고 말할 수 있었는가? 똑같은 배경과 똑같은 직업을 가지고 시작한 두 사람이 서로 다른 가치와 강점을 추구하더라도 마땅한 삶을 살 수 있는가? 만족감을 얻는 데 있어 현재 하는 행동이나 현재 원하는 모습보다 **미래에 되고 싶은 모습이 그 어떤 순간에도 더 결정적인 역할을 하는가?** 나는 마지막 질문의 대답을 가장 오래된 친구에게서 찾을 수 있었다.

나는 외아들이지만, 만약 쌍둥이 형제가 있었다면 그건 프랭크 바그너(Frank Wagner)였을 것이다. 프랭크와 나는 1975년에 같은 대학원에서 공부를 시작했고, 같은 과에서 같은 교수의 수업을 받았고, 같은 심리학 분야의 박사 학위를 받았으며, 일을 시작한 초창기에는 같은 멘토를 두었고, 경영 코치라는 같은 직업을 갖게 됐고, 남부 캘리포니아에 정착했으며, 항상 차로 두 시간 이내의 거리에 살았다. 우리 모두 40년 이상 결혼 생활을 하고 있고, 두 명의 자녀를 두고 있다. 나이도 같다. 그리고 사람들이 행동을 바꾸도록 돕는 데 있어 같은 철학을 가지고 있다. 내가 시간을 내기 어려울 때에는 예비 고객에게 프랭크를 추천한다. 어떻게 취업 준비를 하고 가정을 꾸려왔는지, 또 어떤 일을 하고 싶었는지에 있어 우리는 거의 차이가 없었다.

하지만 우리의 닮은 점은 여기에서 끝난다. 자신이 되고 싶은 미래의 모습을 정하는 것은 우리 삶에 이데올로기 및 신조를 받아들이는 것과 같다. 이는 우리가 과거를 해석하고 현재와 미래를 결정하기 위해 의존하는 유일한 전제다.

프랭크에게 지표가 되는 전제, 말하자면 그의 이데올로기는 **균형**이었다. 그는 균형 잡힌 삶을 원했고, 다재다능한 인물을 만드는 모든 영역에 똑같은 공간과 헌신을 제공했다. 그는 자신의 직업을 진지하게 대했지만 다른 개인적인 목표를 희생하면서까지 몰두하지는 않았다. 그에게는 충실한 남편과 아빠로서의 역할과 육체적 건강, 그리고 취미 삼아 하는 원예와 서핑도 중요했다. 마치 완벽한 균형을 이룰 수 있도록 책임감, 건강, 일 외의 열정이라는 삶의 모든 양상에 똑같은 양의 에너지를 분배하는 것 같았다.

그는 극단적으로 극단에 치우치지 않았다. 어느 쪽에도 치우치지 않는 태도의 가장 단적인 예시는 바로 몸무게다. 그가 생각하는 이상적인 몸무게는 72킬로그램이다. 반세기 동안 이 수치에서

단 한 번도 1킬로그램 이상 찌거나 빠진 적이 없을 정도다. 만약 체중계가 71킬로그램을 가리키면 이틀쯤 더 많이 먹어서 72킬로그램으로 돌아온다. 만약 73킬로그램이면 적게 먹는다.

프랭크가 그의 모든 측면에서 조화를 굳건히 지켜온 것과 비교하면 나는 무질서와 혼돈 속에서 엉망으로 살아왔다(그리고 지금도 그렇다). 나는 일을 너무 좋아했다. 일하는 날은 언제나 신났고 쉬는 날은 언제나 지루했다. 휴가나 취미, 주말 골프 경기와 같은 스트레스 배출구가 필요하지 않았다. 직장에서 행복했다면 집에 돌아와서도 행복한 배우자이자 아빠가 될 것으로 생각했고, 나쁜 것이 전혀 없어 보였다. 한번은 일부러 집에 오래 머무르려고 1년 동안 일하는 시간을 200일에서 65일로 줄인 적이 있었다. 이른바 아이들이 부모에게 가장 까다로운 시기라는 10대의 나이가 됐기 때문이었는데, 집에서 보내는 시간을 늘렸다는 점을 스스로 뿌듯해하고 있었다. 그러자 당시 열세 살이던 딸 켈리가 한 해가 끝나가는 시점에 이렇게 말했다.

"아빠, 이건 좀 지나친 것 같아요. 저희랑 너무 많은 시간을 보내고 있어요. 출장 가셔도 괜찮아요. 저희는 잘하고 있으니까요."

프랭크와 나는 똑같은 이력서와 기회를 가지고 일을 시작했지만 만족감을 찾는 전략은 서로 달랐다. 프랭크는 균형 잡힌 삶을 원했던 반면, 나는 오히려 과도한 불균형이 편안했다. 우리는 상대방의 선택을 평가하지 않는다. 현재 70대 초반의 나이에 누구도 후회에 짓눌려 살지 않는다. 각자 마땅한 삶을 살고 있다고 확신한다. 만족을 얻기 위한 일생의 전력 질주 끝에(정말이다. 시간은 아주 빠르게 흐른다) 우리는 모두 금메달을 땄다. 어떻게 이런 일이 가능했을까?

이 질문의 답은 세 가지 독립적인 변수에 있다. 행동, 야망, 열망은 각자 추구하는 삶을 살기 위한 모든 과정을 결정한다.

- **행동(Action)**의 구체적인 정의는 **우리가 현재 하고 있는 것**을 말한다. 질문에 대답하거나 비용을 지불하고, 전화를 걸고, 일요일 오후에 몇 시간 동안 텔레비전을 보는 비교적 활동량이 적은 행위까지 우리가 온종일 하는 모든 구체적인 일을 지칭한다.

능동적이든 수동적이든 결국 행동에는 의식적인 선택이 반영된다. 행동의 기간은 그 순간에 즉각적이며 그래서 확실히 구분할 수 있다. **지금 이 일이 일어났어. 방금 그렇게 했어.** 때로 우리의 행동은 야망이나 열망을 위해 실행된다. 프랭크는 바로 이 지점에서 뛰어난 재능이 있었다. 그는 몸무게가 72킬로그램보다 조금만 늘거나 줄면 언제라도 즉시 행동으로 옮겼다. 때에 따라 더 먹거나 덜 먹었다. 그리고 삶의 다른 영역도 똑같은 방식으로 통제했다. 이와 반대로, 나는 업무와 관련 있지 않은 한 내 행동을 규제하는 편은 아니었다. 일에 관해서만 규율 면에서 프랭크와 나는 대등했다. 사실 대부분의 사람에게 행동은 찰나의 기분이나 더 심하게는 명시된 목표의 영향을 받는 목적 없는 행동이다(예를 들어, 우리는 에너지를 충전하기 위해 회사를 쉬고 휴가를 떠나지만, 휴가를 갈 때도 일을 가져간다).

- **야망(Ambition)**은 **우리가 성취하고 싶은 것**이다. 분명한 목적을 좇는 것이다. 그 목적을 성취하는 순간 끝이 나는 시한부다. 또한 측정할 수 있다. 우리의 야망은 하나가 아니다. 직업이나 취미 생활, 신체적·정신적 또는 경제적 방면에서 아주 많은 목적을 동시에 품을 수 있다. 성공한 사람들이 가지고 있는 가장 큰 공통점일 것이다.

- **열망(Aspiration)**은 **우리가 되고 싶은 모습**을 말한다. 분명하고 일시적인 그 어떤 목적보다 더 큰 목표를 좇는 것이다. 사람들

에게는 다른 사람을 돕고, 좋은 부모가 되고, 다른 사람을 대하는 방식이나 삶의 방식을 더 일관되게 구현하고 싶은 열망이 있다. 균형 있는 삶을 사는 데 헌신적인 노력을 기울인 프랭크는 청년기부터 이 분야에서 뛰어난 면모를 보였다. 나는 느리게 배우는 사람이라서 60세가 되기 전에는 원대한 삶의 의미를 찾지 못했다. 야망과 다르게 열망은 확실한 결승 지점이 없다. 무한한 기간이 주어진 연속적인 과정이다. 열망은 시간이 흐르면서 변할 수 있지만, 설사 분명하게 표현하지 못하더라도 사라지지는 않는다. 숨을 쉬고 있다면 우리는 계속 열망하고 있는 것이다.

야망과 열망을 동의어로 취급하고 싶을 수 있다. 하지만 나에게 이 둘은 똑같지 않다. 야망은 결승선이 있는 구체적인 목적을 좇는 것이다. 우리가 X라면 Y를 성취하고 싶은 것이다. 그리고 Y에 도달하게 되면 새로운 야심 찬 목적이 생기지 않는 한 특정한 야망은 끝이 난다. 반대로 열망은 자기 창조와 자기 검증의 지속적인 행동이다. X가 Y로 바뀌는 것이 아니라 X가 Y로 진화하는 것이며, 이는 곧 Y 플러스 또는 Y 제곱이 될 수도 있다.

야망과 열망만이 마땅한 삶을 살아가기 위한 능력의 전부는 아니다. 세 번째 변수인 행동이 없다면 제대로 기능할 수 없다. 내가 이들을 독립적인 변수라고 부르는 것은 독특한 특성을 파악하기 위해 각각 분리할 수 있기 때문이다. 하루나 일주일 동안 나의 행동 일지를 작성하고, 시간을 어떻게 보냈는지 자세히 들여다보고, 생산적이거나 산만하거나 게으르거나 잡무를 처리하며 보낸 시간도 합산할 수 있겠지만, 이러한 자료들은 야망과 열망으로 형성된 목적과 연관 지을 수 없다면 아무런 의미가 없다. 지속적이고 긍정적인 자기 계발은 야망과 열망에 함께 협력하는 행동에서 비롯된다. 세 가지 변수가 상호 의존적인 관계가 돼 서로 돕는다면 우리는 무적이 된다. 만족감이 주어질 것이고, 후회는 더 이상 고려 대상이 아니다. 그러나 불행하게도 이런 일은 우리가 원하는 만큼 자주 일어나지 않는다. 그리고 머리로 이해하는 것보다 직접 실행하는 것은 훨씬 어렵다.

행동과 야망에 관해서는 6장에서 더 깊게 다루도록 하겠다. 우리가 취하는 위험과 회피하는 위험을 결정하는 중요한 역할을 하기 때문이다. 하지만 이번 장에서는 열망에 초점을 맞출 것이다. 열망이 야망과 근본적으로 어떻게 다른지 관계를 파악하고, 왜 대부분의 사람들이 야망보다 열망을 더 분명하게 설명하는 것을 어려워하는지도 살펴보도록 하자.

우리만의 삶을 이끌어가기 어렵다고 느끼는 이유, 또는 변화에 앞서 매번 망설이는 이유는 구체적인 문제와 상관없이 상상하는 삶이 어떤 기분일지, 그 삶을 좋아하기는 할지 미리 알 수 없기 때문이다. 인생의 한 단계가 끝난 뒤 즉시 다음 단계가 깨어나지 않기 때문이다. 우리는 하루 동안 예전의 나에서 새로운 나로 급격하게 바뀌지 않는다. 길고 점진적인 과정을 거치며 미래를 엿보며 깨우침을 얻는다. 이는 시카고대학교의 철학자 애그니스 칼라드(Agnes Callard)가 "열망"이라고 부르는 과정이다. [이 주제에 관한 그녀의 책 제목은 딱 적절한 《열망: 변화의 힘(Aspiration: The Agency of Becoming)》이다.]

아이를 낳을지 결정하는 것은 인생의 매우 큰 선택으로, 다른 선택과는 성격이 다르다. 부모로서 새로운 삶이 시작되기도 하지만, 말 그대로 아이에게 새로운 삶을 주는 것이기 때문이다. 부모가 되기 전에는 아이가 없는 삶을 자유롭게 즐기고, 어쩌면 하루에 14시간씩 일하고, 주말에는 암벽등반을 하러 다니고, 밤에는 요리 수업을 받았을 것이다. 아이를 낳으면 생활 반경이 좁아진다는 것을 잘 알고 있다. 그리고 아이 없는 시간이 사라졌음에 원망할 가능성도 있다. 하지만 우리가 분명 알지 못하는 사실은 아이를 재우려고 몇 시간씩 품에 안고 있거나 부모가 되기 전에는 두려워했던 모든 육아 과정에서 얻는 만족감을 예상할 수 없다는 것이다.

아이가 없는 삶과 부모가 되는 삶 사이를 연결하는 다리가 바로 열망이다. 기쁘고 걱정스러운 마음, 준비 과정, 태아기 검사, 태교에 온 정신이 쏠려 있는 임신 기간은 언젠가 얻고 싶은 감정 및 가치를 시도해보는 열망의 과정이다. 마치 여름 인턴 과정으로 새로운 직장을 경험한 뒤에 결국 평생의 직장이 되는 것과 같다. 칼라드 교수는 아이를 갖기로 결심할 때 부모가 되는 것을 하나의 개별 사건이라고 생각해서는 안 된다고 말한다. "과거의 사람이 새로운 사람이 되고 싶은 열망을 갖는" 과정이라고 한다. 그녀는 열망에는 대담한 점이 있다고 생각하는데, 사람들은 자신이 열망하는 것에 대해 "예측적이고 간접적으로 이해"하기 때문이다. 사람들은 자신이 원하던 목적을 달성하거나, 또는 그 결과에 만족한다는 보장 없이 열망한다.

칼라드 교수의 말에 따르면, 열망은 "새로운 무언가에 관심을 가지기 위해 노력하는 합리적인 과정"이다. 열망 덕분에 가치와 기술 및 지식을 획득하는 힘을 얻는다. 하지만 즉각적으로 얻을 수 있는 것은 아니다. 우리의 인내심을 요구하며 오랜 시간에 걸쳐 진행된다. 본격적으로 긴 수영을 하기 전에 각자의 방식대로 물에 발을 담가보며 마음에 드는지 확인할 수 있게 하면서 서두르거나 부담을 주지 않는다. 이러한 면에서 열망의 과정은 기자가 기사를 쓰기 위해 조사하고 보도하는 것과 비슷하다.

기자는 처음에는 전체 이야기를 알 수 없다. 조사나 인터뷰가 끝나기 전에는 어떤 결말이 나올지, 또는 자료를 전부 모으고 글을 쓰기 전에는 사건의 의미가 무엇인지 알지 못한다. 글을 쓰는 과정에서 삭제와 수정을 거듭하고, 중간에 방향을 수정하기도 하고, 좌절감을 느끼고 잠시 멈추었다가 다시 시작하거나 때로는 기획 자체를 포기하기도 한다. 시작하기 전에는 이 모든 내막을 전혀 알 수 없다. 단어가 쌓이고 페이지가 늘어갈수록 처음 목적에 점차 가까워진다. 목적을 가진 '과거의 사람'과 그 목적을 깨닫는 '새로운 사람'을 연결하는 바로 이 열망하는 행동이야말로 후회보다는 만족을 경험하는 방법이다.

야망과 열망 사이에는 자세히 살펴봐야 할 차이점이 또 있다. 야망은 목적을 성취할 때 얻는 행복을 계속 붙들고 있거나 지킬 수 없다. 우리는 승진을 하고, 골프 대회에서 우승하고, 세 시간 안에 마라톤을 완주한다. 그리고 그 성취를 축하한다. 아주 잠깐 행복해진다(더 정확하게는 우리가 예상하듯이 그렇게까지 행복하지는 않다). 이내 행복한 감정은 사라지고, 마음속 페기 리(Peggy Lee)의 목소리로 이렇게 묻는다. "고작 이게 전부야?(Is that all there is?)"

한 친구가 자신의 학창 시절 이야기를 들려준 적이 있다. 그의 어머니는 홀로 일하며 아이를 키웠기에 아홉 살 때 그는 고아 또는 한 부모 가정의 아이들이 다니는 남학교를 다녔다. 그는 1,200명의 학생과 1년 내내 함께 학교 건물에서 생활했고, 다른 추가 비용은 들지 않았다. 그곳에서 처음으로 교육에 관심이 많은 좋은 선생님들을 만날 수 있었다. 그렇게 그는 학업에 열중하게 됐다. 학교 강당 뒤쪽 벽에는 학교 설립자가 설치한 직사각형 우등생 명판이 있었는데, 1934년부터 각 졸업반의 수석 졸업생과 차석 졸업생 이름을 두 줄로 나란히 새겨놓았다. 친구는 이렇게 말했다.

"고등학교 때 나의 유일한 야망은 그 명판의 첫 번째나 두 번째에 내 이름을 올리는 것이었어. 학교에 내 이름을 영원히 남기는 게 목표였지. 졸업 일주일 전, 기말고사 성적이 발표되자 교장 선생님은 다른 친구와 나를 교장실로 불러서 그 친구는 수석 졸업생, 나는 차석 졸업생이라며 축하해주셨어. 그게 전부였어. 메달도, 액자에 넣은 자격증도, 지역신문에 실을 사진도 없었고, 그렇다고 졸업식에서 연설하는 것도 아니었지. 강당 벽에 명판이 설치될 때 기념식을 하는 것도 아니었어. 그때 나는 엄마와 160킬로미터 정도 떨어진 곳에 살면서 여름 동안 아르바이트를 하며 대학 생활을 기대하고 있었지. 내 학창 시절은 한 가지 야망에만 전념한 결과로 교장실에서 딱 10분 동안 환희를 즐긴 게 다였어. 졸업하고 얼마 뒤에 우리의 이름이 벽에 걸렸겠지만, 재미있는 사실은 지금까지 한 번도 벽에 붙은 내 이름을 실제로 보지 못했다는 거야."

당신도 분명 어린 시절부터 이와 비슷한 감정을 수십 번 경험했을 것이다. 목표를 세우고, 성공하거나 실패한 뒤, 의기양양한 기분에서 덤덤해졌다가 부끄러움에 이르는 찰나의 감정을 느끼고 이내 사라졌다. 마치 히치하이킹처럼 야망이라는 자동차가 당신을 태우고 가까운 목적지에 내려주는 것이다. 도착하고 차에서 내려 주변을 둘러본 뒤 그 장소에 머무를지, 다음 목적지로 데려다줄 다른 자동차를 불러 세울지 결정한다. 야망을 가진 삶은 이러한 과정을 거쳐 반복된다. 중요하기는 하지만 반드시 행복하거나 만족한 삶을 살게 되는 것은 아니다.

하지만 열망은 "새로운 무언가에 관심 가지는 것"을 배우기 때문에 야망보다 더 오래 지속되며 발전하고 보존할 만한 가치로 우리를 인도한다. 칼라드 교수는 클래식 음악에 대해 더 알고 싶은 열망을 예시로 든다.

당신은 클래식 음악을 듣는 취미를 갖고 싶다는 가치 있는 계획을 하나 세웠다. 그 이유는 순수한 호기심일 수 있다(클래식 음악은 순수예술로 인정받으며, 당신은 바흐, 모차르트, 베토벤, 베르디와 같은 위대한 음악가들이 실제로 훌륭한 인물인지 알고 싶다). 현실적인 이유가 있을 수도 있다(교양 있는 사람임을 나타내는 지표를 하나 더 갖고 싶다). 아니면 그냥 자기 이익을 위해서일지 모른다(박식한 친구를 따라 하고 싶다). 어쩌면 영화에서 파헬벨의 〈카논〉이나 바버의 〈현을 위한 아다지오〉와 같은 유명한 클래식 작품을 듣고 더 많이 찾아보고 싶을 수 있다. 중요한 사실은 당신에게 호기심이 생겼고, 어떤 결과가 나올지 전혀 알지 못한 채 노력을 쏟을 의지가 있다는 것이다.

당신이 클래식 음악에 매력을 느낄지 지루해할지, 또는 얻고 싶은 새로운 가치가 정말로 귀중할지 예측할 수 없다. 그래서 당신은 책을 읽고, 음반을 듣고, 콘서트를 가고, 취미가 같은 사람들과 모임을 가진다. 그리고 몇 년 동안 예전에는 상상도 못 했던 남들이 부러워하는 배경지식을 쌓았다. 이것이 바로 열망이 준 선물이다. 또 다른 자기 계발을 시작한다 해도, 예를 들어 가구 제작 기술을 배운다 해도 클래식 음악에 관한 배경지식은 언제나 남아 있다. 마치 정체성의 일부가 된 능력이나 도덕적 가치처럼 말이다. 야망으로 얻은 잠깐의 행복처럼 사라져버리지 않는다. 그리고 앞으로 남은 인생 동안 계속 쌓아나갈 수 있다.

열망을 이해하는 것은 자신만의 삶을 만들어나가는 능력에 있어서 거대한(하지만 온전히 인정받지 못하는) 차별화 요인이다. 많은 사람들, 특히 젊은이들은 결과가 긍정적일 것이라는 믿음이나 위험하더라도 보상이 주어진다는 확신이 없어서 위험한 도전을 주저한다는 말을 셀 수 없이 많이 한다. 그들은 결과가 보장된 선택은 애초에 위험이 아니라는 사실을 알지 못하는 것이다. 게다가 무언가를 열망하는 것(예를 들어, 변호사 되기)이 그 가치를 서서히 드러내고, 운이 좋다면 계속 그 가치를 끌어올릴 수 있는 점진적 과정이라는 것도 모른다.

변호사가 되고 싶다면 로스쿨에 입학해 3년 동안 수업을 듣고 늦게까지 공부해야 한다. 입학 첫째 날에는 절대 상상할 수 없었던 오랜 여정과 뜻밖의 일과 고난을 경험한다. 그리고 법조계에 완전히 발을 담그거나, 아니면 이건 내 길이 아니라는 결론을 내리게 된다. 무언가를 열망함으로써, 즉 그 과정을 즐기거나 인내하거나 원망함으로써 우리가 어떤 결과를 선호하는지 알게 된다. 우리는 앞으로 우리에게 주어지거나 주어지지 않을 만족감을 이해하기 위해 열망을 겪어야만 한다. 단순한 상상만으로는 불가능하다.

어느 쪽이든 정교하면서도 단순한 역학 관계다. 최고의 시나리오는 이렇다. 변호사가 되고 싶은 열망 속에서 법을 사랑하게 된다. 그리고 법을 사랑하는 마음으로 우리는 더 전념하고, 결국 훨씬 훌륭한 변호사가 된다. 최악의 시나리오는 인생을 바칠 다른 무언가를 찾는 것이다.

또한 이로써 열망은 더욱 효과적인 후회 회피 방법이 된다. 후회 회피가 열망의 핵심 요소는 아니지만, 함께 따라오는 보너스는 맞다. 열망의 모든 과정을 거치면서 우리의 노력이 만족스러울지 헛될지 아주 조금씩 알게 되고, 이는 곧 언제든지, 특히 비참한 상황에서 후회가 뿌리내리기 전에 방향을 바꿀 수 있다는 것을 의미하기도 한다.

예를 들어, 클래식 음악의 기쁨을 찾기 위한 열망을 추구하는 도중 장애물을 만났다고 가정해보자. 당신이 바랐던 기쁨이나 고상한 감상을 경험하지 못했거나, 원래의 목적을 충족하기 위해 음악을 듣고, 연주회에 가고, 악보를 공부하는 노력을 유지할 마음이 없어졌다. 도전 의식을 돋구었던 열망은 귀찮은 일이 됐고, 이미 충분히 배웠다. 낭비된 시간과 에너지를 후회하기 훨씬 전에 열망을 그만둔다고 해서 그 무엇도 당신을 막을 수는 없다. 후퇴한다는 것이 수치심이나 실패를 뜻하지도 않는다. (최고의 쿼터백은 공격과 후퇴의 달인이다.)

다른 사람에게 쉽게 숨길 수 없는 야망과 다르게, 열망은 숨겨진 능력과 가치의 추구를 포함하는 사적인 문제다. 당신이 무엇을 하는지 당신만 안다. 그 결과도 당신만 판단할 수 있다. 새로운 당신이 돼가는 느리지만 꾸준한 변화도 당신만 인지한다. 새로운 무언가에 관심을 가지는 노력에 따른 만족감은 당신만 느낄 수 있다. 그리고 포기할 힘 또한 당신한테만 존재한다.

역설적이게도, 나는 열망이 우리의 가장 고귀한 재능을 완전하게 하는 필수 동기부여 기능을 한다고 극찬하면서도, 잠시 멈춰서 다시 고민하라고 말해주는 초기 경고 시스템처럼 중요한 제동 기능도 한다고 말하고 있다. 이 두 가지 역할을 혼동해서는 안 된다. 열망은 최고의 친구로서 동기부여를 줄 수도 있고, 시간 낭비를 멈추라고 말할 수도 있다. 분명한 것은 "고작 이게 전부야?"라고 말하는 게 전부인 오랜 야망을 성취하는 것보다 훨씬 낫다는 점이다.

나의 고객들이나 다른 코치들은 행동(Action)/야망(Ambition)/열망(Aspiration) 모델에 대해 설명해주면 잘 '이해'했다. 이들이 처음 배운 것은 "A 삼총사(내가 부르는 애칭이다)"가 독립적인 변수이며, 반드시 연결된 것은 아니라는 점이다. 우리는 이 세 가지 변수를 연결해야 한다. 그리고 많은 사람에게 행동은 무작위적이고 불분명하며, 충동적이고 즉각적인 욕구를 충족하는 데에만 도움이 된다는 사실도 알게 된다. 사람들은 배가 고파서 요리한다. 월급을 벌기 위해 출근한다. 친구들을 따라 동네 술집에 가서 좋아하는 팀을 응원한다. 이는 꼭 암울하거나 씁쓸하지만은 않은 타당한 행동이지만, 이들이 연결돼 있는 목적 달성이나 더 높은 목표는 과연 무엇일까?

나는 고객과 코치에게 아래 표를 보여주었다.

종류	행동	야망	열망
기간	지금 당장	시간제한 있음	무한함
특징	당신이 하는 것	당신이 성취하고 싶은 것	당신이 되고 싶은 모습
의미 (원하는 만큼 적기)			

방을 돌아다니면서 빈칸을 채워보라고 한다. 얼마나 많은 사람들이 자기 인생의 특정 행동을 야망과 열망에 성공적으로 융합시킬 수 있을지 궁금했다. 성공한 경영진이나 리더들은 행동과 야망을 규정하는 데 큰 어려움이 없었지만, 열망에 대해서는 한 번도 생각해보지 않은 것처럼 빈칸으로 놔두는 경우가 많았다. 어느 정도 예상했던 일이었다.

내가 아는 성공한 사업가들 거의 대부분은 야망에 지배당하는 삶을 산다. 이들은 특정 목적을 달성하려는 의욕이 강하기 때문에, 행동을 야망에 종속시키는 원칙이 있다. 그래서 이 둘은 동시에 발생한다.* 그러나 표적을 맞혀야 득점을 낼 수 있는 경쟁적인 비즈니스 문화에서 조심하지 않으면 사업가들의 이러한 원칙은 쉽게 목표 집착 상태로 변할 수 있다. 정치인이 열망(높은 이상)을 가지고 선거운동을 하지만, 골치 아프고 타협이 필요한 정치판에서 결국 야망(다음 선거에서 이기고 싶은 욕구)에 따라 행동하게 되는 것처럼, 경영진도 자신의 가치는 물론 그 목표를 수립했던, 즉 열망을 달성하기 위한 본래의 이유를 잊어버릴 위험이 있다. 강압

* 내가 아는 대부분의 경영진 중에 야망 목록 상위권에 속하는 뛰어난 리더로 인정받겠다는 목표가 없는 사람은 없다. 이들에게 나는 직장에서 가혹한 평가나 지적을 참으라고 가르친다. 뛰어난 리더는 해로운 환경을 조성하지 않기 때문이다. 또한 뛰어난 리더는 누구에게나, 특히 더 엄하게 대할 필요가 있는 실망스러운 동료에게도 친절하고 관대한 태도를 보인다. 만약 혹시라도 그들이 실수한다면, 그래서 일상적인 대인 관계 행동이 중요한 직업적 목표에 도움이 돼야 한다는 사실을 잊어버린다면, 그때 나에게 전화를 걸어온다. 그러면 나는 그들의 야망을 상기시켜주고, 그 야망에 맞춰 행동을 다시 조정하도록 도와준다.

숨 쉴 때마다 새로운 내가 된다면

적인 정치 무대가 정치인을 타락시킬 수 있듯이 경영진이 일하는 환경도 그들을 타락시킬 수 있다. 목표에 집착하는 태도 때문에 자신이 누구를 위해 일하는지 잊어버리고, 자신이 사랑하는 사람들을 무시해버리는 경영진들은 너무 흔하게 찾아볼 수 있다. 이들은 열망이 분명하든 더 높은 가치를 찾았든 관계없이 야망에 빠져 길을 잃어버린 것이다. 과녁 맞히기 사격 연습과 다를 게 없다.

선의를 가진 이상주의자 집단인 많은 경영 코치들은 표의 빈칸을 다르게 채웠다. 이들은 열망에 관해서는 현재에 집중하기, 다른 사람 돕기, 세상을 더 좋은 곳으로 만들기 등 꽤 분명한 답을 적었다. 하지만 열망을 추구하기 위한 행동과 목표에 대해서는 애매했다. 이들은 온라인 시대에서 자신의 영역을 확장하고 더 많은 사람을 돕는 데 필요한 어렵고 불편한 일(소셜 미디어 활용하기, 글쓰기, 공개 연설을 통해 시장과 '악수'하기)을 하기 꺼린다. 그래서 돈을 벌고 좋은 일을 하고 있지만, 행동과 야망을 적절히 연결하지 못하기 때문에 열망에 도달하지 못하게 된다. 많은 코치가 그들의 행동과 야망이 무엇인지 명확히 말하지 못한다.**

●● 2021년 8월 당시에 나는 이 표를 이렇게 작성했다. 나의 열망은 "나에게 주어진 시간 동안 가능한 한 가장 많은 사람들에게 최대의 도움을 주는 것"이었다. 시간제한이 있는 야망의 경우는 "2022년에 《숨 쉴 때마다 새로운 내가 된다면(The Earned Life)》이라는 책 출판하기"였다. 그리고 나의 행동은 "온종일 책상 앞에 앉아 글을 쓰는 것"이었다. 이 경우 나는 세 가지가 모두 일치했다. 현재 하는 행동은 내년의 목표와 일치했고, 결국 가능한 한 많은 사람들을 돕겠다는 머나먼 꿈에 기여했다.

나는 열망을 평가하는 이 짧은 과정의 가장 중요한 요소를 마지막까지 남겨두었다. 그 이유는 1장에서 다루었던 요점과 딱 들어맞기 때문이다. 1장에서 나는 부처의 영감을 받은 새로운 호흡 인식 체계를 이야기하며, 이 체계를 지구에서의 시간 속에서 당신과 당신의 위치를 이해하기 위한 새로운 방법으로 받아들여달라고 부탁했었다. 우리는 과거의 나와 현재의 나, 그리고 미래의 나로 이루어져 있는 셀 수 없이 많은 자아의 연속이며, 새로운 호흡을 할 때마다 과거의 나에서 새로운 내가 된다. 열망은 많은 장점을 지니고 있지만 그중에서도 특히 이 사고 체계를 가장 잘 뒷받침하고 명확하게 한다. [한 가지 반가운 사실은 이 '열망(aspiration)'이라는 단어가 라틴어로 '호흡하다'를 뜻하는 **아스피라레(aspirare)**에서 유래했다는 점이다.]

미래의 자신을 위한 투자라는 생각으로 완전히 내키지는 않았지만 NFL 선수가 되기로 한 21세의 커티스 마틴을 기억하는가? 그는 게임을 사랑해서 경기를 뛴 것이 아니었다. 러닝 백의 선수 평균수명이 3년인 NFL에서 성공할 수 있을지도 미지수였다. 뇌진탕, 뇌 손상, 영구적인 신체 결함의 위험을 각오해야 했다. 마치 전쟁에 나가지만 아무도 당신에게 감사해하지 않는 것과 같았다. 하지만 그에게 이런 위험은 견딜 만했다. NFL 이후의 삶을 열망하며 그는 모든 과거의 자아로부터 자신을 분리했고, 11년 선수 경력에서 얻은 새로운 가치와 자각을 통해 전혀 예상하지 못한 인물이 됐다.

본질적으로 열망은 현재보다 미래를 우선시하는 행동이다. 권력이 과거에서 미래로 이동하는 것이다. 아무리 위험을 회피한다 해도, 무언가를 열망한다면 약간의 도박을 선택하게 된다. 시간과 에너지라는 돈을 가지고 미래의 당신이 지금보다 더 나아질 것이라는 데 내기를 거는 것이다. 당신이 내기에서 이기기 위해 얼마나 끈질기게 노력하고 창의성을 발휘하는지 놀랄 준비가 돼 있는가? 이것이 바로 마땅한 삶을 살게 되는 과정이다.

영웅에 관한 질문

우리는 모두 영웅이 필요하다. 단편소설이든, 영화든, 농담이든 우리가 접하는 모든 이야기에는 사람들의 관심을 끌기 위한 확실한 영웅 캐릭터가 반드시 존재할 정도다. 영웅(또는 악당)을 찾지 못하면 우리의 관심은 떨어진다. 영웅은 존경받고 또 영감을 주기 위해 존재한다. 모두가 동의하는 이야기다. 하지만 나는 단순히 영웅에 매료돼 존경심을 느끼는 것을 넘어 열망을 향해 한 발짝 나아가기 위해 터키 출신 산업 디자이너 아이세 비르셀(Ayse Birsel)의 도움을 받았다.

이 모든 것은 내가 아이세의 '당신이 사랑하는 삶을 디자인하라(Design the Life You Love)' 세미나 참가자들에게 앞으로 하고 싶은 일을 더 대담하게 결정하라고 몇 시간 동안 열심히 설득한 뒤에 받은 간단한 질문에서부터 시작됐다. 한 참가자가 갑자기 나에게 화살을 돌렸다.

"그게 그렇게 쉬운 일이라면, 당신 인생의 다음 단계는 무엇인가요?" 참가자 중 한 사람이 나에게 물었다.

머릿속이 하얘졌다. 문제 해결사인 아이세가 도와주었다.

"간단한 질문부터 시작해보죠. 당신의 영웅은 누구인가요?" 그녀가 말했다.

이 질문은 쉬웠다.

"앨런 멀럴리, 프랜시스 헤셀바인(Frances Hesselbein), 김용, 폴 허시(Paul Hersey), 피터 드러커(Peter Drucker)예요. 물론 석가모니도요." 내가 대답했다.

"왜 그런가요?" 그녀가 물었다.

"음, 나는 불교 신자거든요. 그리고 말년에 나의 멘토가 됐던 드러커는 20세기의 가장 위대한 경영 사상가이고요."

"그렇군요. 하지만 그들의 사상을 좋아하는 것 말고 그들의 '영웅적'인 면모는 무엇인가요?"

"그들은 알고 있는 모든 것을 가능한 한 많은 사람에게 전달했고, 그래서 다른 사람들도 선행을 베풀 수 있었어요. 석가모니는 2,600년 전에, 그리고 피터는 2005년에 95세의 나이로 이미 세상을 떠났지만, 그들의 가르침은 아직 남아 있어요." 내가 대답했다.

"그렇다면 왜 당신의 영웅처럼 살지 못하나요?" 그녀가 말했다.

바로 그때, 나의 영웅들을 단순히 존경하는 것 이상의 무언가를 할 수 있다는 생각이 들었다. 그들의 사상을 받아들일 수 있었다. 또는 그리 대단하지 않더라도 내가 그들에게 가장 감명받았던 모습처럼 되기를 바랄 수도 있었다. 이렇게 해서 나의 지식을 나누고 싶다는 열망이 시작됐다. 실행 방안까지 바로 구체화하지는 못했지만, 아이세가 심어준 씨앗은 점점 자라났고 '100명의 코치(10장에서 설명하겠다)'로 알려진 나와 생각이 비슷한 사람들과 '우연히' 작은 커뮤니티를 형성하게 됐다. 이미 오래전 내 인생에 더 이상 '다음의 커다란 변화'는 없으며 무언가를 성취하고 싶은 날들은 끝났다고 결론 내린 후의 일이었다. 내가 할 수 있다면, 당신도 할 수 있다.

실전에 적용하기

사람들은 자신의 영웅을 닿을 수 없이 높은 곳에 올려두기만 하고, 그들을 롤 모델로 삼아 모방할 생각은 하지 않는다. 다음 4단계를 보고 이러한 실수를 바로잡아보자.

- 당신이 생각하는 영웅들의 이름을 적는다.
- 당신이 사랑하는 그들의 가치와 덕목을 한 단어로 적는다.
- 영웅의 이름을 지운다.
- 그 자리에 당신의 이름을 적는다.

그런 다음 새로운 열망이 피어나길 기다려보자.

이분법 해결하기

이번 실전 역시 아이세 비르셀에게서 영감을 얻었다(지우는 과정이 한 번 더 남아 있으니 아직 펜을 놓지 마라). 2015년 아이세가 세미나를 처음 열었을 당시, 첫 뉴욕 나들이에 내 친구 몇 명을 데리고 오라고 부탁했다. 신청자가 여섯 명뿐이니 자리를 채워달라는 뜻이었다. 나는 70명을 데리고 갔다. 아이세가 많은 사람들 때문에 긴장하거나 겁먹었을지 염려가 되었다. 그런 모습이 겉으로 드러나지는 않지만, 수십 명의 낯선 사람 앞에서 한 시간 이상 이야기하는 것은 여섯 명의 청중이 있을 때보다 자신의 에너지를 조금 더 투영해야 한다. 여섯 명이 모이면 저녁 식사지만, 70여 명에 이르는 사람은 청중이 된다. 그래서 나는 그녀의 기운을 북돋아주기로 결심했다.

언젠가 아이세는 나에게 이렇게 말한 적이 있다.

"내가 섬에 갇혀서 창의적 도구를 단 하나만 가질 수 있다면 그건 이분법 해결책일 거예요."

그녀가 제품 디자인에서 가장 좋아하는 부분은 고객이 그녀에게 결정권을 넘긴 양자택일의 문제를 푸는 것이었다. 예를 들어, 디자인이 클래식이냐 모던이냐, 또는 소형이냐 실용성이냐, 독립형 제품이냐 제품군에서 확장이 가능하냐 등의 문제가 있다. 가장 이상적인 것은 클래식 디자인에 현대 소재를 사용하는 것처럼 두 가지를 결합하는 것이다. 포드 F-150 픽업트럭에 전통적인 강철 소재가 아닌 알루미늄 몸체를 입힐 수 있다. 하지만 일상에서의 이분법은 억지로 통합하기보다는 결정을 내려야 한다. 낙관론인가, 비관론인가? 타인과 어울리는 사람인가, 혼자 지내는 사람인가? 활동적인가, 수동적인가? 우리는 둘 중 하나를 골라야 한다. 둘 다 가질 수는 없다.

나는 아이세가 이분법을 좋아한다는 사실을 떠올리고는 세미나 시작 전에 그녀를 한쪽으로 데리고 갔다.

"당신이 그동안 외향형이냐 내향형이냐의 이분법 문제를 해결한 적이 있는지는 모르겠지만, 오늘만큼은 내향형을 선택하는 날이 아니에요. 같이 불러봐요."

그리고 나는 〈쇼처럼 즐거운 인생은 없다(There's No Business Like Show Business)〉를 부르기 시작했다. 놀랍게도 그녀는 노래 가사를 알고 있었고 나와 함께 불렀다. 그리고 그녀의 웃음이 잦아든 뒤 나는 말했다.

"지금 이 기분을 기억해요. 청중들은 다른 일 때문에 여기에 있는 게 아니에요. 이제부터 쇼 타임이에요."

절반의 사람은 이 세상을 흑과 백으로 본다. 그리고 나머지는 회색으로 본다. 아이세와 같이 나는 전자 그룹에 속해 있다(바로 앞 문장이 그 증거다). 당신이 나와 같다면 세상을 끝없는 이분법의 연속이라고 바라본다고 해서 자동으로 의사 결정이 단순해지지 않는다는 사실을 잘 알고 있을 것이다. 수많은 선택지를 두 가지로 좁혔을 뿐이다. 여전히 한 가지 선택이 남아 있다. 이것은 특히 열망의 첫 단계에서 중요하다. 성격을 완전히 바꿔버리고 싶지 않은 한, 열망이 당신의 핵심 취향이나 가치 및 유별난 점 등과 충돌해서는 안 된다. 살면서 자주 나타나는 이분법 문제는 확인해볼 필요가 있다. 특히, 시간을 맞추지 못하고 일을 미루는 버릇처럼 실패가 반복되는 원인이 된다면 더욱 중요하다. 어떤 것을 선택할 것인지 결정하고 문제를 해결해야 한다.

실전에 적용하기

1단계: 당신이 생각하는 흥미로운 이분법 문제를 최대한 많이 적어라. (쉽게 시작하도록 40가지 예시를 제공했으니, 자유롭게 추가하도록 하라.)

2단계: 펜을 이용해서 당신에게 적용되지 않는 이분법은 전부 지운다.

3단계: 남아 있는 이분법 중에서 당신을 반영하는 선택지가 무엇인지 살펴본다. 당신은 남을 이끄는 사람인가, 님을 따라가는 사람인가? 무리 중심에 있는 사람인가, 주변에 머무르는 사람인가? 잘 집중하는 편인가, 산만한 편인가? 도움이 된다면 동료나 친구에게 의견을 구해도 좋다. 자, 이제 당신에게 해당하지 않는 쪽을 지운다. 마치 CIA 요원의 회고록을 정부가 검열한 것처럼, 당신 손에는 까맣게 지워진 단어들이 남아 있어야 한다.

1단계 목록을 작성한다		2단계 중요하지 않은 항목은 지운다		3단계 남아 있는 항목 중에서 하나를 선택한다	
물이 반만 남아 있다	물이 반이나 차 있다	물이 반만 남아 있다	물이 반이나 차 있다	물이 반만 남아 있다	물이 반이나 차 있다
놓아준다	매달린다	놓아준다	매달린다	놓아준다	매달린다
재능	노력	재능	노력		
비판하는	수긍하는	비판하는	수긍하는	비판하는	수긍하는
유명	익명	유명	익명	유명	익명
인내심	조바심	인내심	조바심		
보수주의	진보주의	보수주의	진보주의		
실내	야외	실내	야외		
도시	시골	도시	시골		
진지함	유쾌함	진지함	유쾌함	진지함	유쾌함
이끄는 사람	따르는 사람	이끄는 사람	따르는 사람	이끄는 사람	따르는 사람
주는 사람	받는 사람	주는 사람	받는 사람	주는 사람	받는 사람
집단에 잘 어울리는	집단에서 동떨어져 있는	집단에 잘 어울리는	집단에서 동떨어져 있는		
추론	느낌	추론	느낌		

숨 쉴 때마다 새로운 내가 된다면

잘 믿는	의심 많은	잘 믿는	의심 많은	잘 믿는	의심 많은
생각이 많다	충동적이다	생각이 많다	충동적이다		
위험 회피	위험 감수	위험 회피	위험 감수	위험 회피	위험 감수
돈이 중요하다	돈은 중요하지 않다	돈이 중요하다	돈은 중요하지 않다		
시간이 부족하다	돈이 부족하다	시간이 부족하다	돈이 부족하다	시간이 부족하다	돈이 부족하다
균형	불균형	균형	불균형	균형	불균형
조용하다	시끄럽다	조용하다	시끄럽다		
사랑받고 싶다	사랑받을 필요는 없다	사랑받고 싶다	사랑받을 필요는 없다	사랑받고 싶다	사랑받을 필요는 없다
단기	장기	단기	장기	단기	장기
상대의 문화를 받아들인다	거부한다	상대의 문화를 받아들인다	거부한다		
결단력 있는	우유부단한	결단력 있는	우유부단한	결단력 있는	우유부단한
이목을 끄는 사람	존재감 없는 사람	이목을 끄는 사람	존재감 없는 사람	이목을 끄는 사람	존재감 없는 사람
반어적 표현	진실된 표현	반어적 표현	진실된 표현		
사전 조치	사후 대응	사전 조치	사후 대응	사전 조치	사후 대응
현상 유지	발전	현상 유지	발전	현상 유지	발전
깊다	얕다	깊다	얕다	깊다	얕다
직장인	자영업자	직장인	자영업자	직장인	자영업자
기혼	미혼	기혼	미혼	기혼	미혼
출장	재택근무	출장	재택근무	출장	재택근무
내적 인정	외적 인정	내적 인정	외적 인정	내적 인정	외적 인정
이건 불공평해	별로 걱정 없어	이건 불공평해	별로 걱정 없어	이건 불공평해	별로 걱정 없어
미루기	제때에 하기	미루기	제때에 하기		
맞서기	회피하기	맞서기	회피하기	맞서기	회피하기
실용주의자	몽상가	실용주의자	몽상가		
현재에 집중한다	주의가 산만하다	현재에 집중한다	주의가 산만하다		
만족 지연	즉각적인 보상	만족 지연	즉각적인 보상	만족 지연	즉각적인 보상

모든 단계를 마친 후 지워지지 않고 남은 단어들은 당신의 특성을 분명히 보여준다. 결과지에 이의를 제기할 수는 없다. 당신이 선택한 것이다. 이러한 특성은 당신이 열망하는 것뿐만 아니라 당신이 열망하는 것을 얻을 수 있을지 없을지에 영향을 끼친다. 보너스 단계가 있다. (그럴 용기만 있다면) 당신을 가장 잘 아는 사람들에게 결과지를 보여주자. 아주 귀중한 피드백을 들을 수 있을 것이다.

6장

기회 또는 위험: 무엇을 더 중시할 것인가?

이 책 맨 처음에 소개한 엄청난 실수를 저지르고 평생 후회하며 산 젊은 택시 운전사 리처드를 기억하는가? 리처드가 내게 공항에서 태운 아름다운 여성 손님과 약속한 첫 번째 데이트에 가지 못했던 안타까운 이야기를 들려주었을 때, 나는 그의 선택을 납득할 수 없었다. 하지만 몇 년 동안 생각해보고 리처드와 대화를 나눈 결과, 왜 그가 그녀의 집에서 세 블록 떨어진 곳에서 얼어붙어서 발길을 돌리고 다시는 그녀를 보지 못하게 됐는지 이해할 수 있었다. 리처드의 실수는 갑작스러운 울렁증이나 비겁함 때문이 아니었다. 비록 안 좋은 결과를 불러왔지만, 이것이 잘못된 선택의 원인은 아니었다. 그의 실수는 첫 번째 데이트가 그에게 제시한 기회와 위험을 적절하게 따져보지 못한 것이었다. 그는 위험을 과대평가하고, 기회를 과소평가했다. 그래서 기회를 놓치고 말았다.

이 불행한 오판은 리처드에게만 일어나는 일이 아니다. 우리는 언제나 잘못된 판단을 한다.

리처드의 실수를 짚어보기 전에, 먼저 기회와 위험의 관계에 대해 조금 더 깊이 파헤쳐보고 왜 우리는 둘 사이에서 균형을 이루지 못해 종종 잘못된 선택을 하게 되는지 살펴보자.

기회와 위험은 모든 '투자' 과정에서 반드시 고려해야 할 중요한 두 가지 변수다. 여기에서 투자하는 대상은 물질 자원일 수도 있고, 시간이나 에너지 또는 헌신이 될 수도 있다. 기회란 당신의 선택에서 파생되는 **이익**의 규모와 확률을 의미한다. 위험은 당신의 선택으로 초래할 **손실**의 규모와 확률을 말한다.

당신의 선택이 기회 – 위험의 결정●에서 한쪽으로 지나치게 치우친다면(정확하지는 않아도 그 균형을 측정할 수 있다면), 밤새 잠 못 들게 될 결정을 내리기 쉽다. 만약 어떠한 선택이 손실은 거의 없이 큰 이익만 볼 수 있다는 확신이 든다면 우리는 그렇게 할 것이다. 또한 어떠한 선택으로 아무것도 얻지 못하고 거대한 손실만 남는

● 이런 유형의 결정은 '위험–보상 결정'이라고 부르는 경우가 더 많다. 하지만 이 용어는 위험과 보상이라는 부적절한 개념을 결합했기 때문에 오해의 소지가 있다. 한쪽을 택하면 다른 것을 얻는다. 이는 위험을 택하면 보상이 불가피하다고 가정하고 있다. 하지만 말도 안 되는 소리다. 보상이 불가피하다면 위험은 어디에 있겠는가? 그래서 나는 무엇이 주어지는지 더 정확하게 표현할 수 있는 '기회'라는 말을 선호한다. 위험을 택할 때의 이익은 보상 그 자체가 아니라 보상을 얻을 수 있는 기회. 단지 보상을 예측할 수 없다는 이유만으로 위험이 어리석은 선택은 아니다. 우리의 통제를 벗어난 다른 요인들은 결과에 부정적인 영향을 끼칠 수 있다. 위험을 감수한다면 우리가 할 수 있는 것은 기회를 붙잡는 선택뿐이다. 훗날 보상은 주어질 수도, 아닐 수도 있다.

다면 우리는 그 선택을 회피할 것이다.

가끔 우리는 위험을 걱정한다. 그래서 위험과 매력적인 기회 사이에서 균형을 잡을 수 있는 정보를 찾는다. 예를 들어, 당신이 보스턴에 있는 집과 시차가 너무 크지 않고 따뜻하고 햇볕이 잘 드는 지역으로 휴가를 떠나고 싶다고 해보자. 그리고 이 조건이 꼭 들어맞는 카리브해의 한 섬을 선택했다. 가장 큰 위험은 휴가를 떠날 시기였다. 날씨가 불안할 때는 가고 싶지 않았다. 그래서 당신이 고른 섬의 날씨 변화를 검색해본 뒤, 6월부터 8월까지는 너무 덥고, 9월은 허리케인이 불고, 10월과 11월은 비가 많이 오고, 12월과 1월은 해가 떠 있는 시간이 가장 짧다는 것을 알았다. 3월과 4월이 뉴잉글랜드의 혹한에서 벗어나 휴식을 취하기 완벽한 시기라고 결론지었다. 따사로운 햇볕과 긴 일광 시간을 즐길 수 있었고 비 올 확률도 가장 낮았다. 이렇게 위험과 기회의 균형을 잡고 좋은 휴가를 보낼 확률을 높이는 선택을 하는 방법이다. 확신할 수는 없지만 마음이 편안해지기에는 충분했다. 고마워, 구글.

가끔은 기회가 위험보다 더 강력할 때가 있다. 그때의 유일한 위험은 당신의 인생에 걸어 들어온 유니콘(진실이기에는 너무 좋은 기회)을 받아들이지 못하는 것뿐이다. 재고 처분 세일에서 소형 부품 하나에 1달러 가격으로 100개를 살 기회가 주어졌다고 가정해보자. 부품시장을 눈여겨보고 있던 당신만이 부품 100개를 절실히 원하는 사람이 있으며, 그가 부품 하나에 10달러를 지불할 것이라는 사실을 알고 있다. 당신과 다르게 이 고객은 1달러에 부품을 살 수 있다는 사실을 모른다. 이 경우에 고객의 무지가 당신의 강점이다. 당신이 100달러를 주고 부품을 산 뒤 1,000달러를 받고 판다면 주머니에 900퍼센트의 투자 수익이 남게 된다. 부품을 사고 처분하는 짧은 사이에 부품시장이 무너지는 것 같은 가능성이 매우 낮은 사건만 일어나지 않는다면, 이 예시는 최대 기회와 최소 위험의 결정에 가장 가까운 경우다.

채권시장과 상품거래소에서는 하루에도 수천 번씩 이와 같은 일이 일어난다. 어떤 사람들은 돼지의 삼겹살 부위가 과소평가돼 있다고 생각해서 저렴한 가격에 산 뒤 고기가 급하게 필요한 사람(또는 당신이 삼겹살의 가격을 낮게 책정했다고 믿는 사람)에게 이윤을 남겨서 판다. 이러한 매우 복잡한 계산에는 수백만 달러가 동원된다. 그리고 정교한 소프트웨어와 초고속 슈퍼컴퓨터의 도움으로 이익을 남긴다.

돈이 거래되고 재정 위험을 초래하는 이러한 선택에는 기회와 위험 사이의 균형을 계산하기 위해 과거 데이터를 신속하게 제공하는 강력한 기술 형태의 시스템과 기반 시설이 존재한다. 이를 통해 방어할 수 있는 능력을 키우고 또 멍청한 선택을 할 확률을 줄일 수 있다. 많은 사업 결정은 이러한 데이터 기반의 이점을 가지고 이루어진다. 감정이나 직관에 지나치게 의존하는 것보다는 낫다.

하지만 일상생활에서는 그렇지 않다. 누구와 결혼하고, 어디에 살고, 직업을 바꾸기 적당한 시기는 언제인지를 선택할 때 기회와 위험의 균형을 유지할 수 있는 유용한 지표는 거의 없다. 이러한 일생일대의 선택은 매우 중대하고 후회할 가능성이 크며, 현명한 선택을 했는지 확신할 수 있는 도구가 많지 않다. 그래서 성급하고 충동적인 결정을 내린다. 성공하거나 실수한 과거의 기억에 의존하거나 다른 사람의 의견에 영향을 받기도 한다. 최악의 상황에는 다른 사람이 대신 선택하게 내버려둔다.

만약 위험한 선택을 하는 감정과 비이성을 줄여주고 더 나은 선택을 할 수 있도록 도와주는 방법이나 개념적 구조가 있다면 어떨까? "답을 모르는 질문은 절대 하지 말라"라는 법조계의 명언을 존중하기에, 나는 이 질문의 답을 알고 있다.

5장에서 소개한 독립적인 변수 'A 삼총사', 즉 행동, 야망, 열망 안에 그 답이 있다. 내가 각 변수를 구별하는 특징은 기간이다. 각 변수가 향하는 지점은 현재에서 얼마나 멀리 떨어져 있는가? 몇 분, 몇 년, 또는 평생이 걸리는가?

열망은 인생의 높은 목표에 도달하기 위해 우리가 하는 모든 것을 일컫는다. 그 기간은 무한하다. 우리의 열망에는 결승 지점이 없다.

야망은 일정한 목표를 달성하는 데 중점을 두는 것을 말한다. 시간이 제한된 차원 안에서 가동하며, 그 기간은 목표를 달성하는 데 걸리는 시간에 따라 결정된다. 야망은 목적의 난이도에 따라 결승선까지 달려갈 수도 있고 기어갈 수도 있다. 며칠이나 몇 달, 또는 몇 년 안에 야망을 해결할 수 있으며, 그다음 새로운 목적을 향해 움직인다.

행동은 특정 시점에서의 활동을 의미한다. 행동은 즉시 이루어지며, 영원히 현재에 머문다. 우리의 즉각적인 욕구가 아닌 다른 목적에는 도움이 되지 않는다. 배고픈 채로 잠에서 깨면 아침 식사를 한다. 전화벨이 울리면 전화를 받는다. 빨간불에서 초록불로 바뀌면 가속페달을 밟는다. 행동에 따라 하는 일은 대체로 반응적이고, 특별한 관심을 받지 않으며, 심지어 우리의 통제하에 있지도 않다. 종종 행동은 꼭두각시 줄에 연결돼 있으며, 그 줄을 반드시 우리가 당기는 것도 아니다.

이 세 가지 시간의 규모를 구분하고 서로 어떻게 도움이 되는지(또는 도움이 되지 않는지) 인지하는 것은 마땅한 삶에 가까워지는 데 중요한 영향을 끼친다고 나는 믿는다. 앞서 언급했듯이, 내가 만난 수많은 CEO들은 거의 매번 야망에 머무르고 싶은 유혹에 맞닥뜨린다. 이들은 항상 표적을 겨냥하며, 행동을 이용해(또는 매수해) 야망을 채운다. 인생의 더 높은 목적을 찾는 열망에는 거의 신경 쓰지 않는다. 적어도 CEO의 삶이 끝나갈 즈음 "무엇을 위해 달려왔지?"라고 의문을 품기 전까지는 말이다. 이런 모습은 고상하고 이상적인 나의 동료나 친구들과는 정반대다. 오히려 이들은

숨 쉴 때마다 새로운 내가 된다면

야망을 희생하며 열망에 지나치게 열중한다. 꿈은 크지만 실행하는 것은 별로 없다.

세 가지 변수가 정렬을 이룰 때, 그래서 행동과 야망과 열망이 동시에 일어날 때 더 만족한 삶을 살 수 있다는 사실을 깨달아야 한다.

여기에 하나 더 추가하고 싶은 내용이 있다. 행동, 야망, 열망을 정렬하는 역학은 위험 결정에도 적용할 수 있다. 'A 삼총사'는 더 좋은 선택을 내릴 수 있게 도와주는 개념 구조를 제시한다. 심각한 위험을 받아들이거나 거부하는 선택에 맞닥뜨렸을 때 잠시 멈추고 이 위험한 선택이 무엇에 기여하는지 스스로 질문해야 한다. 이 선택은 장기적인 열망인가, 또는 단기적인 야망인가? 아니면 즉각적인 욕구를 충족함으로써 얻는 단기 자극에만 기여하는 행동 범주에 속해 있는가? 이 질문의 답을 안다면, 위험을 감수하는 것이 가치 있는 일인지 아닌지를 알 수 있게 된다. 그리하여 주어진 기회를 통해 완전한 보상을 실현할 수 있는 현명한 도전을 할 수 있다.

예시를 하나 살펴보자. 나는 27세에 로스앤젤레스에 살았는데, 맨해튼 해변으로 가서 잠수복을 입고 부기 보드(누워서 타는 서프보드 - 옮긴이) 타는 걸 매우 좋아했다. 큰 보드에서 일어서서 탈 만큼 능숙한 서퍼는 아니었고, 부기 보드에 엎드려서 타는 초보였다. 하지만 뜨거운 태양과 밀려오는 파도, 그리고 작은 파도를 탈 때조차도 느껴지는 약간의 두려운 떨림까지 전부 짜릿하고 중독적이었다.

그러던 어느 날 나는 행크와 해리라는 친구 둘과 함께 파도를 타고 있을 때 유난히 용감해진 기분이 들었다. 물에서는 두 가지 선택이 있다. 작은 파도를 탈 것이냐, 큰 파도를 탈 것이냐. 작은 파도를 고르면 더 많이 탈 수 있지만, 베테랑 서퍼들이 해안가에서 멀리 떨어진 곳에서 기다리는 큰 파도와 비교하면 재미가 적었다. 그날은 시간이 흐를수록 파도가 점점 더 커졌다. 작은 파도를 성공적으로 탈 때마다 행크와 해리, 그리고 나는 서로 큰 파도를 타보라고 부추겼다.

친구들에게 자극을 받은 나는 자신감과 아드레날린이 솟아오르는 걸 느꼈다. 그리고 잘 타는 서퍼들이 큰 파도를 기다리고 있는 곳까지 소심하게 조금씩 나아갔다. 수평선에서 큰 파도가 다가오는 것을 보았다. 노를 저어 거의 3미터 높이에 달하는 파도까지 다가갔는데, 부기 보드에 엎드린 자세에서 보니 나를 집어삼키려고 달려드는 거대한 산처럼 느껴졌다. 당연히 나는 타이밍을 놓쳤고 파도에 휩쓸려 엄청난 힘에 의해 얕은 밑바닥으로 곤두박질치고 말았다. 그리고 경추 5번과 6번 두 군데가 부러졌다.

이 일로 한동안 나는 다시 걸을 수 있으리라는 확신을 갖지 못했다. 아홉 달 동안 왼팔을 쓰지 못했다. 결국에는 회복했지만, 그해 여름 비슷한 부상을 입은 불운한 서퍼 세 명은 다시는 걷지 못

숨 쉴 때마다 새로운 내가 된다면

하는 비운을 맞았다.

병원 침대에 누워서 보낸 2주 동안, 나의 선택에 대한 후회와 함께 그래도 마비되거나 죽지는 않았다는 감사함이 뒤섞인 감정을 충분히 곱씹을 수 있었다. 만약 내가 그때 행동 - 야망 - 열망의 삼총사를 알고 있었다면, 나는 더 현명한 선택을 했을 수도 있다(물론 그러지 않았을 수도 있다). 하지만 적어도 완벽하게 고민한 선택이기에 결과가 어떻든 마음은 편했을 것이다. 또한 내 인생의 열망이 서핑과는 전혀 상관이 없다는 사실도 알았을 것이다. 나는 절대 훌륭한 서퍼가 될 수 없었다. 내가 어떤 사람이 되고 싶은지의 관점에서 중요한 부분이 아니었다. 서핑을 향한 나의 야망은 부상 위험 없이 즐길 정도로 실력을 쌓는 데에만 제한돼 있다는 사실도 알았을 것이다. 게다가 나의 실제 선택은 행동에 이끌린 것이었으며, 지금 나의 모습이나 앞으로 되고 싶은 모습과 일치하지 않는 즉각적인 흥분을 위한 것이었다는 사실도 알았을 것이다. 하지만 내가 그때 위험 결정 도구로서 'A 삼총사'를 알았다면 확신할 수는 없어도 다르게 선택했으리라고 생각하고 싶다. (이 도구를 사용하는 것은 비이성적으로 행동할 확률을 줄여줄 뿐이지 완전히 해결할 수 있는 것은 아니다.) 오늘의 나는 그렇게 할 것이라는 것을 알고 있다.

위험과 기회를 잘못 계산하는 것이 내가 목이 부러진 것처럼 극적이거나 중대한 사건일 필요는 없다. 그런 실수는 규모가 작고 눈에 잘 띄지 않고 즉각적인 단기 이익만을 제공할 수 있다. 카지노에서 슬롯머신을 하는 사람들을 떠올려보자. 일명 "도박계의 코카인"이라고 불리는 슬롯머신은 카지노 수입의 75퍼센트를 차지한다. 대학원에서 중독에 대해 배울 때, 슬롯머신 중독은 내가 가장 이해하기 어려운 문제였다. 그 후로도 몇 년 동안이나 의아함을 가지고 있었다. 사람들은 도대체 왜 카지노에 압도적으로 유리한 게임에 돈을 걸까? 이미 모든 사람이 그 사실을 알고 있는데도 말이다! 기계 종류별로 다를 수는 있어도 어쨌든 모든 슬롯머신에는 승률이 정해져 있다. 그리고 카지노에서 큰돈을 벌 수 있는 최악의 방법 두 번째나 세 번째에는 항상 슬롯머신이 있다.

수리경제학 학사 학위가 있는 만큼 나는 확률론 학자들이 슬롯머신 게임을 돈벌이 수단으로 생각하는 어리석음을 설명하는 데 사용한 방정식을 이해할 수 있었다. 합리적인 인간이었던 학자들은 슬롯머신을 투자 수익이 나쁜 돈놀이로 취급했다. 나도 같은 생각이었다. 더 합리적이고 미래지향적으로 생각한 나는 도박꾼들의 보상 기간이 나와 같을 것이라고 가정하는 실수를 했던 것이다.

열망의 관점에서 나는 화면 속 번쩍거리는 불빛을 보는 데만 끝없는 시간을 투자하면서 삶의 의미를 찾는 사람은 상상할 수 없었다. 야망의 관점에서 세계적인 슬롯머신 선수가 되겠다는 목표를 설정한 사람도 상상할 수 없었다. 결국 열망과 야망은 슬롯머신 게임을 하는 것과 아무런 관련이 없다는 결론에 이르렀다. 몇 시간 동안 슬롯머신 앞에 동상처럼 서 있는 사람들은 장기 이익이 목적이 아니었다. 그들의 흥미를 끌기에는 너무 막연한 미래였다. 그들의 보상 기간은 오로지 행동의 차원에만 머물러 있었고, 레버를 당기고 또다시 당기는 데만 집중했으며, 지루해지거나 돈이 다 떨어지고 나서야 멈추었다(평균적으로 100달러로 게임을 시작하면 적어도 40분 안에 모두 탕진한다고 한다).

그리고 나는 많은 카지노 고객들이 왜 슬롯머신 중독자가 되어 행동의 차원에 갇히는지, 그리고 우리 모두 인생을 살아가면서 똑같은 함정에 어떻게 빠지는지 이해하게 됐다. 이는 보상 기간의 문제였다. 열망은 현재 행동에 따른 끝없는 궁극적인 이익에 초점이 맞춰져 있다. 야망은 현재 행동에 따른 정해진 미래 시점의 이익에 초점이 맞춰져 있다. 그리고 행동은 현재 행동에 따른 즉각적인 이익에 중점을 둔다. 슬롯머신을 하는 사람들은 모두 행동과 그에 따른 즉각적인 이익에만 집중했다.

내 관점에서 볼 때 그들은 돈을 '땄는지' 결과가 나오기까지 아주 잠깐의 스릴을 느끼기 위해 돈을 낭비하고 있었다. 하지만 이들의 짧은 보상 기간을 고려하면 어느 정도 말은 된다. 한 번 레버를 당기는 데 1달러라는 적은 비용을 내면, 큰 보상을 받을 확률은 낮았지만 잠깐의 자극을 경험할 확률은 높았다. 슬롯머신 도박꾼들은 나는 미처 알지 못했던, 다음 레버를 당기는 즉시 거의 모든 이익이 주어지는 게임을 하고 있었던 것이다. 그리고 그들은 위험을 기꺼이 받아들였다. 아주 잠깐의 스릴과 '재미'를 느끼는 보상은 현금 손실을 상쇄했다. 투자의 관점에서 보면 그들이 할 수 있는 가장 현명한 투자였을 것이다.

그렇지만 나는 그런 도박은 하지 않는다. 슬롯머신 도박이 내 삶의 야망이나 열망과 일치하는 부분은 아무것도 없다. 오로지 위험만 있을 뿐 기회는 전혀 없는 선택이다.

위험을 감수하는 선택을 할 때는 가장 깊게 고민하고 결정해야 한다. 많은 것이 달려 있고 그 결과가 인생을 바꿀 수 있기 때문이다. 서핑 사고 때 나는 그러지 못했지만, 최선 또는 최악의 위험 결정을 검토하는 데 'A 삼총사'를 이용하는 것은 아주 간단한 쇼핑 목록을 확인하는 것처럼 쉽다. 행크, 해리와 함께 바다 위에 떠 있던 화창한 그날, 나에게 'A 삼총사'가 있었다면, 어떻게 활용할 수 있었을까?

- 내가 감수하려는 위험은 즉각적인 욕구를 충족하는 행동을 나 타내는가? **그렇다.**
- 만약 그렇다면, 그 행동은 야망과 일치하는가? **아니다.**
- 그 위험은 나의 열망과 일치하는가? **아니다.**

숨 쉴 때마다 새로운 내가 된다면

'아니다'가 '그렇다'보다 많다면, 지금 선택하려고 하는 위험을 다시 생각해봐야 한다. (내 경우에는 큰 파도를 타겠다는 즉각적인 욕구는 행크와 해리에게 용감한 모습을 보여주는 것이라는 결론에 도달했을 것이다. 조금만 더 나중을 고려했다면 틀림없이 가장 설득력 있는 이유는 아니었을 것이다.) 적어도 우리가 위험을 감수하기 위해 얼마나 자주 원초적인 감정과 무분별한 충동에 의존하는지를 깨닫고 깜짝 놀랄 것이다.

간단한 'A 삼총사' 체크리스트를 통해 얻는 더 큰 교훈은 지나고 나면 분명해진다. 열망과 야망을 버리고 행동에만 지나치게 집중할 때 우리는 기회 – 위험 결정에서 매우 불리한 선택을 내리곤 한다. 이 전형적인 갈등 상황에서 단기 이익에 대한 우리의 기대는 장기 행복과 줄다리기를 하고 있고, 단기 이익이 이기고 있다! 이는 곧 어리석은 위험을 초래하게 된다. (이 갈등은 당신에게 많은 희생도 치르게 할 것이다.)

위험을 평가할 때 할 수 있는 또 다른 실수는 같은 동전의 뒷면에 있다. 단기 희생(또는 위험)에 대한 두려움 때문에 장기 이익을 얻을 기회를 잡지 못할 때 발생한다.

리처드는 바로 이 지점에서 실수를 했다. 리처드가 처음 그의 이야기를 들려준 이후(젊은 여성의 이름은 캐시였다) 우리는 이 문제에 관해 이야기를 나누었고, 안타까운 선택을 낳았던 그 순간의 원초적인 감정은 두려움이 뒤섞인 독한 칵테일이었다는 점에 동의했다. 그의 감정은 자신이 부족하다는 평가를 받는 데 대한 두려움에서 시작된 것이었다.

- 멍청해 보일까 봐 두려웠다(그는 택시를 운전했고, 여자는 이이비리 그를 다녔다).
- 자신의 부족함을 들킬까 봐 두려웠다(여자는 부유한 동네의 넓은 집에 살았고, 그와는 수준이 달랐다).
- 거절당할까 봐 두려웠다(여자의 부모님이 그를 탐탁지 않아 할 것 같았다).
- 실패할까 봐 두려웠다(첫 번째 데이트가 마지막이 될 것 같았다).

리처드는 캐시와의 데이트에 따르는 위험을 극단적으로 과대평가했고, 두려움에 눈이 멀어 눈앞의 기회를 지나치게 과소평가했다. 만약 그가 순간의 두려움을 지나치고 미래에 집중했다면, 다시 말해 평생의 사랑을 찾고 싶은 열망은 물론이고, 택시 안에서 시작된 캐시와의 관계를 이어나가고 싶은 합당한 야망을 떠올렸다면, 50년이 지난 지금까지도 후회하고 있지는 않았을 것이다.

캐시의 집에서 세 블록 떨어진 곳에서 발을 돌려 그곳을 떠나가기 전에 그는 자기 행동을 야망과 열망에 비교한 뒤 장기적으로 최대 이익이 무엇인지 곰곰이 생각할 수 있었다.

"가장 최악의 결과는 어떤 게 있을까?" 그는 이렇게 물었을 것이다. "그녀의 부모님이 나를 안 좋아하실지 몰라. 아니면 내가 바보 같은 말을 할 수도 있지. 첫 번째 데이트가 너무 별로여서 다시는 만나지 않을 수도 있고. **그런 게 인생이지, 뭐.**"

그리고 남은 인생을 잘 살아갔을 것이다. 분명 계속 남아 있는 후회의 감정은 지금보다 줄어들었을 것이다.

어떤 기회를 잡으려고 할 때 두려움을 느끼기 시작했다면 그 이유가 무엇인지 자기 자신에게 물어보자. 정확히 무엇을 두려워하는가? 만약 거절을 당하거나 멍청해 보이는 것과 같은 잠깐의 좌절에 대한 두려움이라면, 보상 기간을 바꾸어라. 몇 년 뒤에 이 순간을 돌아본다고 생각해보자. 거절당한 순간이 평생의 흉터로 남을 것인가, 아니면 금방 치료될 상처로 인한 잠깐의 불편함에 불과한가? 그런 다음 같은 관점에서 기회도 생각해보자. 이 기회를 잡는다면 최고의 시나리오는 무엇인가? 그 결과 당신의 삶은 어떤 모습인가? 그리고 그러한 결과에 어떠한 기분이 드는가?

'A 삼총사' 체크리스트는 위험을 정확하게 파악할 기회를 제공하는 간단한 도구다. 하지만 도구의 간단함 때문에 겉보기에 사소해 보이는 결정을 내릴 때의 중요성을 간과해서는 안 된다. 어쨌든 야망과 열망에 영향을 끼치는 결정을 내린다면, 그건 가장 중요한 문제를 처리하고 있다는 것이다. 사실 사람들은 인생의 중요한 선택과 중요하지 않은 선택을 잘 가려내지 못한다. 결정의 순간이 닥쳤을 때 결국 무의미하게 끝나는 선택은 극도로 과대평가하고, 인생을 바꿀 정도로 중요한 선택은 지나치게 과소평가한다.

나는 무심결에 큰 파도를 타고 싶어서 먼바다로 나갔고, 그 선택은 내 인생을 파괴할 뻔했다. 리처드는 21세에 데이트 장소에 나가지 않기로 마음먹고는 거의 50년이 흐른 후에도 여전히 자신의 어리석음에 괴로워하고 있다. 이 선택이 행복을 가져다줄지 예측하지 못하는 것처럼, 사소하다고 생각한 문제가 어떤 영향력을 불러올지도 예측하지 못한다. 야망과 열망이 한데 모인다면 사소한 결정 같은 것은 없다. 이 체크리스트를 이용한다고 해서 완벽한 결정을 내릴 수 있는 것은 아니지만, 사소해 보였던 선택이 실제로는 매우 중대한 문제였다는 사실이 드러났을 때 깜짝 놀라는 일은 없을 것이다.

7장

한 분야의 천재성 찾기

5장의 이분법 문제 목록에서 한 가지 빠진 항목을 눈치챘는가? 내가 의도적으로 생략한 항목이었다. 이 문제는 성인기에 맞닥뜨리는 끊임없는 선택에 관한 것이다. **다방면에 재능이 있는 제너럴리스트가 좋을까, 한 분야에 전문성을 가진 스페셜리스트가 좋을까?**

이 질문에 정확한 답은 없다. 어떤 길을 가도 마땅한 삶을 살 수 있다. 제너럴리스트와 스페셜리스트 중 어디에 정착하느냐는 시간이 흐르면서 경험에 따라 결정되는 개인적인 선호의 문제일 뿐이다. 하지만 언젠가는 이 이분법을 해결하고 어느 쪽에 전념할지 결정을 내려야 한다. 다방면을 두루 잘하지도 않고 한 분야에서 특출하지도 않은, 이도 저도 아닌 상황은 바람직하지 않다.

당신의 선택에 대해 왈가왈부하지는 않겠지만, 그렇다고 해서 내가 편견 없는 관찰자라는 것은 아니다. 솔직히 나는 스페셜리스트를 더 선호하며, 이 방향으로 문제를 풀어가겠다는 사실을 미리 밝혀둔다. 왜냐면 그것이 내가 걸어온 길이고, 이제 와서 다른 대안은 보이지 않기 때문이다. 한 번 더 말하지만 나는 이 문제에 있어서 편파적이다. 그리고 미안한 마음도 없다. 나는 분명히 경고했다.

내 직업의 큰 줄기만 보면 내가 이렇게 되리라 예측하지 못했을 것이다. 처음부터 의도하고 스페셜리스트가 된 것은 아니다. 어쨌든 나는 행동과학 박사 학위가 있다. 모든 인간의 행동보다 더 일반화된 것이 어디 있겠는가? 하지만 대학원 졸업 이후 내가 한 모든 일은 나의 직업적 관심사라는 빵 한 덩어리를 점점 더 얇은 조각으로 잘라 전문 분야를 찾아나가는 훈련이었다.

일단 나의 관심사는 인간 행동이라는 넓은 분야가 아니었다. 그보다는 훨씬 좁은 범위에 집중하는 조직 행동, 즉 사람들이 일터에서 보내는 시간 동안 어떻게 행동하는지에 있었다(그 밖의 시간은 다른 사람의 관심사다). 그리고 나는 성과가 없어서 낙담하거나 노력하지 않거나 불안정한 사람들과 일하고 싶지 않다는 것을 알게 됐다. 성공한 사람들과 일하고 싶었다. 그것도 그냥 성공한 사람이 아니라 굉장히 성공한 사람들, CEO나 최고 리더이길 바랐다.

또한 전문 분야를 계속 좁혀나가면서 나의 예비 고객들에게 만약 전통적인 경영 문제, 이를테면 전략, 판매, 운영, 물류, 보상, 주주 등에 관한 도움을 찾고 있다면 잘못 찾아왔다고 설명하기에 이르렀다. 나는 고객들의 대인 관계 행동에만 주목한다. 만약 그들이 직장의 동료들 사이에서 역효과가 나는 행동을 한다면, 나는 그들이 좋은 방향으로 변하도록 도울 수 있다.

이런 과정은 하룻밤에 일어나지 않았다. 몇 년 동안 도전하고 실수하고, 고객의 피드백을 받아들이며, 약점은 제거하고 효과 있는 부분은 그대로 유지했다. 그렇게 40대 후반이 되자 전문 분야를 충분히 좁힐 수 있었다. 나는 직장의 대인 관계 분야에서 스페셜리스트였으며, 의도적으로 잠재적 고객의 범위를 CEO나 비슷한 직급의 사람으로만 한정했다. 말하자면 심장외과 의사가 뉴햄프셔에 사는 왼손잡이 남자의 대동맥 판막 수술만 하는 정도로 범위를 제한했다고 볼 수 있다. 하지만 좁은 분야에 매달릴수록 나는 점점 더 능숙해졌고, 결국 나의 한 가지 재주(성공한 경영진이 지속적인 행동 변화를 유지하도록 돕는 것)가 이제는 나의 '천재성'이 됐다고 당당히 말할 수 있게 됐다. 30년 전에는 이런 사람이 많지 않았다. 나는 제한된 관심사와 기술에 잘 맞는 독특한 직업을 만들었으며, 한동안은 이 분야를 거의 독차지했다. 말 그대로 나만의 삶이라고 부를 수 있는 인생을 개척해온 것이다.*

---

* 이러한 직업 전략이 심사숙고한 결과라고 말하고 싶지만 그렇지 않다. 나는 두 가지 사실을 인정하기까지 시간이 좀 필요했다. (1) 일반 간부와 비교해 CEO들이 접하는 문제가 더 중요하고, 그래서 더 매력적이다. (2) 높은 사람이 보수도 더 많이 준다.

이런 과정을 거치면 세상은 당신의 문으로 가는 길을 낸다. 그렇게 되면 후회보다 만족이 더 큰 삶을 살 가능성이 매우 커진다고 나는 확신한다. 당신이 하려고 했던 일을 하고, 그 일에 능숙해지고, 사람들이 능력을 알아보고 당신을 원하며, 그래서 계속 발전하는 선순환에 접어들게 된다. 이것이야말로 선망의 대상이며, 마땅한 성취의 진수다. 이렇게 당신은 내가 "한 가지 재주를 가진 천재"라고 부르는 사람이 된 것이다.

나는 여기에서 '천재'라는 단어를 조금 더 넓은 의미로 사용하고 있는데, 한정된 전문 분야에서 뛰어난 능력을 키우기 위한 노력이 주변 사람들과 모르는 사람들에게 즉시 드러나는 사람을 일컫는다. 예를 하나 들어보겠다. 나는 뉴욕을 방문했을 때 조찬 회의를 앞두고 치아가 하나 빠진 적이 있다. 회의 내내 통증에 시달렸고 치과 진료가 시급했다. 괴로워하는 나를 알아본 주최자는 록펠러센터에 있는 자기 치과 주치의를 찾아가라고 이야기했다. 그리고 나를 위해 그 자리에서 바로 예약을 잡아주었다.

"의사가 잘 돌봐줄 겁니다." 그가 장담했다. "그는 천재거든요."

나는 이런 과장된 추천을 전에도 들어본 적이 있다. 사람들은 누구나 **자기들의 의사나 유모, 배관공, 마사지 치료사가 문제를 해결할 세계 최고의 달인**이라고 생각한다. 내 경우에는 그의 말이 맞았다. 병원을 들어선 순간부터 내가 말하기도 전에 안내 직원이 내 이름을 부르며 인사하고, 치위생사가 내 치아를 깨끗하게 청소해주고, 치과 의사가 최신 장비로 나를 진료하고, 더 아프지 않게 해주겠다고 안심시키는 세심한 배려까지, 자기 전문 분야에 자부심을 가진 치료의 달인에게 맡겨졌다는 생각이 들었다.

만약 중심가에 신호등이 세 개 이상 있는 지역에서 자랐다면, 내가 만난 치과 의사 같은 사람들을 알고 있을 것이다. 그 지역의 기술자나 변호사, 선생님, 의사, 코치 들이 각자의 분야에서 뛰어난 실력으로 당신에게 감동을 준다. 나는 이들을 모두 한 가지 재주를 가진 천재, 즉 **한 분야의 천재**(one-trick genius, OTG)라고 부른다. 또한 노벨상을 수상한 물리학자이자 교수였던 리처드 파인먼이 학생들에게 충고할 때 염두에 두었던 사람들이기도 하다.

어떤 활동과 사랑에 빠지세요. 그리고 그 일을 하세요! 충분히 깊게 파고들어 가면 어떤 일이든 정말 재미있을 겁니다. 가장 잘하고 싶은 일을 원하는 만큼 열심히 하세요. 무엇이 되고 싶은지가 아니라 무엇을 하고 싶은지를 생각하세요. 그리고 당신이 하는 일을 세상이 방해할 수 없도록 다른 활동들도 최소한 유지하세요.

물론 어떤 종류의 '스페셜리스트'나 '한 분야의 천재'가 돼야 하는지는 내가 말해줄 수 있는 부분이 아니다. 이 위치에 도달한 고객이나 친구들은 내가 보기에는 매우 다양한 사람들이긴 하지만, 거의 예외 없이 모두 자신의 '천재성'을 찾기 위해 다음 다섯 가지 전략의 일부 또는 전부를 이용했다.

1. 자신의 천재성을 찾기 위해서는 시간이 필요하다

처음 일을 시작할 때부터 자신의 위치가 제너럴리스트와 스페셜리스트 둘 중 어느 쪽인지 아는 사람은 거의 없다. 내가 그랬던 것처럼 아직 어리기 때문이다. 이것저것 시도해본 경험도 없다. 그리고 자신의 '천재성'이 무엇인지 아는 사람은 더 극소수다. 그 답을 찾는 과정은 성인기에 적어도 10년에서 20년은 걸린다. 이 시간을 **'노출 시기'**라고 부르기도 한다. 기초 지식과 능력으로 순조로운 출발을 한 뒤 새로운 사람과 경험, 아이디어에 자기 자신을 꾸준히 노출하게 된다. 그리고 자신의 관심사에 맞는 기술은 더하고 그렇지 않은 기술은 제외한다. 그렇게 선택지를 좁혀나가면 결국 당신을 가장 사로잡고 만족시킬 것 같은 일만 남는다. 나 역시 이 경우에 해당하지만, 더 생생한 예시는 샌디 오그(Sandy Ogg)에게서 찾을 수 있다. 샌디는 뒤늦게 스페셜리스트가 됐으며, 그의 특별한 천재성은 또 다른 스페셜리스트, 특히 조직에 가장 큰 가치를 더하는 사람을 찾아내는 것이었다.

내가 샌디를 만난 것은 대학원에서였고, 우리는 폴 허시 교수의 연구실에서 함께 일했었다. 샌디는 기업 인사부에 들어갔고, 모토로라의 가장 큰 사업부의 인사 담당 책임자로 빠르게 승진했다. 2003년에는 거대한 소비재 기업인 유니레버에서 같은 직책을

숨 쉴 때마다 새로운 내가 된다면

맡았다. 그때쯤 샌디는 40대 중반이었고, 인사부가 일반적으로 맡는 모든 일(교육, 개발, 혜택, 보상, 다양성 등)의 전문가였다. 하지만 유니레버의 CEO는 샌디에게 그러한 업무는 아랫사람한테 맡기라고 지시했다. CEO는 샌디가 유니레버를 이끌어갈 리더를 찾아낼 방법을 형식화하길 원했다. 이 도전 과제는 샌디의 마음을 완전히 사로잡았다. 짧은 기간 내에 그는 '가치 있는 재능'을 측정할 방법을 개발했다. 유니레버의 30만 명이나 되는 직원들을 독점 방식을 통해 분석한 결과, 그는 56명의 직원만이 회사에서 90퍼센트 가치를 책임지고 있다는 결론을 내렸다.

내가 생각하는 영리함이란 전에는 아무도 그런 생각을 하지 못했지만, 듣는 순간 당연하게 들리는 아이디어를 생각해내는 것이다. 그런 점에서 샌디의 안목은 매우 영리했으며, 유니레버 주가에 긍정적인 영향을 끼쳤다. 그래서 사모 펀드 운용회사의 최강자인 블랙스톤은 그를 고용해 자신들의 포트폴리오 내의 가장 가치 있는 기업이 누구인지에 관한 유사한 분석을 요구했다. 샌디는 최고 관리자의 봉급과 그가 더하는 가치 사이에는 낮은 상관관계가 있다는 사실을 발견했다. 그의 통찰력은 CEO라면 누구나 알고 싶어 할 정보를 알아냈는데, 그건 바로 **보수를 너무 많이 받는 직원과 보수를 너무 적게 받는 직원을 알아내는 것**이었다.

특히 이런 정보는 사모 펀드 운용사에 뛰어난 통찰력을 제공하는데, 차입 자본으로 투자가 이루어지는 회사는 자산을 매각할 때

적절한 평가의 중요성이 매우 커지기 때문이다. 매각 수익금이 원금의 10배에 달할 수도 있었다. 샌디의 평가 방식은 회사가 데리고 있을 만한 관리자와 떠나보내야 할 사람을 구분할 수 있었다. 또한 어떤 사람은 가치가 너무 높아서 사모 펀드로 거두어들일 거대한 수익을 고려한다면 봉급을 얼마 주더라도 결코 지나치지 않다는 결론에 도달하기도 했다. 이러한 사람들은 늘 예외 없이 스페셜리스트였다. 그 가치는 '스페셜'이라는 이름 자체에 이미 들어 있었다. 이들을 지키기 위해서라면 얼마가 들든 필요한 만큼 보수를 지급하라고 그는 말했다.

샌디는 회사 내의 저평가된 인재에 대해 깊이 분석하면서도, 경영진이 무시하고 있는 스페셜리스트도 항상 눈여겨보고 있었다. 이들은 주간 회의에 늘 참석하는 지도층 계급의 제너럴리스트인 경우는 거의 없었다. 보통 그는 조직의 위아래 사람들을 인터뷰하며 그들의 동료에 대해 물었고, 슈퍼스타라는 찬사를 받으며 반복적으로 거론되는 한두 명의 이름에 주목했다. 그리고 한 업무에 관해서는 조달 부서 책임자를 극찬하는 말을 계속 들었다. 샌디가 CEO에게 초기 보고를 하며 그에게 물었다.

"이 회사에서 가장 중요한 직위 열 가지를 말해보십시오."

CEO는 자기 자신부터 시작해서 피라미드를 따라 부하 직원들 이름을 순서대로 읊었다.

"조달 부서 책임자는 어떤가요?" 샌디가 물었다.

CEO는 말없이 멀뚱거렸다.

"그가 누구인지는 알고 있습니까?"

CEO는 전혀 몰랐다.

샌디는 이 친구가 회사 경비를 절약하는 재능이 있으니 관심을 가지는 게 좋을 것 같다고 설명했다. 샌디는 구체적인 금액까지 언급했다.

"그를 놓치면 회사에 6억 달러의 손실이 생길 것입니다."

샌디는 회사에 큰 가치를 더하는 역할과 그 역할을 맡는 사람에 대한 교육, 급여, 훈련 등의 투자는 완벽히 분리돼 있다는 사실을 밝혔다. 샌디의 의견에 따르면, 이런 사람은 거의 항상 스페셜리스트이며, 이들은 때론 간과되거나 제대로 된 평가를 받지 못할 수 있지만 그런 상태가 오래 지속되지는 않는다고 한다.

샌디는 내가 생각하는 이상적인 '한 가지 재주를 가진 천재'다. 인적 자원에 관한 방대한 지식을 가지고 시작한 그는 최고 경영진이 관심을 가질 특정 정보를 분석하는 것으로 자신의 분야를 좁혔다. 회사에 기여하는 것에 비해 누가 보수를 많이 받고 누가 보수를 적게 받는가? 그런 다음 CEO들이 질문해야 한다는 사실조차 몰랐던 한 가지 질문을 특정했다. 당신의 조직에서 보수를 너무 많이 받는다고 결코 말할 수 없는 사람은 누구인가?

여기에서 재미있는 아이러니는 샌디가 회사 내에서 가치를 만드는 사람을 찾을 때, 자신과 비슷한 사람을 찾는다는 것이었다.

그건 바로 매우 중요한 일을 하기에 절대 상품화되거나 대체될 수 없는 스페셜리스트다. 샌디는 한 가지 재주를 가진 천재라는 개념의 전문가였다.

당신을 완전히 사로잡고 만족시키는 직업을 찾기가 왜 이렇게 오랜 시간이 걸리는지 궁금해질 때 이 이야기를 떠올려라. 기본 지식과 일하는 습관, 인간관계를 쌓으려면 몇 달이 아닌 몇 년의 시간이 필요하다. 그리고 이러한 경험을 통해 빵을 잘라나가다 보면, 단 하나의 전문 분야를 당신의 것으로 만들 수 있을 것이다. 비유를 조금 더 비꼬아보자면, 빵을 잘게 자르려면 먼저 완전히 구워야 할 것이다.

2. 좋은 재능이라도 잘못된 위치에서는 빛날 수 없다

샌디 오그가 처음 유니레버에서 재능과 가치를 연결하려고 했을 때, 중요한 요소, 즉 직원들이 맡게 되는 역할을 간과하고 있다는 사실을 깨달았다. 만약 재능 있는 사람을 잘못된 자리에 두었다면 그 재능은 낭비되고 결국 실패하고 만다. 아무리 재능이 뛰어나도 부적절한 역할은 극복할 수 없다.

샌디의 통찰력은 유니레버의 90퍼센트 가치에 기여하는 것은 30만 명 중 56명의 직원이 아니라는 사실이었다. 정확하게는 56개의 역할이 대단한 기여를 하고 있었고, 샌디가 맡은 일은 각각의 역할에 적합한 사람을 앉히는 것이었다. 둘의 조화가 이루어지면 그는 안전띠가 채워지는 것처럼 '찰칵' 하고 들어맞는 느낌이 들었다. 이를 잘못 맞춘다면 가치 창출의 실패를 의미했다.

개인의 삶에서도 마찬가지다. 우리는 모두 배우자, 동료, 부모, 친구, 형제자매, 아들 또는 딸이라는 다양한 역할을 맡는다. 그리고 한 역할에서 보이는 모습이 다른 역할에서도 반드시 도움이 되는 것은 아니라는 사실을 직관적으로 알고 있다. 그래서 우리가 부하 직원에게 말하듯이 배우자를 대하지 않는 것이다.

하지만 **역할과 조화**를 이루려면 많은 것이 필요하다. 각각의 관계에서 가치를 더하고 있는가? 각각의 역할에 가치를 더하는 노력이 당신의 능력에 부합하는가? 마지막으로, 그 역할이 당신에게 중요한가? 다른 선택지가 없어서 마지못해 하는 게 아니라 매일 아침 눈을 뜰 때마다 기쁘게 받아들이는 역할인가? 세 가지 질문에 대답이 "그렇다"라면 '한 분야의 천재'가 될 가능성이 훨씬 커진다.

3. 한 분야의 천재는 한 가지밖에 못하는 사람이 아니다

한 분야의 천재를 한 가지밖에 못하는 사람으로 오해해서는 안 된다. 한 가지밖에 못하는 사람이라는 말은 비난과 펌하의 표현이다. 다른 선택지가 없기 때문에 모든 상황에서 똑같은 대응을 하거나 농구 코트에서 한 가지 기술만 사용하는 등 제한된 기술을 남용하는 사람을 일컫는다. 그게 그들이 가진 전부다.

이와 대조적으로 한 분야의 천재성은 **신중한 고민 끝에 도달한 선택**으로 우리가 만족하는 것보다는 **열망하는 것**을 의미한다. 자신이 가진 도구들을 샅샅이 찾은 후, 잠재력이 보이지 않는 기술은 버리고 평생에 걸쳐 완벽히 가꾸어도 좋을 능력에 집중한다.

한 가지 재능 자체보다 그 재능을 완벽하게 가꾸려는 진지한 **노력**이 더 중요하다. 그런 점에서 누구든 한 분야의 천재가 될 수 있다. 이러한 타이틀을 얻기 위해 수학이나 음악, 테니스 영재처럼 천부적인 재능은 없어도 된다. 마을의 최고 일식 요리사도 한 가지 재주를 가진 천재다(이 요리사의 '재주'는 날생선이라는 하나의 재료로 요리하는 것이고, '천재성'은 날생선이 셰프에게 한계를 주지 않음을 입증하는 것이다). 가장 바쁜 파산 변호사나 예약이 꽉 차 있는 미용사, 그리고 주 대회에서 매번 1등을 차지하는 합창단의 지휘자도 마찬가지다. 마을에서 최고의 자리에 올랐다는 내적·외적 인정을 받았기에 이들은 자신의 한 가지 재능에 만족할 가능성이 크다.

4. 당신만의 독특함이 천재성이 될 수 있다

내슈빌에 위치한 적성검사회사인 유사이언스(YouScience)의 설립자 벳시 윌스(Betsy Wills)는 '천재성'이 될 수 있는 근원에 대해 우리에게 기쁨을 주는 **성향**이나 **습관**뿐만 아니라 **좌절감**을 안겨주는 부분도 함께 검토해야 한다고 주장한다. 벳시는 이러한 사례를 자기 남편 리들리 윌스(Ridley Wills)의 진로 선택 과정에서 발견했다. 리들리는 10대 때 미적 감각과 개선에 대한 안목을 키웠다. 그의 외할아버지는 건축가였고, 아버지는 문화재 보존학자였기에 리들리 역시 건축업에 정통했다. 파란색 색조를 30가지나 구분할 수 있었다. 그는 목수가 제작한 작품이 수평이 아닐 때도 단번에 알아볼 수 있었다. 만약 건물의 디자인이나 건설에 이상이 있는 경우에도 즉시 알아챌 뿐만 아니라 바로 수정하고 싶었다. 지저분한 방도 마찬가지로 당장 치우고 싶은 마음이 들었다. 이것은 그에게 재능이자 저주였다. 괴롭고 진 빠지는 기질이었다.

리들리가 대학교 2학년 때까지 상황이 나아지지 않다가, 어느 순간 자신은 건축가가 될 운명이라는 사실을 깨달았다. 그는 스탠퍼드대학교를 그만두고 건축학부와 아름다운 신고전주의풍 캠퍼스로 유명한 버지니아대학교에 들어갔다. 대학을 졸업한 후에는 고향인 내슈빌로 돌아가 가게를 차렸다. 그리고 얼마 지나지 않아 그는 도시 최고의 주택 디자인·건축회사라는 입지를 다졌다.

30대 중반에는 심리적 상태와 직업을 연결해주는 연구 프로젝트에 참가했는데, 2일간의 테스트가 끝나고 연구원들은 리들리가 '음조 식별' 감각이 매우 뛰어나다는 결론을 내렸다. 이는 마치 절대음감을 지닌 음악가나 완벽한 후각을 지닌 와인 소믈리에와 비슷하다. 리들리는 이 식별 감각을 디자인에 적용했고, 건축물의 품질과 미에 관한 아주 미세한 차이를 감지할 수 있었다. 리들리의 직업을 몰랐던 연구원들은 그에게 정밀함과 꼼꼼함, 뛰어난 미적 감각이 필요한 직업이 가장 적합할 것이라고 말했다. 그들은 예술 사진작가나 고급 주택 리모델링 전문가를 제안했다.

"사람들 대부분은 완성도 95퍼센트의 작품을 내놓는 데 만족합니다." 벳시가 말했다. "내 남편은 99퍼센트를 목표로 해요. 그는 어떻게든 99퍼센트 완벽에 대한 자신의 강박을 발산할 수 있는 분야를 찾았고, 그래서 이제는 불행하지 않고 행복합니다."

잠재적 불행의 근원을 자신만의 천재성으로 발전시킨 사례는 리들리뿐만이 아니다. 몇 년 전 만찬 모임에서 어떤 남자를 만난 적이 있는데, 그는 방 두 개 정도 떨어져 있는 주방에서 만드는 요리가 무엇인지 알아맞힐 수 있었다. 그의 주장에 따르면, 후각이 너무 예민한 나머지 정신 질환(특히 조현병 환자에게 나타나는 신진대사 결함이 원인인)까지 감지할 수 있었다. 자신의 고향 암스테르담에서는 그가 탄 버스에 정신 질환자가 탈 때면 지독한 냄새에서 벗어나기 위해 즉시 내렸다고 한다.

"정신 건강 전문가에는 매우 특별한 재능이겠네요. 암스테르담에 돌아가서 하시는 일이 그건가요?" 내가 물었다.

"아니요. 그건 나한테는 지옥일 거예요." 그가 대답했다. "나는 향수를 판매합니다. 자기만의 독특한 향을 원하는 부유한 사람들에게 주문받은 향수를 제작하고 있어요."

"수입이 괜찮은가요?" 내가 말했다.

"사람들은 언제나 좋은 향을 맡고 싶어 하죠. 나는 그들을 행복하게 해줘요."

특별한 재능은 당신의 가능성을 키워줄 수도 있지만, 당신에게 고통을 안겨줄 수도 있다. 그 재능이 당신의 든든한 협력자가 되거나 이길 수 없는 적으로 돌아설 수도 있다. 선택은 당신에게 달렸다.

5. 제너럴리스트도 한 분야의 천재가 될 수 있다

언뜻 보기에 CEO는 최고의 제너럴리스트인 것 같다. 하지만 의사소통, 설득, 의사 결정과 같은 꼭 필요하지만 일반적인 리더십 기술을 한 꺼풀 벗기면, 모든 훌륭한 CEO는 매우 **독특한 기술**이나 **핵심 가치**를 가지고 있다. 어떤 CEO의 천재성은 생산적인 회의 운영 능력일 수도 있고, 또 다른 CEO는 조직의 모든 단계에서 전체 연합을 끌어내는 천재성이 있을 수 있다. CEO가 가진 하나의 기술은 CEO의 신뢰와 존경의 기반이 되며, 결국 모든 것을 좌우한다.

훌륭한 리더에게서 스페셜리스트의 자질이 항상 두드러지는 것은 아니다. 그들의 막강한 권위나 강한 인상에 가려지기도 한다. 하지만 깊게 들여다보면 분명히 존재한다. 한 예시로, 나는 데이비드 엡스타인(David Epstein)의 2019년 베스트셀러 《늦깎이 천재들의 비밀: 전문화된 세상에서 늦깎이 제너럴리스트가 성공하는 이유》를 읽은 적이 있다. 제목과 부제가 나의 주장을 반박하는 것처럼 보이는 이 책에는 내 절친 프랜시스 헤셀바인에 대한 감동적인 인물 소개가 담겨 있었다.

부지런한 자원봉사자로서의 초창기 활동, 60~70대 나이에 걸스카우트를 위기에서 부활시킨 과정, 그리고 빌 클린턴이 수여한 대통령 훈장과 그녀를 미국에서 가장 뛰어난 CEO라고 인정한 피터 드러커의 이야기까지 프랜시스의 위대한 업적이 매우 자세히 설명되어 있었다. 아마도 데이비드는 프랜시스의 특별한 리더십 기술이 그녀의 폭넓은 경험 덕분이라고 주장하고 싶었던 것 같다. 하지만 실제로 프랜시스를 돋보이게 하는 하나의 기술을 가려내지는 못했다. 프랜시스는 **오직 하나의 질문**을 통해 세상을 바라보았다. **내가 다른 사람들을 어떻게 도울 수 있을까?** 이것이 바로 어마어마한 지혜와 권위, 진실성, 그리고 연민을 관통하는 그녀의 '천재성'이다. 그녀는 다른 사람들도 그녀의 방식대로 세상을 볼 수 있게 했다. 이게 바로 그녀의 리더십이다.

2014년에 나는 여섯 명 정도의 고객들을 샌디에이고 집으로 초대한 적이 있다. 이틀간의 집중 수업을 통해 자신이 앞으로 무엇을 하고 싶은지 찾을 수 있도록 서로 돕는 시간을 갖기 위해서였다. 당시 98세의 나이였던 프랜시스도 초대했다. 그녀의 존재만으로도 그 공간의 지혜 수준이 높아진다는 사실을 알았기 때문이다.

둘째 날, 우리는 한 여성의 이야기에 집중하고 있었다. 그녀의 이름을 로즈 앤이라고 하겠다. 아직 50대도 안 된 그녀는 3년 전

상당한 금액을 받고 자신의 사업을 판 뒤, 노동의 결실을 즐기고자 남편과 함께 미니애폴리스에서 애리조나의 작은 마을로 이사했다. 하지만 그 결정은 비극적이었다. 로즈 앤은 애리조나의 석양만 바라보고 있을 만한 인물이 아니었다. 가만히 있지 못하는 사업가 기질 덕분에 지역 식당과 헬스클럽에 투자했다. 고객을 직접 상대하는 이런 사업은 그녀가 원래 큰돈을 벌었던 방법과 상당히 달랐다. 1년 동안 자신의 냉철한 사업 기술을 발휘한 그녀는 만나는 모든 사람을 멀리했고, 너무 지나친 나머지 그녀의 남편은 이를 바로잡지 않으면 다시 미니애폴리스로 돌아가겠다는 단호한 태도를 보였다. 그녀의 서러운 이야기를 들은 우리는 여러 가지 제안을 했지만 큰 도움이 될 만한 것은 없었다. 그리고 가장 마지막에 프랜시스가 입을 열었다. 그녀는 로즈 앤에게 이렇게 말했다.

"내가 볼 때는 당신에게 도움이 되는 일에만 너무 많은 신경을 써온 것 같아요. 다른 사람을 돕는 노력을 해보세요."

우리는 모두 프랜시스의 말이 옳다고 생각했다. 절망에 빠졌던 로즈 앤조차도 그녀의 말에 동의하며 고개를 끄덕이고 감사함을 표했다. 프랜시스에게 필요한 것은 로즈 앤이 인생의 방향을 바꿀 수 있는 길을 제시해주는, 듣는 순간 모두가 동의하는 명쾌한 두 문장이었다. 이것이 바로 프랜시스의 천재성이다. 그녀는 다른 사람을 돕는 삶을 살고 있고, 그런 모습이 본보기가 돼 낯선 사람조차 그녀를 따르도록 설득할 수 있었다. 그녀의 권위는 바로 이 한 가지 특성에서 비롯된 것이지, 그 반대가 아니다. 본질적으로 그녀는 제너럴리스트를 가장한 스페셜리스트다. 그리고 로즈 앤은 5년 후 시장 선거에 출마해 당선됐다.

그렇지만 나는 엡스타인의 책 《늦깎이 천재들의 비밀》을 비난하려는 뜻은 아니다. 그의 책은 매력적이고, 논증이 탄탄하며, 구체적인 내용도 풍부하다. 내가 그의 마음을 제대로 읽었다면, 엡스타인은 많은 분야를 시도해본 뒤 모든 집중을 쏟을 가치가 있는 한 가지 분야에 정착하게 되는 늦깎이 전문화에 찬성하고 있다. 나는 우리가 똑같은 이야기를 하고 있다고 믿는다. 운이 좋다면, 우리는 **제너럴리스트로 시작해서 결국 스페셜리스트에 도달할 것**이다.

할 수 있는 능력이 있고 그럴 가치가 있는 일에 전념하는 진지한 장인의 삶이 내가 생각하는 직장에서의 한 분야의 천재 이미지다. 돈보다는 개인의 만족을 더 추구하는, 단순한 직업이라기보다는 천직이라고 부르는 일을 말한다. 한 분야의 천재가 가진 장점은 성취감을 느낄 때 당신의 세상이 수축하지 않고 팽창한다는 것이다. 당신의 한정적인 전문 지식은 더 광범위한 문제와 기회에 적용할 수 있다는 사실을 깨닫는다. 한 분야의 천재는 좁고 일차원적인 삶을 사는 모욕적인 것이 아니다. 오히려 그 반대로, 매우 전문화된 기술을 발전시키고 헌신적인 장인처럼 훈련한다면 당신의 삶을 원하는 대로 지휘할 수 있다. 더 특별한 사람이 되면 당신을 원하는 곳이 더 많아진다. 더 열정적이고 더 큰 목표가 생긴다. 만족의 모든 항목을 체크할 것이고, 결국 당신을 위한 삶을 살게 된다.

"너는 더 잘할 수 있어"

커티스 마틴은 NFL 시절의 가장 중요한 기억 중 하나를 나에게 설명해준 적이 있다. 그가 아메리칸풋볼콘퍼런스 리그에서 1,487야드(약 1.4킬로미터)로 러싱야드 1위를 차지했던 신인 시즌 이후 1996년 뉴잉글랜드 패트리어츠 훈련 캠프에 참가했을 때의 일이다.

전설적인 수석 코치 빌 파셀스(Bill Parcells)는 모든 러닝 백과 리시버 선수를 모아서 전력 질주와 반복 훈련의 최후 생존자를 가리는 테스트를 했다. 기진맥진한 선수들은 50분이 지나자 나가 떨어지기 시작했고, 커티스는 파셀스가 호루라기를 불기 전에는 멈추지 않겠다고 결심했다. 한 시간이 지나자 필드에 남은 선수는 그가 유일했고, 코치가 훈련을 마칠 때까지 기어가는 자세일지라도 달리기를 포기하지 않았다. 코치는 나중에 로커 룸에서 커티스에게 이렇게 말했다.

"내가 그렇게 한 이유는 **너는 훨씬 더 많이 할 수 있다**는 사실을 스스로 깨닫길 바랐기 때문이다."

커티스의 이야기를 듣고 나는 우리가 모두 "너는 더 잘할 수 있어(You Can Be More, 줄여서 YCBM)"에서 변형된 조언을 들어왔다는 생각이 들었다. 당신도 익숙할 것이다. 이러한 조언은 어떤 형태로든 부모님이 당신에게 감탄하거나("네가 자랑스럽구나") 실망감을 느낄("더 잘할 수 있다고 믿었는데…….") 때마다 하는 응원의 레퍼토리에 무조건 포함돼 있었을 것이다.

인생을 살면서 주기적으로 들어야 하는 말이기도 하다. 불행하게도 이러한 조언은 대화 속에서 여러 가지 모습으로 무심코 나타나기 때문에 쉽게 놓쳐버릴 수도 있다. 중요한 조언이 날아온다는 요란한 신호 같은 것은 좀처럼 나타나지 않는다.

과제의 모습을 한 YCBM은 샌디 오그가 유니레버 CEO로부터 회사의 귀중한 재능을 찾아달라는 요청을 받은 것이었다. **감정적 분출**의 형태로 변형된 것은 내가 마크 터섹에게 "젠장, 당신을 위한 삶은 도대체 언제 살 작정인가?"라고 외쳤을 때였다. **질문**으로써 표현된 것은 아이세 비르셀이 "당신의 영웅은 누구인가요?"라고 물었을 때였다. 다행히도 세 가지 경우 모두 이 메시지는 결국 크고 분명하게 전달됐다. 그리고 샌디와 마크, 나의 인생을 바꾸어 놓았다.

내 인생에서 여섯 번쯤 되는 결정적인 순간들(나만의 천재성에 가까워지도록 도와준 순간들)은 모두 원하지 않고 기대하지 않은 조언으로 시작됐다. 폴 허시는 내가 잘 해낼 거라고 장담하면서 자기 대신 강의 시간을 채워달라고 요청했다. 아메리칸익스프레스 대표는 상급자 없이 나 혼자 일하면 더 잘할 것이라고 이야기했다. 뉴욕 출신의 작가 대리인은 나를 찾아와서 "당신은 책을 써야 해요"라고 말했다. 이건 내가 YCBM 메시지를 받았던 일부에 불과하다. 주의를 기울이지 않아서 더 많은 메시지를 놓쳤을지 누가 알겠는가?

실전에 적용하기

적어도 한 달 정도의 긴 시간 동안 누군가가 당신이 간과해온 잠재성을 발견한 것 같은 이야기를 해줄 때마다 기록을 남겨보자. 구체적인 칭찬일 수도 있다("아까 회의에서 아주 좋은 지적이었어. 나는 생각도 못 했는데 말이야."). 또는 정해진 답이 없는 제안일 수도 있다("너는 좀 더 적극적일 필요가 있어."). 또는 엄격한 애정일지도 모른다("다시 해봐. 너는 더 잘할 거야."). 이 말뜻의 옳고 그름을 판단하는 테스트는 아니다. 이 과정의 목적은 주변 사람들이 당신에게서 꼭 개발해야 하는 유망하거나 아직 발달하지 않은 잠재력을 발견했다는 말을 얼마나 자주 하는지 눈과 귀를 열고 듣는 것에 있다. 단순히 칭찬만 바라는 것이 아니다. 어떻게 더 나아질 수 있을지에 관한 통찰력을 찾는 것이다.

유의미하든 무의미하든 칭찬은 쉽게 발견할 수 있어야 한다(우리에게 길을 제시하는 칭찬은 잘 찾아낸다). 정확한 비판이나 잔인할 정도로 솔직한 의견을 따르기는 어려울 수 있다. 물론 나는 직감적으로 이러한 경우가 더 깊게 파고들며 가장 실행 가능한 조언을 담고 있다고 생각하지만 말이다.* 꼼꼼한 기록은 항상 올바르게

● 한 은행가가 경력 초기에 겪었던 터닝 포인트에 관해 이야기해준 적이 있다. 그는 누군가가 툭 던진 모욕에서 '넌 더 할 수 있어'라는 메시지를 찾았다고 한다. 나는 그에게 글로 적어달라고 부탁했다.

"1970년대 말 일을 시작한 지 얼마 안 됐을 때, 미국의 상징과 같은 복합기업 CEO에게 접근해 회삿돈을 크게 절약할 수 있는 창의적인 재융자 관련 아이디어를 제시한 적이 있다. CEO가 이를 받아들이고 마침내 계약이 성사되기까지 2년 가까이 걸렸고, 그동안 나는 가끔 거래 내용에 큰 변화가 생기면 그에게 정보를 전달했다. 그는 매우 바쁜 사람이라서 방해하고 싶지 않았다. 그는 거물인 데 반해 나는 보잘것없는 사람이었기에 우리를 친구 사이라고는 말하지 못하겠지만, 그는 가끔 난데없이 전화를 걸어왔고 우리는 거래보다는 정치나 스포츠에 관한 이상한 대화를 나누었다. 전화를 끊고 나면 '무슨 의미지?'라는 생각이 들었다. 그와 나는 너무 다른 위치에 있었기에 우리가 친구가 될 수 있다는 사실을 받아들이기가 어려웠다.

거래가 성사되고 며칠 뒤, 나는 CEO와 은행장이 서로 축하하는 자리를 마련했다. 우리 셋은 그의 사무실에서 샴페인 잔을 부딪쳤다. 두 사람 모두 매우 화기애애한 분위기였다. 이 거래는 고객의 이사진을 만족시켰고, 은행에는 큰돈을 벌어주었다. 그런 다음 그들은 아주 놀라운 대화를 나누었다. 마치 내가 그 자리에 없는 것처럼 나에 대해 이야기하기 시작했다. 내가 매우 젊은 나이(29세였다)에 그들에게 큰 업적을 빚졌다는 농담을 했다. 그리고 CEO는 은행장에게 나에 대한 솔직한 의견을 말했다. 그의 말이 아직도 내 귀에 들리는 것 같다. 그는 내가 '창의적이고 훌륭한 협상가'이지만 '정리되지 않은 침대' 같다고 했다. 그는 웃고 있었지만 진심이었다. 그는 내가 귀담아듣기를 원했다. 그리고 더 자세한 설명은 없었다. 대화는 다른 주제로 넘어갔지만, 그는 의도적인 공격을 날려 상처를 남겼다.

나는 '정리되지 않은 침대'라는 말을 며칠 동안 고민했다. 어떤 점이 그를 불만족스럽게 했을까? 문서 작업이나 법률 서류에서도 실수한 기억이 없었다. 그리고 그가 잡담을 나누려고 전화할 때마다 항상 내가 그의 시간을 낭비하고 있다는 두려움에 빨리 전화를 끊고 싶었던 순간이 떠올랐다. 나는 그가 나의 성공을 도운 것에 만족감을 느낀다는 사실을 알지 못했다. 계획에 없던 전화는 신뢰를 쌓고 우정을 증명하는 그의 방식이었다. 사업에는 창의성과 거래 성사보다 더 많은 것이 필요하다는 사실을 알려주고 있었다. 내가 인적 요소를 무시한다면(특히 상호작용의 관점에서 누군가를 도움으로써 나도 만족감을 느끼고, 상대도 나를 돕게 해서 만족감을 느끼게 하는 것) 감정적인 충족을 놓치는 것이었다. 그는 결국 내가 고객에게 세심한 주의를 기울이는 일을 더 잘할 수 있다는 말을 하고 있었다. 나는 그 이후로 같은 실수를 반복하지 않았다."

파악할 수 있는 눈을 길러준다.

하나 더 추가하자면 YCBM 메시지를 받을 때뿐만 아니라 전달할 때, 즉 다른 사람을 위해 자발적으로 조언할 때도 기록해보자. 당신의 생각보다 더 자주 하고 있을 것이다. 이는 좋은 일이다. 이러한 조언은 인생에서 가장 순수한 형태의 배려 중 하나다. 주는 사람이나 받는 사람 모두에게 좋은 약이다. 시인 매기 스미스(Maggie Smith)가 말한 것처럼 말이다.

"다른 사람에게 빛을 비추면, 그 빛이 당신에게도 닿을 것이다."

한 분야의 천재 원탁회의

이 방법은 약간 자극적일 수 있으나 매우 재미있을 것이다.

실전에 적용하기

당신의 집 거실에 서로 잘 아는 사람 여섯 명을 모아보자. 당신부터 시작해서 자기가 생각하는 자신의 특별한 재능을 한 가지씩 말한다. 숨겨져 있거나 분명히 드러나는 당신의 가장 효율적인 한 가지 천재성을 떠올리면 된다. 그리고 나면 나머지 다섯 사람은 이에 대해 반드시 대답해야 한다. 누구도 그냥 넘어가선 안 된다. 당신의 의견에 동의하지 않는 사람은 대안을 하나 제시해야 한다. 모든 사람이 돌아가면서 이 과정을 반복한다.

　어떤 의견이든 자유롭게 토론한다. 비꼬거나 심술궂은 태도는 금지되며, 정직하게 말했다고 해서 화를 내거나 적대감을 드러내도 안 된다. 총 36가지 동의 및 반대 의견이 나오게 되지만, 누구도 무례하게 행동하지 않아야 한다. 이 과정에서 칭찬을 받을 수 있고, 속상하거나 깜짝 놀라는 경험을 할 수도 있다. 하지만 이것은 자축이나 자책을 위한 훈련이 아니다. "너는 더 잘할 수 있어" 처럼 자기 인식과 더불어 남을 돕는 것에 관한 연습이다.

내가 처음 이 훈련을 했을 때 나의 독특한 재능은 다른 사람들의 동기부여를 그들보다 먼저 아는 능력이라고 확신했다. 20대 때 UCLA의 열정적인 인카운터그룹(1900년대 중반에 나타난 현상으로, 참가자들이 대립적인 관계에서도 자기감정을 표출할 수 있도록 돕는 집단상담)을 3년 동안 주도한 이후부터 쭉 그렇게 생각했다. 나의 재능에 대해 누구도 반대하지 않았지만, 나만의 독특한 것은 아니었다. 몇몇 사람들도 다른 사람의 동기부여를 발견하는 능력이 있다고 느꼈다.

내가 10년 넘게 코치해온 한 여성이 말해준 가장 정확한 설명은 훨씬 평범한 것이었다. 그녀는 내가 반복적인 활동에도 지루함을 느끼지 않는다고 말했다. 예를 들면 똑같은 열정을 담아 1년에 100번도 넘게 나의 메시지를 전달하는 것처럼 말이다.

"많은 사람이 다른 이의 동기부여를 이해할 수 있지만, 자기주장을 고수하는 사람은 많지 않아요."

그 전까지 나는 이런 능력을 특별하다고 생각해본 적이 없었다. 그녀의 말에 내가 할 수 있는 말은 이것뿐이었다.

"고마워요."

The Earned Life

✦ 2부 ✦

마땅한 삶을 획득하라

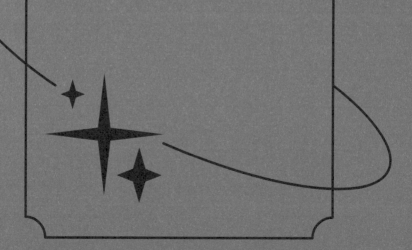

8장

규율의 다섯 가지 구성 요소

2부를 시작하기 전에 지금까지의 내용을 복습해보자. '들어가며'에서는 **매 순간의 선택과 위험, 그리고 노력이 인생의 중요한 목표와 일치한다면 결과와 상관없이 마땅한 삶을 살 수 있다**는 사실에 주목했다. 그리고 장별로 마땅한 삶을 사는 데 필요한 마음가짐에 초점을 맞췄다.

먼저 "숨을 쉴 때마다 새로운 내가 된다"라는 석가모니의 가르침에 따라 자의식에 관한 새로운 호흡 인식 체계를 살펴보았다. 그리고 자신을 위한 삶을 살지 못하게 만드는 방해물에 관해 이야기했다. 마땅한 삶에 꼭 필요한 능력(동기부여, 능력, 이해, 자신감, 조력, 시장)의 체크리스트도 살펴보았다. 그다음은 우리 인생의 중요한 결정에서 만나는 선택지를 하나로 줄이는 것의 중요성을 이야기했고, 열망이라는 주제를 다루면서 우리가 지금 원하는 모습과 앞으로 되고 싶은 모습 사이에는 큰 차이가 있다는 사실을 배왔다. 6장에서는 우리가 기꺼이 받아들이는 위험의 수준을 결정하는 방법을 자세히 살펴보았다. 그리고 마지막으로 7장에서는 스페셜리스트와 제너럴리스트의 이분법 문제를 결정해야 하는 순간이 오면 스페셜리스트를 선택할 것을 권하기도 했다. 1부를 관통하는 하나의 주제는 "우리 인생에 방해가 되지 않고 도움이 될 수 있도록 어떻게 좋은 선택을 내릴 것인가?"였다.

2부에서는 마음가짐보다는 마땅한 삶을 사는 데 필요한 **행동**에 초점을 맞추려고 한다. 이러한 시도에는 선택을 실천에 옮기고 끝까지 해내는 방법에 관한 새로운 체계가 필요하다.

어떤 목표를 달성함에 있어 일반적인 체계에서는 규율과 의지를 강조한다. 성공하고 싶다면 (1) 충실히 계획을 따라야 하고 (2) 계획을 포기하게 만드는 어떤 방해 요소에도 맞서야 한다. 규율은 매일 힘든 일을 할 수 있게 만드는 힘을 준다. 의지는 안 좋은 일을 하지 않겠다는 결심을 내리게 한다. 이 두 가지 덕목을 몸소 보여주며 힘들거나 대단한 일을 이루어낸 사람을 보면 종종 그들에게 놀라며 감탄한다. 예를 들어 형제자매가 30킬로그램 가까이 체중 감량을 하고 계속 유지하거나, 이웃 사람이 이탈리아어를 유창하게 하겠다는 평생의 꿈을 이루거나, 중독자가 중독에서 벗어났을 때 그렇다.

하지만 우리의 인생은 그렇게 대단하거나 다른 사람이 감탄할 만한 것은 아니다. 우리가 스스로 과대평가하는 자질에는 지능,

신중함, 운전 기술, 비난을 감수하는 담대함, 시간 엄수, 기지 등 여러 가지가 있지만, 그중에서도 1등은 아마 **규율**과 **의지**일 것이다. 실패한 다이어트와 사용하지 않은 헬스클럽 회원권, 펼치지도 않은 외국어 입문서가 이 사실을 증명한다.

나는 30대 초반에 나의 규율을 더 이상 과대평가하지 않기로 했다(이 패배를 인정하는 것은 내 자존심의 문제였다). 하지만 당시에는 이러한 관점을 내가 훈련하는 사람들에게까지 확장한 것은 아니었다. 나는 몇 번이고 계속 그들을 과대평가했다. 내 눈을 뜨게 한 것은 당연한 질문으로 나를 당황하게 만든 어떤 고객이었다.

1990년에 나는 오늘날에는 노스롭그루먼(Northrop Grumman)이라고 알려진 항공 우주 및 방위산업 회사인 노스롭코퍼레이션에서 '가치와 리더십' 세미나를 연달아 진행하고 있었다. 하루 일정 중 첫 번째 순서가 마무리된 후, 새로 임명된 노스롭 CEO로서 거의 파산 직전의 회사를 놀라운 수준까지 극적으로 회생시킨, 거침없는 표현에 능한 켄트 크레사(Kent Kresa)가 나에게 질문을 하나 던졌다.

"방금 이야기한 방법이 실제로 효과가 있는 겁니까?"

처음에는 오로지 나를 정당화하고 싶은 마음에 "물론이죠"라고 대답하고 싶은 충동이 일었다. 하지만 이전에는 누구도 이런 질문을 한 적이 없었다.

"그럴 겁니다." 내가 대답했다. "그렇지만 이 사실을 증명할 만한 연구를 해본 적은 없습니다. 그래서 사실 나도 잘 모릅니다. 한 번 알아보겠습니다."

나는 수업 시간마다 리더들에게 각자 팀과 정기적으로 점검하는 시간을 가지고 배운 내용을 어떻게 실천하고 있는지 동료들에게 피드백을 받으라고 지시했고, 그들이 당연히 나의 가르침을 잘 따를 것으로 생각했다. 활동에 대한 피드백을 구하는 것 자체가 그 활동의 수행력을 규제하고 개선할 수 있는 입증된 방법이다. 하지만 그들이 실제로 내 말을 진심으로 받아들였는지 확인해본 적은 한 번도 없었다.

내 교육 프로그램의 효과에 의문을 품지 않았던 이유는 당연하다. 어떤 결과가 나올지 두려웠기 때문이다. 현실을 외면한 채 이 방법이 최고라고 믿고 싶었다. 빈틈을 파고드는 질문을 받고 난 뒤 나는 생각을 바꾸었다. 노스롭의 인사 팀과 나는 내 수업에 참여한 리더들을 대상으로 동료들과 함께 배운 내용을 잘 지키고 있는지 조사했다.

몇 달 후, 그 수치는 고무적이었다. 우리가 더 많은 참가자를 조사할수록 그들은 동료들로부터 관리 기술에 대한 피드백을 더 많이 구했다. 우리의 추적 조사는 참가자들이 전략 워크북을 가지고 하루 동안 내 수업을 받았던 사실을 꾸준히 상기시켜주는 역할을 했다. 경영진이 관심을 가지고 지켜본다는 암묵적인 메시지도 함께 전달하며, 그들이 더 열심히 피드백을 구하고, 그 결과 배운 내용을 실전에 적용할 수 있도록 일깨워주었다.

몇 달이 지나고 나는 크레사 CEO의 질문에 대답할 준비를 마쳤다.

"네, 맞습니다. 실제로 좋은 결과를 냈어요. 단, 추적 조사가 진행돼야만 효과가 있었어요."

"젊은 친구, 내가 방금 당신의 경력을 하나 만들어줬네요." 그가 말했다.

그의 말이 옳았다(그의 질문은 내 인생을 바꿔준 또 하나의 "너는 더 잘할 수 있어" 에피소드였다). 그때부터 모든 종류의 추적 조사는 나의 사고방식과 코칭에 있어 필수 요소가 됐다. 이전에는 교육생들이 내 가르침을 실천하는 것은 개인의 동기부여와 규율에 달려 있다고 생각했다. '나는 다 가르쳤으니 그걸 배우고 사용하는 것은 그들에게 달렸어.' 물론 무모한 생각이었다. 사람들은 모든 형태의 자기 관리에 매우 서툴다는 수백 년에 걸쳐 쌓인 증거를 부인하고 있다. 내가 바뀔 수 있었던 것은 켄트 크레사의 기본적인 질문 덕분이었다. **방금 이야기한 방법이 실제로 효과가 있는 겁니까?**

후속 조치가 우리의 행동을 바꿀 수 있다는 사실을 배웠지만, 그 자체만으로는 효과적인 것이 아니었다. 우리가 규율과 의지라고 생각해왔던 동기부여와 에너지, 자기통제를 심어주기 위해서는 몇 가지 다른 행동들이 결합돼야 했다.

이 새로운 행동 양식은 우리 삶의 규율과 의지를 재해석한다.

숨 쉴 때마다 새로운 내가 된다면

사람들은 고귀하지만 지나치게 일반화된 이 두 가지 자질을 성공의 필수 기술이라고 여기는 경향이 있다. 나는 그렇지 않다고 생각한다. 그보다는 성공의 **증거**에 가까우며, 나중에서야 깨닫는 자질이다. 우리는 이러한 특성을 지나치게 단순화해서 규율과 의지(또는 그릿, 회복력, 인내, 참을성, 담력, 끈기, 도덕심, 결단력 등)라는 이름을 붙인다. 매우 특별하고 정확한 개념은 동의어가 많지 않다. '규율'과 '의지'의 구성 요소가 훨씬 구체적이고 이해하기 쉽다.

- 규칙 준수
- 책임
- 추적 조사
- 측정

이 네 가지 행동들은 규율과 의지를 대신하는 것이 아니라 새로운 전략의 일환으로 경기장을 질주할 교체 선수다. 각각의 행동들은 상황에 따라 다른데, 규칙 준수는 책임, 추적 조사, 측정과는 다른 문제를 해결한다. 성취하는 과정에서 상황에 따라 하나 또는 나머지를 이용하게 된다. 이 네 가지 요소가 모여 당신의 목표 추구를 체계화하는 행동 양식이 된다. 당신은 아마 일관되지 않더라도 이미 실천하고 있을 것이다. 마땅한 삶을 살고 싶다면 이 요소들을 활용해야 한다. 그렇지 않으면 가능성이 없다. 이유는 다음과 같다.

1. 규칙 준수

규칙 준수란 외적인 방침이나 규칙을 고수하는 것이다. 의학적 치료 과정에서 가장 흔하게 적용된다. 의사가 약을 처방하면 당신이 할 일은 일정에 맞춰 약을 먹는 것뿐이다. 무언가 특별한 일을 하지 않아도 된다. 그냥 의사의 지시를 따르면 치료될 것이다. 하지만 미국의 환자 중 약 50퍼센트가 약 먹는 것을 잊어버리거나 중간에 그만두고, 심지어는 단 한 번도 약을 먹지 않는다고 한다. 그만큼 규칙 준수는 어려운 일이다. 우리의 건강이, 어쩌면 우리의 인생이 불안정한 상태일 때조차도 확실한 치료법을 따르지 않는다.

24세 때 나는 농구 경기 도중에 강하게 날아오는 공을 잡다가 오른손 가운뎃손가락에 심한 부상을 당했다. 손가락 맨 끝마디만 부러진 나뭇가지처럼 힘없이 매달린 모양이었다. 도서관에서 내 부상에 대해 찾아보니 '망치 손가락(baseball finger)'인 것 같았다. 치료 방법은 간단했지만 따분했다. 8주 동안 부목을 대고 있어야 했는데, 샤워할 때도 제거해선 안 되었고, 손가락을 씻은 후에는 힘줄이 다시 늘어나지 않도록 평평한 곳에서 건조시켜야 했다. UCLA 병원 의사를 찾아가 내가 조사한 내용을 설명하자 그는 이렇게 말했다.

"네, 맞습니다. 망치 손가락 부상입니다. 부목 치료 절차를 따르시고 8주 뒤에 다시 봅시다. 그럼 괜찮아질 겁니다."

나는 치료법을 열심히 따랐다. 엄마가 갓난아기의 기저귀를 갈아주듯이 지극정성으로 손가락을 씻고, 말리고, 다시 부목을 댔다. 8주 후 병원에 다시 갔을 때, 의사는 내 손가락을 살펴보고는 치료가 끝났다고 말했다. 그러고는 이렇게 덧붙였다.

"환자분이 치료 과정을 끝까지 잘 따라주셔서 놀랐습니다. 8주 동안 이걸 지속하는 환자는 거의 없거든요."

내가 의사에게서 들은 매우 실망스러운 말 중 하나였다. 그는 내 부상을 진단하고 정확한 치료법을 제시했지만, 이 과정을 지키기 어렵다거나 나도 결국 실패할 것이라는 경고의 말을 해주지 않았다. 규칙을 지키는 것은 오로지 나에게 맡겼고, 의사는 희망을 품지 않았다. 마치 정지신호나 제한속도, 또는 '급경사 주의'나 '급커브 사고 위험지역' 등의 도로 표지판이 하나도 없는 길로 자동차 여행을 떠난 격이었다.

나는 히포크라테스가 의사들에게 강조한 "무엇보다도 환자에게 해를 입히지 않는다"라는 원칙이 떠올랐다. 그는 또한 "환자가 협조하도록 하라"라고 권고했다. 하지만 나를 진료한 의사는 내가 실패할 것으로 생각했으며, 히포크라테스 선서를 따르지도 않았다. 안타깝게도 이러한 경우는 예외가 아니라 여전히 흔한 일이다. 미국 의료계는 환자의 불이행으로 연간 1,000억 달러의 비용이 든다. 의사가 당신이 실제로 약을 받아 갔는지 약국에 확인하거나, 약을 잘 먹고 있는지 확인하기 위해 1~2주 뒤에 연락해 온 적이 있는가?

물론 내가 만난 의사는 옳은 행동을 했다. 규칙 준수를 이해하기는 쉬워도("그대로만 따라 하면 치료될 거야"), 직접 실천하기는 힘들다("이걸 매일 해야 하네, 윽!"). 인간은 형편없을 정도로 규칙을 지키지 못한다. 의사의 권고 사항, 선생님의 여름 독서 목록이나 매일 밤 숙제, 침대를 정리하라는 부모님의 요구, 편집자의 마감 기한을 어긴다. 난 그저 그가 환자에게 이러한 사실을 경고할 약간의 책임감이라도 느꼈으면 했다.

진실은 단순하다. 당신이 규칙을 지킬 수 있게 명령을 내리는 사람에게 의존할 수는 없다. 스스로 해내야 한다. 규칙을 강요하는 모든 상황에 의존할 수도 없다. 내가 부목 치료를 끝낼 수 있었던 것은 단지 너무 고통스러웠고 남은 인생을 불편한 손가락으로 살고 싶지 않았기 때문이다. 통증이나 보기 흉한 손만 아니었다면 내가 그렇게 치료법을 잘 따랐을지 의문이다.

나는 망치 손가락 부상 사건으로 한 가지 배운 점이 있다. 우리는 실패의 결과가 신체적·재정적·감정적으로 극도의 고통이나 처벌이 따를 때 행동 수칙을 준수할 가능성이 크다는 사실이다. 건강이 좋아지지 않는다. 부상도 치료되지 않는다. 직장을 잃거나 관계가 깨진다. 또는 기회를 놓치고 오랫동안 후회한다.

숨 쉴 때마다 새로운 내가 된다면

이와 같은 실존적 고통이나 처벌의 위협을 느낀다면, 그리고 상황의 심각성을 인지하는 극단적인 상황에 직면했다면 규칙 준수는 문제가 되지 않는다. 다른 선택지가 없기 때문이다. 이 밖의 경우라면 다른 전략이 필요할 것이다.

2. 책임

규칙 준수가 다른 사람이 우리에게 부과한 기대에 대한 생산적인 반응인 것과 다르게, **책임**은 우리가 스스로 부과한 기대에 대한 반응이다. 책임감에는 사적 책임과 공적 책임 두 가지 유형이 있다.

사적 책임의 흔한 예는 투두 리스트(to-do list)다. 우리는 할 일 목록을 수첩에 적거나 휴대전화에 입력해두고서 하루 동안 하나씩 지워나간다. 지워진 목록들이 작은 사적 책임이다. 목록의 절반 정도만 완수했다면 남은 일은 다음 날로 미룬다. 만약 이런 항목 중 일부가 일주일 뒤에도 미완성 상태로 남아 있다면 그 좌절이나 수치심은 우리만의 것이다. 다른 사람들은 알 필요가 없다.

나는 사람들에게 공개하는 걸 더 선호한다. 당신의 목표가 널리 알려지면 자동으로 위험부담이 커지고(사람들이 지켜보고 있기에), 그러면 성과도 좋아질 수 있다. 공개적인 실패에 대한 두려움은 내적 실망감과 결합해 매우 강력한 동기부여가 된다. 그래서 나는 고객들에게 행동을 바꾸겠다는 자신의 계획을 같이 일하는 사람들에게 전부 알리라고 권한다. 공표는 변화하려는 노력을 가시화하고, 이러한 가시성은 책임감을 높인다.

3. 추적 조사

규칙 준수와 책임은 동전의 양면과 같다. 둘 다 개인적으로 혼자 감당해야 하는 부담으로, 하나는 다른 사람에 의한 것이고, 나머지는 우리 스스로 자진한 것이다. **추적 조사**는 이 혼합체에 외부세계의 강제적인 힘을 가하는 것이다. 갑자기 다른 사람이 우리를 검사하고, 우리 의견에 관심을 보이고, 우리 피드백을 중요하게 여긴다. 더 이상 우리 삶의 유일한 소유주처럼 행동하지 못한다. 관찰, 검사, 판단을 받기 위해 한 집단에 소집됐다. 이로써 우리는 바뀐다. 좋든 싫든 추적 조사는 자기 인식을 키워주는 중요한 과정이다. 우리의 발전을 정직하게 판단하게 된다. 추적 조사가 없다면 우리는 절대 따로 시간을 할애해 스스로 점검하지 않을 것이다.

추적 조사는 다양한 형태로 나타난다. 인사 팀에서 회사 전반적인 설문 조사를 시행하고, 상사가 매주 경과보고를 요청하거나, 판매회사가 당신이 구매에 만족했는지 확인하는 것이 전부 추적 조사다. 다음 장에서 내가 추천할 추적 조사 유형은 포드사의 사업 계획 검토에서 파생된 주간 그룹 미팅으로 여섯 명 정도의 참가자가 서로를 추적 관찰하는 것이다. 어떤 형태의 추적 조사가 이루어지든 이를 불쾌해하기보다는 환영해야 한다. 우리의 원래 상태나 개인 공간을 침범하려는 것이 아니라 도움을 주려는 손길이다.

4. 측정

측정은 우선순위를 나타내는 가장 정확한 지표다. 우리가 측정하는 것이 그렇지 않은 것을 몰아내기 때문이다. 재정적 안전이 최우선인 사람은 매일 자기 자산을 확인한다. 살을 빼고 싶은 마음이 강하면 매일 아침 체중계에 올라간다. 위장병이 있다면 장내 생태계 성분을 측정할 것이다. 2020년, 매일 코로나19의 두려움 속에 사는 사람은 1년 전만 해도 한 번도 들어본 적 없었던 산소포화도(SpO_2)라는 수치를 측정하기 위해 옥시미터라는 작은 장치를 사용했을 수도 있다.

내가 하루 걸음 수부터 매주 친목 도모에 소비하는 총시간까지 온갖 종류의 개인 정보를 측정함으로써 의미를 찾는 과학자와 기술자 사이에서 급증하는 커뮤니티인 자기 정량화 운동(Quantified Self movement)의 정식 회원이라도 되는 것은 아니다. 하지만 몇 년 전 이러한 측정이 나에게 중요했던 시기에는 수면 시간, 집을 떠나 지낸 날짜, 아이들에게 사랑한다고 말한 횟수, 매일 감사함을 느낀 순간, 내가 가본 미슐랭 가이드 레스토랑을 기록했다. 이 수치는 나를 나아지게 했고, 대부분은 '만족스러운' 지점에 도달하면 측정을 멈추었다.

몇 년 동안은 항공사 마일리지를 집착적으로 측정했다. 마침내 1,000만 마일(약 1,610만 킬로미터)을 채우고 아메리칸항공사의 최고 등급인 컨시어지키(ConciergeKey) 회원 카드를 받은 순간, 나는 승리를 선언하고 더는 거리를 계산하지 않았다. 이 글을 쓰고 있는 지금의 나는 하루 걸음 수, 리다에게 한 친절한 말, 조용히 성찰한 시간, 손자들과 영상통화를 한 횟수, 하얀 음식(설탕, 파스타, 감자)을 먹은 양, 우선순위가 낮은 활동(예를 들면, 텔레비전 시청)에 소비한 시간 등을 측정하고 있다.

당신에게 의미 있는 측정이 전부 구체적이고 객관적인 수치일 필요는 없다. 추상적이고 주관적인 수치도 유의미할 수 있다.

건강상의 문제로 의사의 관리하에 엄격한 식이요법을 했던 내 친구 스콧의 예를 살펴보자. 스콧이 식이요법을 시작한 지 6개월째 되었을 때 내과 의사(의사도 같은 질병을 예방하는 차원에서 같은 식이요법을 하고 있었다)는 스콧에게 엄격한 식단을 얼마나 잘 지키고 있는지 스스로 평가해보라고 했다. 그러자 스콧은 "98.5퍼센트 정도 되는 것 같아요"라고 답했다. 내과 의사는 잠자코 다음 질문으로 넘어갔다. 스콧은 아무 반응이 없는 의사가 신경 쓰였다. 그래서 다음 날 의사에게 전화를 걸어 말했다.

"내가 98.5퍼센트라고 말했을 때, 당신이 나를 너무 엄격하게 판단한다고 느껴졌어요."

"전혀 아닙니다." 의사가 말했다. "사실 감명받았어요. 나는 80퍼센트도 안 되거든요."

그 수치가 부정확할 수는 있어도 자신과 비교할 수 있는 다른 사람의 수치를 듣는 것은 그 즉시 스콧에게 큰 의미가 있었다. 자신이 얼마나 규칙을 잘 지키는지에 뿌듯함을 느꼈다.

다음 장에서 당신에게 추천할 측정 역시 추상적이고 주관적인 수치다. 노력의 수준을 1부터 10까지의 기준으로 평가할 것이다. 당신이 얻는 6점이나 9점은 결국 추정치에 불과하기에 스콧의 98.5퍼센트보다 과학적이지는 않을 것이다. 하지만 마땅한 삶을 추구하는 맥락 속에서 이 수치는, 특히 당신의 수치를 다른 사람들과 비교할 수 있을 때 당신에게 매우 큰 의미가 될 것이다.

후회 없는 삶을 살기 위한 전략을 시행하기 시작하면 당신에게 이 네 가지 요소는 자연스러운 일이 될 것이다. 규칙 준수와 책임은 마치 일을 하는 것과 하루 쉬는 것 사이에 선택권이 있다는 듯이 흔들리는 당신의 불안한 노력을 매일 점검하지 않게 될 것이다. 심장박동이나 호흡처럼 자율신경계 일부로 진화할 것이다. 그리고 추적 조사와 측정은 당신의 하루에 의미와 목적을 주는 피드백 회로가 될 것이다. 더 이상 눈과 귀를 가리지 않고 데이터에 집중하게 된다. 이런 식으로 규율과 의지는 점차 우리 삶에 자리 잡는다. 태어날 때부터 내재된 능력이 아니기에 매일매일 노력을 통해 얻어야 한다.

하지만 이 네 가지 행위를 한데 묶는 요소가 하나 더 있다. 이미 당신도 잘 알고 있는 거대한 것이다. 이 요소는 당신 인생의 모든 사람으로 구성돼 있다. 당신이 **공동체**라고 여기는 영역이다.

어쩌면 당신은 자기 자신이 모든 선택의 책임을 지고 절대로 "공평하지 않아!"라고 칭얼대지 않으며 희생자나 순교자의 역할을 거부하는, 온전히 자기 힘으로 성장한 강인한 개인주의자라고 생각할지 모른다. 내가 만난 훌륭한 사람들은 이러한 자질을 모두 지니고 있었지만 한 가지는 예외였다. 그 누구도 자기 혼자 힘으로 이 자리까지 왔다고 생각하지 않았다. **그 누구도 자신이 온전한 자수성가형이라고 생각하지 않았다.** 마땅한 삶은 혼자 이룰 수 없다는 사실을 그들은 잘 알고 있다. 우리는 오직 공동체 안에서만 발전할 수 있다.

성공한 사람들은 자신의 선택과 열망이 다른 사람에게 영향을 준다는 사실을 알고 있었고("인간은 섬이 아니다"), 공동체는 일방통행이 아니라는 사실을 절대 잊어버리지 않았다. 공동체 안의 모든 것은 상호 관계에 있다. 다른 사람들을 위로하고, 지속해서 관찰하고, 서로를 연결해주고, 아니면 그저 그들의 말에 귀 기울여주는 등 우리가 보답을 바라지 않고 하는 선한 행동 대부분은 원했든 그렇지 않든 결국 당신에게 돌아온다. 왜냐면 상호작용은 공동

숨 쉴 때마다 새로운 내가 된다면

체의 본질적인 특성이기 때문이다.

하지만 공동체에서의 상호작용은 단순히 두 명의 개인이 주고받는 2차원적인 형태는 아니다. 올바른 사회에서는 더 입체적으로 작용하며, 마치 모든 사람이 때를 가리지 않고 누구든 도와주고 지도하는 자격증이 있는 것처럼 보인다. 거래하듯이 "내 등을 긁어주면 네 등도 긁어줄게"와 같은 공격적인 상호작용은 아니다. 어떤 사람이 "도움이 필요해요"라고 말하면서 시작된다. 그러면 누군가가 "내가 얻는 것은 뭔데?"와 같은 계산 없이 그들의 간청을 듣고 "내가 도와줄게"라고 대답한다. 건강한 사회에서는 "내가 도와줄게"가 기본 반응이다. 만약 건강한 사회의 구성원 사이에서 일어나는 의사소통과 관대한 행동을 교차하는 선으로 표현하면 잭슨 폴록의 드립 페인팅 그림이나 인간의 신경계 지도처럼 복잡하게 마구 얽혀 있는 형태일 것이다.

나는 일흔 살이 다 될 때까지도 이러한 현상을 완전히 이해하지 못하다가 어느 날 아침 문득 지금껏 나만의 공동체를 만들어왔으며(100명의 코치 프로젝트), 이것이야말로 사람들이 충분히 만족하는 마땅한 삶을 살 수 있도록 엄청난 영향력을 발휘하는 존재라는 사실을 깨달았다. 새로운 세상에 발을 들이게 된 것은 여전히 나에게는 기적 같은 일이다. 그리고 여기에는 들어볼 만한 배경 이야기가 있다.

9장

배경 이야기

마땅한 삶에 도달하기 위해 무엇을 해야 할지 우리는 이미 알고 있다. **당신이 원하는 인생의 모습을 결정한 다음, 그 인생을 실현하는 데 필요한 만큼 열심히 노력하는 것이다.**

오직 당신만이 그 꿈을 그릴 수 있다. 당신에게 영향력 있는 사람들이 저마다의 의견을 가지고 당신이 현명한 길을 선택할 수 있도록 합리적이고 감정적인 도구를 제시할 수도 있다. 하지만 그 시기가 빨랐든 몇 년간의 방황을 거쳤든 결국 그 결정은 전적으로 당신의 몫이다.

어려운 과정은 체계를 적용함으로써 극복해야 할 과제다. 체계란 목표 성취를 어렵게 하는 제멋대로인 충동을 길들이는 방법이다. 우리 인생을 다듬고 보완하기 위한 가장 효과적인 도구이며, 인생의 방향을 선택하는 것과 다르게 체계는 다른 사람의 영향으로 쉽게 채택하거나 영감을 받을 수 있다.* 만약 우리가 스스로 적당한 체계를 정할 수 없다면, 건강관리에 도움을 줄 개인 트레이너든, 직장에서 일정을 정해주는 상사든, 집 정리의 계획을 세워주는 책이든 다양한 곳에서 정보를 찾을 수 있다.

내 명함에는 이름 아래에 합법적으로 '**체계 컨설턴트(Structure Consultant)**'라고 적을 수 있다. 그게 내가 하는 일이다. 기본 토대를 파악하기 위해 행동 문제라는 껍질을 벗겨낸 다음 **진짜 문제**를 해결할 기반을 재구성한다.

나는 NIT 증후군(Not-Invented-Here syndrome: 외부의 해결책을 받아들이지 않으려는 배타적인 태도 – 옮긴이)에 빠지지 않았다고 기쁘게 고백한다. 나는 다른 사람의 아이디어를 잘 이해하고, 누군가가 만든 실행 가능한 아이디어를 알게 되면 내 것으로 흡수한다. 내가 가치를 더하는 방법은 그 아이디어에 다른 아이디어를 결합해 나와 고객들에게 적합한 체계로 만드는 것이다.

10장에서 다루게 될 인생 계획 검토(Life Plan Review), 줄여서 LPR이 바로 그런 체계다. 이 책의 가장 중요한 행동 방침으로, 의

● 체계는 특히 작은 문제와 관련해 유용하다. 한 친구는 내가 매일 아내에게 다정한 말을 몇 번이나 했는지 기록하는 걸 두고 놀린 적이 있었다. "아내에게 다정하게 말해야 한다는 것까지 매번 알려줘야 해?" 친구가 말했다.
"나한테는 분명히 필요해." 내가 대답했다. "더 좋은 사람이 되기 위해 이런 도구를 사용하는 일은 부끄럽지 않아. 진짜 부끄러운 것은 그 사실을 알아도 아무런 행동도 하지 않는 거겠지."
이것이 체계를 도입하는 것의 힘이다. 체계는 우리의 기준을 느슨해지지 않도록 일깨워준다. 특히 당연한 일이라고 생각하는 작지만 꼭 필요한 감정 표현에 효과적이다. 그 친구는 이제 매일 자기 아내에게 "내가 뭘 도와줄까?"라고 몇 번이나 물었는지 기록하고 있다.

미 있는 변화를 만들고 마땅한 삶으로 이끌기 위한 주간 점검의 형식을 띤다. 일을 하면서 나는 다른 사람의 좋은 변화를 돕고 싶다는 생각을 하게 됐는데, 이 과정에서 얻은 일곱 가지 깨달음에 명료한 체계를 세운 최종 결과물이 바로 이것이다. 최근에서야 개발한 것으로, 5년 또는 10년 전에는 상상도 못 했던 일이다. 그때는 준비가 부족했다.

다음 장에서 인생 계획 검토라는 개념을 이해하려면 나에게 깊은 인상을 남겼던 깨달음은 무엇이며, 서로 어떻게 결합하게 됐는지, 그리고 이들의 합이 왜 중요한지 아는 것이 도움이 된다.

1. 준거집단

2장에서 이야기했던 주제로 잠시 돌아가보자. 1970년대 중반, 루스벨트 토머스 주니어가 준거집단에 대한 아이디어를 이야기했을 때 나는 이 개념의 중요성을 잘 이해하지 못한 채 직장에서의 다양성 인정이 필요하다는 점을 미국 기업에 교육하기 위해 고안한 것으로만 생각했다. 루스벨트는 조직이 다양한 차이를 받아들일 때 더 다채롭고 강력해진다고 믿었다. 준거집단 개념은 개인이 특정 준거집단에 **동질감**을 가지면 그 집단에서 인정받고 싶은 욕구에 따라 행동한다는 사실을 이해할 수 있도록 만든 체계다. 사람들은 자신이 동일시하는 집단에 받아들여지기 위해 어떤 일이든 할 것이다.

미국 기업 내에서의 준거집단 체계는 그가 **선호**와 **요구**라고 부르는 개념의 차이가 드러난다. 어떤 사람이 선호하는 것, 예를 들어 어떻게 옷을 입고, 어떤 음악을 좋아하고, 어떤 정치적 견해가 있는지는 그 사람이 직장에서의 요구를 충족하거나 초과한다면 아무 상관이 없다. 만약 리더가 이 둘을 구분하고 직원의 개인적 선호는 업무적 요구 사항과 연관 지을 필요가 없다는 사실을 인지한다면, 직장은 더 많은 다름과 별남을 용납하게 될 것이다. 리더는 피상적인 것으로 감정 상할 일이 줄어들고 순종에 집착하지 않게 되며, 직원들도 훨씬 환영받는다고 느낀다. 이 훌륭한 통찰력은 팀 안에서 개인을 바라보는 리더의 시각을 깨우치려는 데 목적이 있다.

나는 이 개념을 경영진이 더 좋은 리더가 되는 데 어떤 도움이 됐는지의 관점에서 바라보았다. 준거집단이 가진 힘을 다른 관점, 즉 준거집단 구성원의 관점에서 생각하지 못했다. 또한 이 개념을 직장 외의 곳에는 적용하지 못했고, 내 인생에서도 마찬가지였다. 나는 수십 년 동안 다른 면에서는 영리하지만 그들의 사회적 가치나 기본 지식을 납득할 수 없었던 사람들 때문에 불만을 느껴왔다. 나에게는 그토록 무지하고 터무니없는 것을 그들은 어떻게 믿을 수 있을까? 이런 혼란은 60대가 훌쩍 넘을 때까지 계속됐다. 그리고 문득 루스벨트 토머스의 요점을 떠올렸다.

한 사람의 준거집단을 안다면, 즉 그들이 누구 또는 무엇과 깊이 연결돼 있다고 느끼고, 누구에게 감명을 주고 싶고, 누구의 존경을 원하는지를 안다면, 왜 그들이 그러한 방식으로 대화하고 생각하고 행동하는지를 이해할 수 있게 된다. 그들의 의견에 동의할 필요는 없지만, 그들이 세뇌당하거나 무지하다고 치부할 가능성은 훨씬 줄어들 것이다. 그와 동시에 그들도 마찬가지로 당신의 생각을 이해하지 못할 수 있다는 사실을 깨닫는다. 이 과정을 통해 나는 참을성이 많아졌고 많은 것들을 공감할 수 있었다. 또한 준거집단의 활용도에 대해 생각하기 시작했다. 사람들의 행동을 바꾸기 위해 루스벨트의 통찰력을 적용할 만한 체계가 있었을까?

나는 루스벨트 토머스라는 거인의 어깨에 더 빨리 올라갔어야 했다.

2. 피드포워드

'피드포워드(Feedforward)'는 내가 CEO들을 코치하기 시작했을 때 존 카첸바흐(John Katzenbach)와 대화를 나눈 후부터 사용한 용어다. 직장에서의 의견 교환을 일컫는 단어인 '피드백'과는 대조되는 말이다. 피드백이 당신의 과거 행동에 대한 사람들의 의견으로 이루어져 있다면, 피드포워드는 당신이 미래에 활용하면 좋을 만한 다른 사람들의 아이디어를 뜻한다. 그리고 내 고객이 선택한 하나의 행동을 바꾸는 12~18개월 동안의 프로그램에서 가장 마지막 단계이기도 했다. 고객들은 변화를 약속한 뒤, 앞으로 바꿔겠다는 의사를 공개적으로 알리고, 과거의 잘못된 행동을 사과하고, 사람들에게 과거로 돌아가려는 조짐이 보이면 지적해달라고 부탁하며, 항상 그들의 도움에 감사하는 마음을 가진다. 피드포워드 단계는 복잡하지 않다.

- 바꾸고자 하는 행동을 한 가지 선택한 뒤, 지인과 일대일 대화를 하며 당신의 다짐을 알린다.
- 그 사람(꼭 직장 동료일 필요는 없고 누구든 괜찮다)에게 당신이 목적을 달성하는 데 도움이 될 만한 두 가지 조언을 부탁한다.
- 그들의 조언을 평가하지 않고 귀담아들은 후 "고마워요"라고 말한다.
- 모든 조언을 따르겠다고 약속하지 않는다. 일단 받아들인 후에 그중에서 당신이 할 수 있는 것만 선택한다.
- 또 다른 이해 당사자들과 이 과정을 반복한다.

피드포워드는 직원들에게서 솔직한 조언을 받는 데 익숙하지 않은 CEO들 사이에서 큰 인기를 끌었다. 이 방법은 CEO의 행동에 대한 논의를 두 사람 간의 친밀한 대화 수준까지 낮출 수 있었다. 피드포워드가 효과 있었던 이유는 성공한 사람들이 반드시 비판을 즐기는 것은 아니어도 미래에 대한 아이디어는 기꺼이 받아들였기 때문이었다. 게다가 CEO들은 어떠한 제안도 반드시 따라야 할 이유가 없었다. 그들은 그저 잘 듣고 "고마워요"라고 말하면 됐다.

어느 시점이 되면 나는 CEO들에게 호의에 대한 보답으로 상대방도 바꾸고 싶은 부분이 있는지 물어보면서 양방향 대화로 전환할 것을 추천했다. 조언을 제공한 사람들은 CEO의 고위 경영진인 경우는 거의 없었고, 먹이사슬의 한참 아래에 있었다. 하지만 피드포워드는 직원들이 상사와 동등한 위치에서 대화할 수 있도록 했다. 단순히 두 사람이 서로를 돕는 행동이었다. (대통령 임기 동안 백악관 직원과 농구 게임을 했던 버락 오바마를 떠올려보자. 코트 위에는 계급이 없었다. 대통령이든, 같은 팀 동료든, 상태 팀이든 모두 동등했다.)

피드포워드는 (비판이 아니라 통찰력이나 조언이기에) 낯선 사람과 주고받을 때조차도 이해하기 쉽고 받아들이기 수월한 개념이다. 나는 모스크바에서 열린 큰 행사에서 연설을 한 적이 있다. 행사장에 온 청중은 5만 명에 이르렀고 대부분 통역을 통해 내 이야기를 듣고 있었다. 나는 그들에게 잠시 일어서라고 한 뒤 내가 말하는 대로 따라 하도록 했다. 먼저 두 명씩 짝을 지어 각자 자기소개를 한다. 자신이 개선하고 싶은 한 가지를 고른 다음 피드포워드를 받는다. 고맙다고 말한다. 이제 자신의 파트너에게 그가 개선하고 싶은 한 가지가 무엇인지 물어본 다음, 피드포워드를 제공한다. 내가 그만하라고 할 때까지 새로운 파트너들과 이 과정을 반복한다. 5만 명의 사람들이 10분 동안 무대 위에 서서 활기차게 대화를 나누는 모습을 지켜보는 동안 강연장 안의 말소리와 온도가 눈에 띄게 높아졌다.

피드포워드 체계는 회사 내 상류 계급층에서 절대 볼 수 없었던 **진실한 선의와 비판 없는 상호관계**를 만들었다.

3. 이해 당사자 중심의 코칭

내가 이 아이디어를 얻은 것은 "당신의 고객은 누구이고, 그들은 무엇을 중요하게 여기는가?"라는 피터 드러커의 유명한 질문에서였다. 그의 질문을 이해 당사자 중심의 코칭으로 발전시켰다. 나는 드러커의 뛰어난 통찰력 중에서도 고객에 주목한 부분이 가장 오래 기억될 것이라고 확신한다. 드러커는 사업의 모든 것이 고객에게서 시작한다고 믿었다. 그는 "당신의 고객은 누구인가?"라고 질문하면서 '고객'의 포괄적인 정의를 받아들이도록 이끌었다.

고객은 당신의 제품이나 서비스에 돈을 지불하는 사람 그 이상의 존재다. 고객은 상품 및 서비스의 최종 소비자와 같은 당신이 절대 만나지 않는 사람일 수 있다. 또는 그 구매를 찬성한 의사 결정자이거나 당신의 상품을 자기 목적에 맞게 개량하고 용도를 바꾸는 일반 시민일 수도 있고, 미래의 고객에게 영향을 끼치는 유명 인사일 수도 있다. 드러커는 인생의 매우 다양한 상황은 판매자와 구매자 사이에 사고파는 교환처럼 노골적으로 거래와 관련돼 있지 않기 때문에, 모든 상황에서 '고객'을 알아보는 것은 복잡한 문제일 수 있다고 강조한다. 당신이 생각한 사람이 반드시 그렇지 않을 수도 있다.

그의 통찰력은 나에게 큰 충격을 주었다. 그리고 결국 나의 코칭 방식에도 영향을 주었고, CEO들 또한 자신의 고객은 누구인가에 대한 정의를 확장해야 했으며, 높은 위치에서는 무엇보다도 그들을 위해 일하는 모든 사람이 고객이라는 사실을 깨달았다. 결국 리더가 자기 행동을 개선한다면 그들의 동료가 개인적으로나 일적으로나 이익을 얻게 된다.

그래서 나는 드러커의 '고객'이라는 개념을 살짝 비틀어 '이해 당사자'라는 용어를 사용함으로써 직원들은 CEO의 성장에 있어 개인 투자자이거나 이해관계가 얽혀 있는 사람이라는 사실을 강조하고자 했다. 나의 고객들이 섬기는 리더가 돼 자기 자신을 먼저 걱정하기보다는 항상 직원들, 즉 그들의 이해 당사자가 중요하게 여기는 행동을 최우선으로 생각하기를 원했다. 내가 제시한 체계는 리더 중심이 아닌 이해 당사자 중심의 체계였다. 이 또한 거래와 관련돼 있으며 윈윈 전략이었다. 리더는 직원들의 존경심을 얻고, 직원들은 CEO의 감사함을 받는다.[*]

이 체계는 일터 너머에서도 가치가 있는 신선한 관점이다. 고

---

[*] 2019년 8월 19일, 비즈니스라운드테이블(미국 200대 대기업의 이익을 대변하는 협의체-옮긴이)에서는 CEO 181명이 기업의 목표로써 중요한 모든 이해 당사자에게 이익을 주는 개념을 공식적으로 지지한다는 성명을 발표했다.

객과 직접 대면하는 산업은 고객에게 무례하거나 무심한 태도를 보이면 살아남지 못한다. 이들은 고객에게 최고의 모습을 보여주며, 때로는 동료나 가족을 대할 때보다 더 좋은 모습을 보이려고 한다. 내 경험에 따르면, 리더들이 직장에서 이해 당사자 중심의 사고방식에 익숙해지고 나면 그 **배려심**이 결국에는 개인 생활에도 스며들었다. 그들이 사랑하는 사람들, 즉 집 안에서의 이해 당사자에게 더 다정해졌다. 인생에서 만나는 모든 사람들은 '**고객**'이 됐다. 이러한 변화를 겪는다면 당신 주위는 더 너그럽고 잘 도와주는, 친절한 환경이 될 것이다. 사람들은 그런 곳에 몰려들고, 당신 주변에 계속 남을 것이다.

4. 사업 계획 검토(BPR)

포드사의 전 CEO 앨런 멀럴리가 주간 회의를 구성한 방식을 떠올려보자. 4장에서 함께 살펴본 내용이다. 앨런은 나와 일을 시작했을 때, 이 훌륭한 개념에 관해 설명해주었지만, 그때만 해도 그의 이야기를 주의 깊게 듣지 않았다. 나는 BPR이 시간과 날짜가 정해져 있고, 의무적으로 참석하고, 5분 동안 보고하는 시간을 갖고, 진행 상황을 신호등 색깔(빨강, 노랑, 초록)로 점수를 매기고, 의견을 평가하거나 비꼬지 않는 등 엄격한 회의 운영 방식이라고 생각했고, 앨런 같은 뛰어난 공학자가 매력을 느낄 만한 구조라고 생각했다. 그는 이 개념을 포드에 가져가 무너져가는 자동차회사를 쇄신하기 위한 경영 방식의 핵심으로 삼았다.

조금 더 깊게 살펴본 결과, BPR은 냉정한 기술 관료제가 아니라 인간에 대한 통찰력 있는 **이해**를 기반으로 하고 있었다. 앨런은 마치 드러커의 '고객'에 관한 아이디어를 주간 BPR 회의에 적용한 것 같았다. 그는 임원진을 부하 직원이 아닌 서로의 성공과 관련된 이해 당사자로 대했고, 각각의 임원들은 그 밖의 이해 당사자 집단(소비자, 공급업체, 지역사회 구성원 등)을 대표했다. 그렇게 함으로써 BPR에 참여하는 모든 사람은 자기 자신과 해당 집단에 **책임**이 생겼고, 내적 인정은 물론 더 훌륭한 곳에 속하고 싶다는 **욕구**까지 두 가지를 모두 충족했다.

BPR을 통해 앨런은 어떤 기업이나 목표에 적용할 수 있는 무적의 요새를 지었다. 그리고 나는 생각했다. 성공한 사람들이 지속적으로 자기 행동에 긍정적인 변화를 이룰 수 있도록 돕는 데 이 개념을 적용할 수 있다면 참 좋을 텐데.

5. '이제 무얼 하지?' 주말

대략 2005년부터 나는 우리 집에 고객들을 몇 명 초대해 이틀간 '이제 무얼 하지?' 시간을 가지며 그들이 인생의 다음 단계로 나아갈 수 있도록 돕기 시작했다. 나는 대부분의 고객들과 일대일 코칭을 끝내고 나서 한참 뒤에도 그들에게 후임자를 훈련하고 물러나야 하는 피할 수 없는 운명이 다가올 때까지 연락을 유지했다. (나의 조언은 항상 똑같았다. **너무 짧은 1년이 너무 긴 1분보다 낫다.** 다시 말해, 박수 칠 때 떠나라. 절대 이사회가 먼저 요구할 때까지 기다리지 말라. 당신 뒤를 이을 후보들이 이를 원망하지 않을 것이다.)

나는 고객들이 회사를 떠난 뒤에도 그들이 다음에 무엇을 할지 결정할 수 있도록 계속 도움의 손길을 놓지 않았다. 성공한 리더는 앞으로 할 수 있는 일이 많다는 사실을 알고 있었지만(컨설팅, 교육, 사모 펀드, 자선 활동, 이사진, 다른 CEO 자리, 또는 아스펜에서 스키 타기 등), 선택지가 많다고 해서 선택이 더 쉬워지는 것은 아니다. 당신이 무엇이든 할 수 있고 더 이상의 급여는 의미가 없다면 아무것도 하지 않고 제자리에 머무르기 쉽다. 어떤 고객은 이를 "인생 제3막의 불행"이라고 불렀다. 항상 정상에서 내려오는 것이 올라가는 것보다 더 위험하다.

이런 시간을 몇 번 가진 후에 알게 된 가장 흥미로운 사실은 많은 참가자가 고립돼 있다고 느끼며 사람들과의 대화를 갈망하고 있다는 것이었다. 특히 과거에 CEO였던 사람들이 더 그랬다. 최고의 자리는 외로운 곳이다. 이들 중에 솔직한 대화를 나눌 만한 동료가 있는 사람은 거의 없었다. 그들에게 '이제 무얼 하지?' 주말은 존경하는 사람들과 모든 이야기를 할 수 있는 장소가 됐고, 모든 사람이 비슷한 문제를 가지고 있으며, 적절한 환경, 즉 저마다 배경은 다양하지만 비슷한 상황에 처한 사람들의 소모임에서 선뜻 마음을 열고 공유한다는 사실을 알게 됐다. 그리고 이 주말은 매년 모두가 기다리는 시간이 됐다.

6. 오늘의 질문

사람들은 계획은 잘 짜지만 실천은 못 한다. 오늘의 질문은 좋은 의도로 시작했지만 불확실한 실천이 반복되는 행동을 고치기 위해 15년 전의 내가 선택한 도구다. 책 《트리거》에서 이 내용을 자세하게 설명하면서 목표와 실천 또는 행동과 계획을 일치시키겠다는 결심을 매일 점검하는 22가지 질문 목록도 함께 수록했었다. 여기에서 중요한 핵심은 모든 질문이 "나는 최선을 다해서……"로 시작해서 구체적인 목표, 예를 들어 "분명한 목표를 설정했는가?", "운동했는가?" 또는 "바꿀 수 없는 문제에 에너지를 낭비했는가?"로 끝난다는 것이다. 하루가 끝나면 내가 얼마나 노력했는지에 따라 각 항목에 1점부터 10점 사이의 점수를 매겼다. 이 과정에서는 결과가 아니라 노력을 측정한다. 결과를 언제나 통제할 수 없어도 우리 모두 노력은 할 수 있다.

계획을 꾸준히 지킬 수 있도록 몇 년 전부터 매일 저녁 전화를 걸어주는 '코치'를 고용했다. 이것은 원하는 결과를 얻을 수 있는 내가 접한 가장 최고의 실행 루틴이다. 하지만 힘든 부분도 있다. 당신이 정말 중요하다고 생각한 목표가 자주 1점이나 2점을 받는 것은 실망스러울 것이다. 이런 고통을 겪으면 포기하기 쉽다. 하지만 끝까지 버티면 좋은 결과를 볼 수 있다. 어떤 문제라도 그렇다.

이 방법은 내가 고안한 것이 아니다. 이는 모두 자기 계발의 창시자인 벤저민 프랭클린의 덕이다("한 푼 아끼면 한 푼 번 것과 마찬가지다"). 그는 책《자서전(Autobiography)》에서 매일 **투두 리스트**("기상, 세수, 신에게 기도하기. 하루 계획 세우고 결의 다지기. 현재 하고 있는 공부하기. 아침 식사")를 작성한 것 외에 장기적인 자기 점검 방법도 설명했다. 그는 자신이 완벽하게 하고 싶은 덕목 13가지를 작성했다.＊ 13가지 덕목을 동시에 애쓰기보다는 한 번에 한 가지 덕목을 선택해 완전히 익힐 때까지 손에서 놓지 않았다. 해당 덕목을 지키지 못할 때마다 수첩에 표시했고, 하루를 마무리할 때 표시한 횟수를 합산했다. 총합이 0이 되면 완수했음을 인정하고 다음 덕목으로 넘어갔다.

벤저민의 루틴은 250년도 더 된 것임에도 오늘날 여전히 활용되고 있다. (NBA의 날카로운 슈터 스테판 커리의 100번 슛 연습 방법도 이와 비슷하다. 커리는 코트의 다섯 곳에서 점프 슛을 연습하는데, 한 지점에서 슛을 연달아 20번 넣기 전에는 다음 지점으로 이동하지 않는다고 한다. 한 번만 실패해도 처음부터 다시 시작한다.) 여기에서 영감을 받아 '오늘의 질문'의 기반을 닦았다.

● 절제, 침묵, 질서, 결단, 절약, 근면, 정직, 정의, 중용, 청결, 순결, 평정, 겸손.

아침 질문: 오늘은 어떤 좋은 일을 할 것인가?	5	기상, 세수, 신에게 기도하기, 하루 계획 세우고 결의 다지기, 현재 하고 있는 공부하기, 아침 식사
	6	
	7	
	8	
	9	
	10	일하기
	11	
	12	책을 읽거나 장부 확인하기, 점심 식사
	1	
	2	
	3	일하기
	4	
	5	
	6	
	7	주변 정리 정돈하기, 저녁 식사, 음악을 듣거나 오락을 하거나 대화하기, 하루 돌아보기
	8	
	9	
	10	
저녁 질문: 오늘은 어떤 좋은 일을 했는가?	11	
	12	
	1	잠자기
	2	
	3	
	4	

7. 100명의 코치

나 자신을 공동체 안에 두는 것은 가장 최근에 가슴 깊이 깨달은 요소이며, 나의 수입 문제를 해결해주기도 했다.

아이세 비르셀이 나에게 영웅의 이름을 대보라고 했을 때, 나는 기대해본 적도 없는 무언가를 열망하게 됐다. 석가모니가 나의 영웅이라고 소리 내어 말하면서부터 모든 것이 시작됐다. 석가모니에 관한 한 가지 흥미로운 점은 그가 3000년 전에 살았던 인물이고, 그의 가르침을 기록한 문서가 하나도 남아 있지 않음에도 여전히 약 5억 6,000만 명의 사람들이 불교를 수행하고 있다는 사실이다. 어떻게 이런 일이 가능할까? 그건 부처가 자신의 모든 지식을 전수했고, 그 가르침을 받은 사람이 이를 세상에 전파했기 때문이다.

아주 작은 규모지만 나도 같은 일을 해냈다. 2016년 5월 산책을 하던 중에 이 아이디어가 떠올랐다. 집으로 돌아오자마자 뒷마당에 서서 충동적으로 휴대전화를 꺼내서 지원자 15명에게 내가 아는 모든 것을 가르쳐주겠다는 30초짜리 영상을 찍었다. 단, 선택받은 사람들은 미래의 언젠가 나와 같은 일을 하겠다고 약속해야 한다는 조건을 걸었다. 나는 이를 "15명의 코치 프로그램"이라고 불렀다. 약간의 반응을 예상하며 링크드인 SNS에 이 영상을 올렸다. 하루 만에 2,000장의 신청서를 받았고, 최종적으로 1만 8,000장이 모였다. 지원자 대부분은 전혀 모르는 사람들이었다. 하지만 익숙한 이름도 보였다. 코치나 학술계 유명 인사, 함께 일했던 인사 책임자, 사업가나 CEO, 그리고 내 친구들도 있었다. 나는 야망을 살짝 키워서 총 25명을 뽑았다.

우리는 2017년 초 보스턴에서 처음 만났고, 그곳에서 나의 코칭 과정을 설명하고 지원자들에 대해 알아가는 시간도 가졌다. 내 계획은 성공한 사람들을 일대일 코칭하는 과정과 똑같이 지원자 25명을 코칭하는 것이었고, 그러려면 수많은 확인 전화와 시간 조정이 필요했다. 시간이 아주 많이 드는 방법이었다. 보통 나는 가장 바쁜 해에는 일대일 코칭 고객을 여덟 명 정도 둘 수 있었다. 이제는 그 3배에 달하는 업무량을 맡게 됐다. 하지만 그래도 괜찮았다. 내 마음속에서 이 일은 과거의 유산을 이어가는 프로젝트 같았고, 지원자들을 하나의 집단이라기보다는 25개의 개별 과제라고 여겼다. 이 기획이 하나의 바퀴라면, 나는 바퀴의 중심축이고 그들은 바큇살이었다. 이들의 유일한 공통점은 **나 자신**이었다. (놀랍게도 내가 관심의 대상이 되자 모든 것에 열정이 솟구쳤다.)

나는 이들에게 더 좋은 아이디어가 있으리라고 기대하지 않았다. 내 코칭의 학습곡선은 가팔랐고, 지원자들은 빨리 배우는 사람들이었다. 몇 달이 지나자 그들에게는 내가 필요하지 않다는 것을 깨달았다. 대신 서로에게 의지하며 이야기와 아이디어, 도움을 나누었다. 나의 조력자가 되려던 사람들은 서로에게 준거집단이 돼갔다. 또한 새로운 사람을 데려오고 싶어 했고, 이 개념은 내가 미처 생각하지 못했지만 즉시 인정할 수 있었다(강력한 공동체는 계속 커지려고 하고, 약한 사회는 이를 거부한다). 1년 안에 25명의 코치는 100명이 됐다. 지명하거나 면담하는 과정은 없었다(이건 사교 모임이나 우등생 모임이 아니었다). 만약 어떤 구성원이 우리 집단에 들어와 도움을 얻을 수 있는 사람을 알면, 그 사람은 구성원의 특별한 선택을 받은 사람으로서 환영받았다. 이 과정은 공동체를 놀랄 정도로 다채롭게 만들었고, 이는 언제나 기쁜 일이었다.

일과 관련된 모임을 만들기 위해 잠깐씩 시도해본 적은 있지만

100명의 코치는 특별한 존재가 돼가고 있었다. 코치들이 런던이나 뉴욕, 보스턴 등에서 1년 내내 사교 모임을 하고 있다는 이야기를 듣기 전까지는 그 이유를 확신할 수 없었다. 이스라엘의 텔아비브에서 온 한 구성원이 샌디에이고에 방문한다는 사실을 모임에 알리자, 그 지역의 구성원들이 그녀를 위해 준비한 저녁 식사 모임에 나를 초대했다. 정말이지 놀라운 경험이었다. 그곳의 사람들은 자기 홍보나 인맥 쌓기에 관심이 없었다. 괴짜 삼촌도, 스트레스를 받는 가정사도 없는 가족 모임 같았다. 비판 없는 공간에서 서로를 만나게 된 행운을 축복하고 있었다.

지금까지 살펴본 총 일곱 가지 아이디어에는 한 가지 공통점이 있다. 바로 혼자 힘으로는 할 수 없다는 것이다. 두 명 또는 그 이상의 사람들이 모였을 때 가장 효과적이다. 다시 말해 이 개념들은 우리가 공동체라고 부르는 환경에서 가장 강력하다. 표면상 혼자 하는 절차 같은 '오늘의 질문'조차도 매일 밤 배우자가 당신의 점수를 점검하면 훨씬 효과적이다. 책임감과 루틴을 유지할 가능성이 커진다.

나는 결론을 도출하기까지 40년이 걸렸다는 사실이 놀랍거나 슬프지 않다. 귀담아들을 준비가 됐을 때 각각의 아이디어를 얻을 수 있었다. 앨런의 BPR과 주간 회의에서 나타난 집단역학에 관한 통찰력은 분명한 터닝 포인트였다. 매일 질문을 던지는 끊임없는 자기 점검을 앨런의 BPR이 제공한 장기적인 이익과 결합한다면 어떤 인생에도 적용할 수 있는 체계를 얻게 된다는 깨달음을 어느 날 문득 얻었다. 앨런도 동의했다. 우리는 이를 '인생 계획 검토(LPR)'라고 부르기로 했다.

2020년 1월, 계속 확대되는 100명의 코치 커뮤니티의 구성원 160명이 샌디에이고에서 내가 주관한 3일간의 회담을 위해 전 세계에서 모였다. 이들이 즐기는 모습을 보면서 내가 의도치 않게 만들었던 매우 따뜻한 공동체를 보고 감탄을 내뱉었다. 기적이나 다름없었다.

전 세계가 팬데믹으로 6주간 락다운을 시행한 이후, 모든 것이 바뀌었다. 코로나바이러스는 사람들의 건강과 생계, 그리고 재정에 심각한 위협을 가했고, 100명의 코치 커뮤니티도 영향을 받았다. 재난 상황은 공동체를 시험에 들게 했다. 약한 공동체는 무너진다. 강한 공동체는 성장을 통해 더욱 튼튼해진다. 우리는 어느 쪽이었을까?

락다운이 있기 전 샌디에이고의 회담에서 앨런 멀럴리의 도움을 받아 LPR 개념에 관해 소개한 적이 있다. 이는 사람들의 의미 있는 변화를 돕는 데 있어 중요하게 생각한 요소들을 결합한 것이며, 특히 공동체의 결속력이 필요했다. LPR은 다른 무엇보다도 한 해 동안 우리 집단이 단단해지도록 하는 데 도움이 됐다. 이 책에서 한 가지만을 배워 간다면 바로 이 개념일 것이다.

숨 쉴 때마다 새로운 내가 된다면

❶ 준거집단
집단의 친밀감이
우리의 선택을 결정한다.

❷ 피드포워드
피드백의 반대로,
미래에 대한 아이디어를 내며,
과거는 비판하지 않는다.

❸ 이해 당사자 중심의 코칭
당신의 '고객'은 누구이며, 그들이
중요하게 여기는 것은 무엇인가?

❹ 사업 계획 검토
계획의 진행 상황을 보고하는 주간
회의로, 비판하거나 비꼬지 않는다.

❺ '이제 무얼 하지?' 주말
2일 동안 소규모 집단으로 진행되며,
인생의 다음 단계에 관해 이야기를
나눈다.

❻ 오늘의 질문
실행과 목표를 일치시키기 위한
매일의 노력을 점검한다.

❼ 100명의 코치
다른 목적 없이 서로를 돕는
공동체를 만든다.

10장

인생 계획 검토

LPR의 목적은 계획한 것과 실제로 실천하는 것 사이의 격차를 줄이는 데 있다.

이를 시작하는 방법은 그 이름에서 찾을 수 있다. 인생, 계획, 그리고 검토. 먼저 당신이 원하는 **인생**은 어떤 모습이고, 모든 일이 **계획**대로 흘러갔을 경우 미래의 모습은 어떠할지 결정한다. 하지만 수많은 목적 지향의 자기 계발과는 다르게 이 방법은 당신에게 동기부여나 습관, 지혜, 용기를 설교하는 데만 의존하지 않는다. LPR은 자기 점검의 훈련으로써, 원하는 삶을 살기 위한 당신의 노력을 매주 **검토**한다. 얼마나 열심히 노력했는지를 측정하고, 꾸준함보다는 실수를 예측하며, 대부분 완벽하지 못할 것이라는 가능성을 인정한다. 얼마나 쉽게 실수와 거부, 타성에 무너질지, 그리고 이러한 상황에 어떻게 대처할지는 오로지 당신에게 달렸다.

LPR이 유일하게 요구하는 점은 얼마나 노력하는지에 집중하라는 것이다. 굉장한 노력 없이는 아무것도 얻을 수 없다. 그런 다음, 마치 트레이너가 윗몸일으키기 한 세트를 더 요구하듯이 한 가지를 더 권한다. 그 결과를 공동체 안의 사람들과 공유하라는 것이다. 그냥 수치를 읊어주는 데 그치는 것이 아니라 의견을 교환하며 서로를 도와야 한다.

LPR은 다음의 간단한 4단계로 구성돼 있으며, 공동체가 없다면 큰 힘을 발휘하지 못한다.

1단계: 매주 주간 회의를 통해 각 구성원이 돌아가면서 삶을 개선하기 위한 여섯 가지 고정 질문에 답을 발표한다. "나는 최선을 다해……."

1. 분명한 목표를 설정했는가?
2. 목표 달성을 향해 진전이 있었는가?
3. 의미를 찾았는가?
4. 행복했는가?
5. 긍정적인 관계를 쌓고 유지했는가?
6. 열심히 임했는가?

각각의 질문에 대해 결과가 아닌 노력의 수준을 1점부터 10점까지(10점이 최고점)의 점수로 답한다. 노력과 결과를 분리하는 것이 중요한 이유는 결과를 항상 통제할 수는 없지만(인생은 늘 그렇다), 노력하지 않음에는 변명의 여지가 없다는 사실을 인정하게 만들기 때문이다.

2단계: 주간 LPR 회의 전에는 매일 이 질문들을 추적하며 자기 점검의 습관을 만든다. 아침 식사를 하고 이를 닦는 것처럼 피할 수 없는 과정이다.

나는 하루를 마무리할 때 점검하는 것을 선호해서 오후 10시가 되면 내 코치에게 오늘의 점수를 보고한다. 하지만 **언제** 하는 것이 좋은지는 강요하지 않는다. 어떤 사람들은 잠을 자면서 답을 생각하는 것을 선호해서 다음 날 아침에 일어나 점수를 매긴 뒤, 전날의 높거나 낮은 점수를 오늘 하루의 동기부여로 삼기도 한다. 핵심은 데이터를 축적하면 당신에게 도움이 되는 패턴을 찾을 수 있다는 점이다. 당신은 언제 점수가 낮은 편이며, 언제 가장 잘 통제할 수 있는가?

자유롭게 당신만의 질문을 추가하거나 당신에게 잘 맞지 않는 질문 한두 개를 빼도 상관없다. 여섯 가지 항목을 신성시할 필요는 없지만, 이 항목들은 마땅한 삶에 필요한 영양소의 하루 권장량 대부분을 충족하고 있다. 목표 설정, 목적 달성, 의미, 행복, 관계, 몰입은 꽤 폭넓은 용어지만, 저마다의 인생에서 기이하고 별난 작은 부분들을 모두 수용할 만큼 충분히 넓다. 나는 아래의 질문들을 추가할 수 있었다.

- 나는 최선을 다해 감사함을 표현했는가?
- 나는 최선을 다해 과거의 나를 용서했는가?
- 나는 최선을 다해 다른 사람의 삶에 가치를 더했는가?

이 질문들은 한때 나의 질문 목록에 있었다. 하지만 나는 이 과정을 20년 동안 해왔다. 이는 동적인 과정이기에 성장해나가면서 계속 새로운 목표를 추가해야 한다. 매일 검토하는 과정에서 진전이 없다면 의기소침해질 것이다. 그래서 내가 변함에 따라 질문을 수정해야 한다. 그러던 중 나는 더는 이 세 가지 질문을 추적할 필요가 없음을 깨달았다. 나는 사람들에게 감사한 마음을 잘 표현했다. 나 자신을 용서하는 데는 세계 최고의 수준이었다. 다른 사람의 삶에 가치를 더하는 일이라면 보수가 없어도 무료로 그 일을 했다. 남아 있는 여섯 가지 질문들은 매우 까다롭고 범위가 무척 넓다. 언젠가 내가 완전히 능숙해져서 더 이상 노력하지 않아도 되는 순간이 올지 의문이다.

3단계: 일주일에 한 번 타당성과 개인적 욕구에 관해 계획을 검토한다. 노력에 점수를 매기면서 우리는 노력의 질을 점검하게 된다. 하지만 가끔은 노력의 목적도 검토해야 한다. 현재는 의미가 없어진 목표를 위해 의미 있는 노력을 쏟고 있지는 않은가?

노력은 상대적인 가치로, 고정돼 있거나 객관적이거나 정확하지 않다. 그렇게 판단할 수 있는 유일한 사람인 당신의 의견이다. 그리고 목적을 추구하는 과정에서 시간에 따라 변하기도 한다. 예를 들어, 개인 트레이너가 체력이 안 좋은 당신에게 첫 번째 수업부터 팔굽혀펴기를 20번 하라고 하면 10점짜리 어마어마한 노력을 기울여도 해내지 못할 것이다. 6개월 뒤, 건강해진 당신은 똑같이 팔굽혀펴기를 20번 하더라도 비교적 힘들지 않은 2점의 노력으로도 손쉽게 할 수 있다.

어떤 일을 오래 할수록 그 일을 잘하는 데 필요한 노력은 줄어든다. 하지만 천천히 뜨거워지는 물속의 개구리처럼 얼마나 시간이 흘러야 노력의 기준이 낮춰지는지 알기 어렵다. 같은 상태에 머무르며 적당히 노력하는 것에 만족하고 싶은 유혹이 찾아온다(예를 들어, 팔굽혀펴기를 계속 20번만 한다). 우리가 할 일은 목표에 도달하기 위해 더 열심히 노력하는 것이다(예를 들어, 팔굽혀펴기를 30번, 40번 하기 위해 운동량을 늘린다).

노력을 점검하는 것은 목표의 가치를 재고할 수 있는 한 가지 방법이다. 만약 목표를 유지하고 싶다면 당신의 노력을 높게 수정할 때다. 더 이상 요구되는 만큼의 노력을 하고자 하는 마음이 들지 않는다면 새로운 목표가 필요한 것인지도 모른다.

4단계: 이 과정을 혼자 하지 않는다. 이 단계는 본질적으로 LPR 회의의 핵심 특징인데, 그건 바로 집단 활동이다. 당신은 생각이 비슷한 사람들과 공동체를 이루게 된다. 상식적으로 엄선된 단체 안에서 계획을 검토하는 것이 혼자 하는 것보다 훨씬 좋다. 왜 야심 찬 인생 계획을 고집하면서, 그럴 필요가 없는데도 다른 사람과 경험을 공유하지 않는가? 혼자서 하는 것이 당신의 노력에 어떤 가치를 더하는가? 이는 마치 혼자 먹기 위해 생일 케이크를 만들거나 텅 빈 방에서 연설하는 것과 같다.

골프 경기를 생각해보자. 혼자 즐길 수 있는 흔하지 않은 스포츠 중 하나지만(그 밖에도 스키, 수영, 사이클, 달리기 등이 있다), 다른 사람과 함께 할 때 더 잘할 수 있다는 가장 확실한 증거를 보여준다. 또한 LPR의 이점을 보여주는 판박이 모형이기도 하다.

열성적인 골퍼는 파트너가 없거나, 시간에 쫓기거나, 경기 일부분을 연습하고 싶을 때 혼자서 경기를 할 것이다. 하지만 경기 중간에 또 다른 솔로 골퍼를 만나면 둘은 즉시 2인 플레이를 할 것이다. 이는 골프 에티켓의 수많은 다정한 예시 중 하나다. 1인 플레이어는 그들이 원하지 않는 한 절대 혼자 게임을 하도록 내버려두지 않는다.

선택권을 준다면 이 열성적인 골퍼는 언제나 4인 플레이를 선호할 것이다. 함께 경기하는 사람들이 친구나 가족, 또는 모르는 사람이어도 상관없다. 골프는 스포츠 중에서도 가장 사교적인 활동이다. 플레이어들과 코스를 함께 걸으며, 중간중간 사업이나 휴가, 오늘 있었던 일에 대해 잡담을 나눈다. 때로는 잠시 경기를 쉬면서 함께 식사를 하기도 한다.

LPR의 주간 검토처럼 잘 운영되는 회의의 모든 조건을 4인 골프 경기에서 찾을 수 있는 이유는 바로 이 사교적인 요소에 있다. 공동체의 조직성 덕분에 골프 경기에서도 앞서 살펴본 목표 추구의 네 가지 행동 양식을 찾을 수 있다.

먼저 **규칙 준수**가 요구된다. 진지하게 임하는 경기에서는 경기 시간에 맞춰 도착해야 하고, 공의 위치를 바꾸지 않고 그대로 쳐야 하며, 멀리건과 같은 추가 기회를 얻을 수 없으며, 모든 타수와 벌타를 기록해야 한다. 심지어는 드레스 코드도 있다.

개인의 책임을 존중한다. 모든 샷의 책임은 자기 자신에게 있다. 자신의 실수를 다른 사람의 탓으로 돌릴 수 없다. 경기 실력에 대해 자기 자신이나 다른 사람을 속일 수 없다. 실력이 녹슬었거나, 준비가 부족하거나, 그냥 당신이 말하는 것만큼 실력이 좋지 않다면, 1라운드 만에 진실이 드러날 것이다.

추적 조사와 측정이 따른다. 플레이어들은 자기 점수와 파트너의 점수를 기록해야 한다. 모든 홀이 끝날 때마다 당신의 점수를 알린다. 핸디캡을 정직하게 계산하기 위해 공용 데이터베이스에 점수를 게시한다. 그리고 이전 라운드에서 파트너와 경기를 되새기면서 아무리 열심히 좋은 샷만 기억하고 나쁜 샷을 잊어버리려고 해도, 유일하게 인정되는 증거는 당신이 작성한 득점표다. 다른 사실은 용납되지 않는다.

가장 중요한 것은 내가 **공동체** 안에서 가치 있다고 생각하는 것을 포함한다는 사실이다. 행동의 규칙이 정해져 있다. 비판과 비난은 인정되지 않는다. 당신은 상대방의 훌륭한 샷은 칭찬하지만 안 좋은 샷에 대해서는 불쾌할 만한 말을 꺼내지 않는다. 다른 사람의 공을 함께 찾아주기도 한다.

또한 구성원들은 성장에 전념하고, 서로의 아이디어를 공유한다. 이는 단순히 사소한 차이가 아니다. 대부분의 일대일 스포츠와 다르게 골프는 학습 경험이 될 수 있다. 내가 만약 프로 야구 선수나 테니스 선수와 대결한다면, 굴욕만 배울 뿐일 것이다. 그들의 리그에 들어가지도 못할 것이다. 하지만 골프에서는 다르다. 평범한 플레이어는 뛰어난 선수와 경기를 하고 싶어 한다. 훌륭한 선수들의 스윙 메커니즘이나 매끄러운 스윙, 샷을 치기 전 예비동작 등을 실제로 관찰하는 것만으로도 실력이 향상된다는 것을 알기 때문이다. 뛰어난 선수도 이를 환영한다. 이들은 요청을 받으면 조언을 아끼지 않는다(이것이 피드포워드다).

또한 성적으로 평등한 문화로 기술과 득점에서 누구와도 동등하거나 우월할 수 있다. 좋은 골퍼가 있는 곳에는 멸시나 방해 없이 오로지 존중하는 태도만 있다. 제대로 된 골프는 실력주의와 공평성을 중시한다. 그 무엇도 그냥 주어지지 않는다. 모든 것은 훈련과 재능의 극대화, 그리고 꾸준한 성장을 통해 얻을 수 있다. 또한 골프는 결과와 상관없이 선택과 위험, 노력이 우리가 중요하게 여기는 경험과 직접적으로 연결되기에 마땅한 삶의 정의도 담겨 있다.

지금까지 설명한 내용에서 **골프**라는 단어를 **LPR 회의**로 바꿔보면, LPR을 선택하고 집단 훈련을 시작해야 할 모든 이유를 찾을 수 있을 것이다. LPR 집단을 만드는 일이 실행하기 어렵고, 문제가 많고, 얻는 것보다 잃는 게 더 많아 보인다는 이유로 덜컥 겁을 먹고 단념해버리지 않길 바란다. 실제로는 그렇지 않으니 나를 믿어라. 이 주간 모임을 통해 당신의 하루와 한 해, 그리고 세상을 구할 수 있다. 확신할 수 있는 이유는 내가 그랬기 때문이다.

2020년 3월 5일, 리다와 나는 샌디에이고 외곽에 있는 32년 된 집을 팔고, 라호야에서 약 16킬로미터 떨어진 태평양이 내려다보이는 침실 한 개짜리 집을 빌렸다. 우리에게는 매우 큰 변화였지만 예상하지 못했던 것은 아니었다. 당장의 계획은 다섯 살짜리 쌍둥이 손자들을 자주 볼 수 있도록 내슈빌에서 집을 구하는 것이었다. 몇 주 동안 빌린 집에서 살면서 내슈빌로 가서 딸 켈리와 아이들 근처에 집을 구하고, 창고에 두었던 가구로 새로운 집을 채우고, 그곳에 정착해서 손자를 돌보는 즐거움을 누리기로 했다. 내 직업은 이사에 크게 지장을 받지 않았고 그저 장소만 바꿔는 것이었다. 나는 앞으로 2년 동안 대부분 해외에서 이루어지는 수업과 강연 계획이 꽉 차 있었다. 100명의 코치 모임에도 전보다 더 전념하고 있었고, 써야 할 책도 있었다.

그리고 6일 뒤, 우리의 모든 계획이 갑자기 증발해버렸다! 대부분의 미국인처럼 나는 그 순간을 확실히 기억한다. 3월 11일 수요일 저녁, NBA가 코로나바이러스 팬데믹으로 2020 시즌의 플레이오프와 파이널을 포함한 경기를 모두 연기하겠다고 발표했다. 무슨 이유에선지, 국가 일정에서 중요한 스포츠 경기가 갑작스럽게 사라진 것은 미국의 리더들과 시민들에게는 "이건 정말 심각하다"라는 사실을 깨닫게 한 순간이었다.

일주일 후 캘리포니아는 락다운됐고, 항공기는 운항이 중단됐으며, 내 강연은 취소됐고, 나는 창문 너머의 태평양 바다를 바라보고 있었다. 리다와 나는 괜찮았다. 아내는 나보다 더 쉽게 현재에 충실했다. 우리는 뒤를 돌아보지 않았고, 훨씬 넓은 집을 일주일 빨리 비워버린 것을 자책하지 않았다. 인생은 여전히 좋았고, 게다가 바다가 보이는 전망도 즐길 수 있었다.

나는 100명의 코치가 더 걱정됐다. 6주 전만 해도, 앨런 멀럴리와 나는 라호야의 하얏트리젠시호텔에서 100명의 코치 구성원 160명에게 네 시간에 걸쳐 LPR의 개념을 설명했었다. 며칠 뒤면 캘리포니아에서 첫 코로나19 확진이 나타날 예정이었으나 우리는 알지 못했다. 우리의 미래는 활짝 열려 있었다. 하지만 이제 나는 걱정이 많아졌다. 내 강연이 이렇게 순식간에 취소된다면, 젊고 경력이 많지 않고 달리 대비책이 없는 다른 코치나 교사, 컨설턴트는 어떻겠는가? 이들은 고통받을 게 분명했다. 100명의 코치에 속한 교수들이나 고위 경영진들은 혼자 힘으로 해결할 수 있었다. 하지만 많은 사업가들은 어떠한가? 나의 고객이자 친구인 레스토랑 경영자 데이비드 장의 모모푸쿠 기업 역시 팬데믹으로 위태로워질 게 분명했다. 만약 우리가 벌이라면 아직은 초기 단계지만 빠른 속도로 악화하는 군집 붕괴 단계에 있는 것 같다는 생각이 들었다.

마치 부처가 나를 시험에 들게 하는 것 같았다.

"좋아, 친구. 내 뜻을 이어받고 싶었다고? 이제부터 이 사람들이 자네 가족이네. 매일 이들을 지켜내면서 자네의 유산을 지켜야 할 것이네."

일을 시작하고 난 후 처음으로 시간은 충분했지만 타야 할 비행기도, 참석해야 할 회의도, 꽉 찬 일정도 없었다. 리다와 나는 집에 갇혀서 안전하게 지내려고 노력했다. 나는 100명의 코치에 대해 강한 책임감을 느꼈고, 이들을 보호하겠다는 새로운 목표가 생겼다.

그래서 나는 줌 계정을 만들고 작은 아파트 한구석을 '스튜디오' 삼아 매주 월요일 동부 표준시 오후 10시에 자유로운 형식의 세미나를 열겠다는 사실을 알렸다. 모든 사람들이 초대받았다. 내가 한 가지 주제에 관해 20분 동안 이야기한 다음, 사람들을 3~4개 그룹으로 나누어 내가 던진 한두 가지 질문에 관해 토론하게 했고, 전체 그룹으로 다시 돌아와 어떤 사실을 배웠는지 발표하는 시간을 가졌다. 세미나 참석자 수는 처음에 35명으로 시작했는데, 어떨 때는 100명이 넘기도 했다. 남극을 제외한 모든 대륙에서 참여하는 매우 국제적인 모임이었다(앞으로 할 일: 남극 회원 유치에도 힘써야 한다). 한밤중인 시간에도 많은 사람이 참여하고 있었다.

몇 주 동안은 우리만의 CNN 뉴스 속보 방송처럼 세미나를 시작하기도 했다. 예를 들면, 변호사 옴란 마타르(Omran Matar)는 벨라루스에서 동유럽 컨설턴트로 변신해 자신의 집 창문 밖으로 보이는 민스크 거리 시위를 생중계하기도 했다. 전 세계에서 모인 사람들이 서로 얼굴을 보고 목소리를 듣는 것만으로도 가치가 있었다. 마침내 나는 줌 채팅의 특성을 알게 됐는데, 내가 설교를 하고 있으면 많은 사람이 수업 시간에 쪽지를 주고받는 학생들처럼 서로에게 메시지를 보냈고 나중에 서로 연락하기도 했다. 나는 내가 이 집단을 지킨다고 생각했지만, 진짜는 좀 더 세분화된 위치에서 이루어지고 있었다. 그들은 서로를 구하고 있었던 것이다.

2020년 6월이 되자, 팬데믹은 사라지지 않을 것이고, 리다와 나는 1년 또는 그보다 더 길게 내슈빌로 이사하지 못하리라는 것이 분명해졌다. 모두가 집에 갇혀 있는 상황에서 나에게 100명의 코치 구성원들은 집단 환경에서 LPR(락다운 5개월 전에 이들에게 소개했었다)의 베타테스트를 진행할 수 있는 완벽한 기회였다. 나는 앞으로 10주 동안 LPR의 여섯 가지 기본 질문에 답하고 매주 토요일이나 일요일 아침에 줌을 통해 각자의 점수를 보고할 50명을 모았다. 그리고 노력을 요구하는 자기 점검에 대한 경고의 말도 잊지 않았다.

"이해하기는 쉬워요. 하지만 지키기는 매우 어려울 겁니다."

성공한 사람들은 자신들의 노력에 점수를 매기는 일에 도전하고 나서 자신이 선택한 목표 달성에 있어 간단한 노력조차 부족하다는 사실에 직면하자 2~3주 만에 포기하곤 했다. 그렇지만 자신이 선택한 시험을 통과하지 못했다는 데 수치심을 느꼈다. 나는 50명 중에서 20퍼센트, 즉 10명 정도는 중도 포기할 것이라고 예상했다.

나의 코칭 파트너인 마크 톰프슨(Mark Thompson)과 나는 그해 여름 주말마다 여덟 명의 사람들과 한 시간씩 연달아 여섯 번의 통화를 했다. 참석은 의무가 아니었지만, 그건 문제가 되지 않는다는 사실이 밝혀졌다. 누구도 빼먹지 않았다. 단 한 번도. 구성원들은 토요일이나 일요일 오전 9시, 10시 30분, 또는 정오에 자리를 선택할 수 있었다. 어떤 사람은 같은 시간에 참여했고, 어떤 사람은 시간을 바꾸기도 했다. 그리고 이는 내 비공식적 연구에 비과학적인 묘안을 떠오르게 했다. 사람들은 매주 같은 그룹의 사람들에게 책임을 느끼지 않았다. 반면, 매주 어떤 사람을 만나게 될지 알 수 없어서 열의가 높아진 모습도 분명히 있었다. 내가 할 일은 구성원들이 모든 사람을 적어도 한 번씩은 서로 만날 수 있도록 하는 것이었다.

몰입도 높이기, 의미 찾기, 관계 개선하기와 같은 어려운 목표에서 긍정적인 변화를 지속적으로 끌어내기에 10주는 충분한 시간이 아니다. 이렇게 짧은 기간 안에 이루기에는 너무 큰 목표이고, LPR의 목적에 부합하지도 않는다. 평생 지속돼야 한다. 하지만 그 가치를 강하게 인지시키기에는 충분한 시간이었다.

모든 사람이 매주 점수를 기록했고, 그래서 발전이나 퇴보를 쉽게 측정할 수 있었다. 10주 동안 사람들의 노력 점수는 꾸준히 상승했다. 10주째가 되자 5점 이하였던 사람들이 자주 8~10점의 점수를 매겼다. 내가 배운 점은 초반의 몇 주 정도 포기하지 않고 지속할 수 있다면 어느 정도의 성공은 반드시 따른다는 것이었다. 매주 사람들 앞에서 점수를 검토하는 과정은 집단에, 그리고 자기 자신에게 책임감을 부여했다. 꾸준한 성과를 눈으로 확인한다면 더 낮은 단계로 퇴보할 가능성은 줄어들 것이다.

이것이 바로 LPR의 가장 큰 장점이다. 몇 주만 지나도 LPR이 얼마나 잔인한 질문을 던지는지 알게 될 것이다. "목표를 달성하기 위해 이번 주에는 실제로 어떤 노력을 했는가?" 계획은 잘 세우지만 실천은 못 하는 우리의 특성을 고려하면 정말 회피하고 싶은 질문이다. LPR은 그 선택지를 제거한다. 그래서 참가자들의 점수가 매우 빠르게 성장할 수 있었다. 다른 선택지, 즉 매주 나쁜 노력 점수를 보고해야 하는 상황은 너무 고통스럽다.

우리는 LPR을 최대한 간단하게 만들었다. 자기 점검 체계가 간단해야 따르기 쉽고, 그래서 중도 포기할 가능성을 줄일 수 있기 때문이다. 매일 당신이 선택한 여섯 가지, 또는 그 이상의 목표에 대한 노력을 평가하고, 매주 그룹 모임에서 각 질문에 대한 평균 점수를 보고한다. 이게 얼마나 어렵겠는가?

2020년 이전의 나라면 함께 일하지 않는 사람들이 매주 직접 만나야 하는 사교적인 조건이 LPR의 가장 어려운 특징이라고 말했을 것이다. 바쁜 사람들을 어떻게 매주 나오게 할 수 있을까? 하지만 코로나 팬데믹, 그리고 줌과 같은 화상회의 프로그램의 장점이 이 문제를 해결했다. 우리는 모두 직접 만나기보다 화면으로 서로 얼굴을 보는 데 익숙해졌다.

그렇지만 성공한 리더라면 모두 알고 있듯이 모든 팀의 운명은 인원 선발에 달려 있다. 사람들이 매주 회의에 참석할 수 있도록 팀의 매력을 극대화하려면 구성원들을 어떻게 뽑아야 할까? 줌만으로는 영원한 난제를 해결할 수 없다. 매주 만나고 싶은 팀으로 만들려면 전략이 필요하다.

다양성 극대화를 목표로 한다. 이건 '이제 무얼 하지?' 연례행사의 성공을 통해 깨달은 것이다. 먼저 반드시 남녀 성비의 균형을 지킨다. 그런 다음 나이, 문화, 국적, 직급, 업무에 따라 다양한 사람들로 구성한다. 근본적으로 다른 사람들끼리 잘 어울리지 못하거나 서로에 대해 흥미가 없을 것으로 미리 짐작하지 말라. 성공한 사람들은 선천적으로 호기심이 많다. 다양성은 강조돼야 하지, 조절돼서는 안 된다. 그게 다양성의 핵심이다. 모임에 참가하는 사람들 사이에 차이가 클수록 더 신선하고 놀라운 관점을 공유할 수 있다.

10주 동안의 첫 LPR 실험에서 50명을 선택할 때, 같은 종은 두 마리를 넘지 않았던 노아의 방주를 본보기로 삼았다. 보통 주간 회의를 열면 유럽 최대의 안전띠 및 자동차 안전 시스템 제조사의 CEO 얀 칼슨(Jan Carlson)이 스톡홀름에서 참석한다. 유타에서는 확장하고 있는 가족 사업을 이끄는 할머니 게일 밀러(Gail Miller)가 참석한다. 돌아가신 아버지의 사업을 물려받은 잠비아의 39세 비영리단체 전문가 난크혼데 반 덴 브룩(Nankhonde van den Broek)이나, 은퇴를 앞둔 39세의 NBA 스타 파우 가솔(Pau Gasol), 멤피스에서 세인트주드어린이연구병원을 운영하는 외과 전문의 짐 다우닝(Jim Downing) 박사, 보스턴에 있는 앤세스트리닷컴의 CEO이자 사모 펀드에 회사를 매각하는 절차를 밟고 있는 마고 조지아디스(Margo Georgiadis), 데이비드 장의 레스토랑 사업 재편성을 돕고 있는 31세 CEO 마거리트 마리스칼(Marguerite Mariscal)도 참석한다. 결혼식장에서 이 일곱 명의 사람들과 같은 탁자에 둘러앉기란 불가능하겠지만, 모든 사람이 자기 계발이라는 공동의 목표를 공유하는 주간 회의에서는 만날 수 있으며, 분위기도 아주 좋다.

집단의 규모는 적절한 사람을 데려오고 잘못된 사람을 배제하는 기능을 한다. 선택할 수 있는 사람이 모임에 가치를 더해줄지 의심스러운 상황에서 단순히 인원수를 채우는 것으로 걱정을 덮어두지 말라. 그 사람이 모임의 분위기를 해치게 두는 것보다는 제외하는 것이 좋다. 최소 다섯 명에서 최대 여덟 명을 넘지 않는 것을 추천한다. 그리고 회의 시간은 90분을 넘지 않도록 한다.

LPR은 치료법이 아니다. 미래의 목표를 공유하는 성공한 사람들의 모임이지, 성공하지 못한 사람들이 푸념을 늘어놓는 자리가 아니다. 그리고 '성공한 사람'이라는 말은 대단한 지위나 권력, 연봉으로만 평가한다는 의미가 아니다. 당신은 희생자나 순교자가 아니라 발전하겠다는 긍정적인 마음을 가진 다양한 유형의 사람들을 찾고 있다. 그렇게 한다면 목소리 내는 것을 두려워하거나 자기애가 넘쳐서 귀를 닫아버리는 사람 없이 동등한 사람들을 언제나 곁에 둘 수 있을 것이다.

누군가는 모임을 주도해야 한다. 만약 LPR 모임이 당신의 아이디어라면 당신에게는 회의를 운영할 책임이 있으며, 이왕이면 지나친 개입보다는 약간의 도움을 주는 정도가 좋다. 그렇지 않으면 그 LPR은 동료 코치의 표현에 따르면 "지나치게 틀에 박혀 있고 원활히 진행되지 않는" 모임이 될 수 있다. 같은 맥락에서 앨런 멀럴리는 보잉과 포드에서의 BPR 회의에서 항상 진행자 역할을 맡았고(그의 아이디어였기 때문이다), 마크 톰프슨과 나는 LPR의 진행자였다. 단순히 코치하는 역할이라기보다는 사람들을 모으고, 회의를 진행하고, '비판하지 않기' 규칙을 적용하고, 안전한 환경을 조성하는 등 관리 업무에 가깝다. 모임에 참여하는 모든 사람은 자립하는 방법을 배우기 전까지 당신이 기차를 제시간에 운영해주기를 바라고 있다고 생각하라.

그리고 이 과정에서 LPR의 또 다른 이점을 찾을 수 있다.

1. 어떤 목표에도 적용할 수 있다

앨런 멀럴리와 그의 아내 니키가 시애틀에서 다섯 명의 자녀를 키우고 있을 때, 그는 보잉에서 사용하던 BPR을 각색해 가정에서 가족 계획 검토(Family Plan Review)라는 이름으로 활용했다. 일요일 아침마다 앨런과 니키, 그리고 다섯 아이는 각자 계획표를 들고 모여서 무엇을 해야 하는지, 그리고 한 주 동안 그 일을 완수하기 위해 어떤 도움이 필요한지 검토하는 시간을 가졌다. 앨런은 이런 방식으로 그에게 중요한 인생의 다섯 가지 영역(직업, 개인, 가족, 종교, 오락)의 균형을 맞추었다. 그는 매일 일정을 검토했고, 그가 원했던 일을 하고 있는지 항상 확인함으로써 다섯 가지 영역

중 한 곳에서 긍정적인 변화를 이루었다. 균형이 어긋날 때는 중간에 수정하거나 계획을 바꾸었다. 이것은 그의 가족이 한 번도 소통을 끊지 않은 비법이기도 했다.

LPR은 대단한 의미에서 마땅한 삶을 이루는 데에만 제한될 필요는 없다. 마땅한 삶으로 향하는 길 위의 모든 정거장에서 적용할 수 있다. 작든 크든 어떤 목표라도 좋다. 예를 들어, 당신은 항상 입에 달고 살던 환경문제와 관련된 일을 하고 싶다고 결심했다. 환경문제에 관심이 있는 사람들을 여섯 명 정도 모으고, 개인적인 목표를 세우고, 매주 회의를 통해 목표를 점검하는 데 있어 무엇이 당신을 방해하겠는가? LPR을 당신만의 환경 계획 검토 (Environmental Plan Review)에 맞게 수정하면 된다. 더 한정된 목표이지만 이 도전도 만만치는 않을 것이다. 매주 당신과 구성원들은 "지구를 구하기 위해 나는 이번 주에 어떤 일을 했는가?"라는 전투적인 질문과 맞서 싸워야 한다. 사실상 한 주를 마땅히 얻었는지, 아니면 그냥 흘려보냈는지를 확인하는 과정인 셈이다.

LPR을 모든 직업적·개인적 문제에 적용하지 못하는 것은 오로지 당신의 상상력 부족과 함께할 사람들을 모을 수 있는 방편이 없기 때문일지도 모른다.

2. 안전한 공간에서는 우리 자신도 안전하다

참석자들은 즉시 LPR 회의의 비판이나 비난 없는 분위기를 잘 받아들이고 순응한다. 하지만 한 가지 예외가 있는데, 바로 자기 자신에 대해 이야기할 때다. 왜인지 모르게 구성원들은 비관적인 성향이 다른 사람을 향하지만 않으면 LPR의 안전한 공간 규칙을 지켰다고 생각한다. 내가 LPR 첫 시즌에서 회의를 총 60번 운영하는 동안 자기의 과거 행동을 가혹하게 비난하는 참석자 한두 명의 말을 끊지 않았던 때는 단 한 번도 없었다. 보통 자신의 결점을 가볍게 고백하며 시작한다("제가 잘 못하는 건……"). 나는 즉시 손을 흔들면서 "그만, 그만해요!"라고 외친다. 그런 다음 그들에게 손을 들고 자기 이름을 대며 내 말을 따라 하라고 한다.

"나는 비록 과거에 '이것'을 잘 못했지만, 그건 과거의 나다. 나의 성장을 방해하는 유전적 결함이 있는 게 아니다."

그러면 사람들은 내 말의 의도를 바로 알아차렸다. 안전한 공간은 모두를 위한 것이니, 지금까지의 나도 마찬가지다.

3. 노력을 측정하면 당신에게 무엇이 중요한지 정의할 수 있다

게리 리지(Garry Ridge)는 WD-40(어떤 집이든 하나쯤은 가지고 있는 빨간색 뚜껑에 파란색과 노란색의 방청윤활제 캔)의 오랜 CEO로, LPR 모임에서 매주 점수를 발표할 때 항상 "나는 최선을 다해 의미를 찾았는가?"의 질문만은 회피했다. 그는 6주 동안 이 항목에 5점을 적어 냈고, '의미'의 기준을 정하기 어렵다고 설명했다.

일단 게리에 대해 알아두어야 할 중요한 사실이 있다. 그는

WD-40의 CEO가 되고 난 후, 학교로 돌아가 리더십 분야 석사학위를 취득했다. 이는 마치 아카데미상을 수상한 배우가 연기 수업에 등록하는 것과 같다. 그는 실전 경영을 매우 중요하게 생각하고 끊임없이 배우는 사람이다. LPR이 게리의 이러한 측면에 직접적인 영향을 끼친 것이다. 그는 "의미를 찾는다"의 정의를 확실히 하기로 결심했다. 6주 동안 게리는 의미의 기준에 대한 구성원들의 생각을 들으면서 자기만의 의미를 찾아나갔고, 마침내 7주차에 답을 가지고 나타났다.

"내가 하는 일이 나에게 중요하고 또 다른 사람에게 도움이 될 때 의미를 찾을 수 있어요."

그가 말했다. 아마도 당신에게는 엄청난 통찰력이 아닐지 몰라도 게리에게만큼은 그랬다.

이 예시만 있었던 것은 아니다. 문학 에이전트에서 영화 제작사로 전향한 테리사 박(Theresa Park)이 자신에게 행복은 반드시 "현기증 나는 느낌"은 아니라고 말했을 때, 모든 사람이 고개를 끄덕였고, 즉시 행복의 의미를 재정의하는 깨달음을 얻은 것처럼 보였다. 마찬가지로 잠비아의 난크혼데 반 덴 브룩은 조직의 새로운 리더로서 자신의 가장 중요한 목표에 관해 이야기하면서 "내가 기여하지 않은 강한 폭풍을 지켜보고 싶다"라고 말했다. 모임에 있던 경영진들은 바로 실전에 활용할 것처럼 입을 모아 그녀의 통찰력을 칭찬했다.

LPR에서는 바로 이런 일이 벌어진다. 통찰력과 명쾌함이 서서히 모습을 드러낸다. 왜냐면 (1) 매일 의미 있는 문제를 해결하려는 당신의 노력을 측정해야 하며,* (2) 주말이 되면 똑똑한 사람들이 그 문제에 관해 이야기하는 것을 들을 수 있기 때문이다. 당신은 그저 제시간에 나타나서 사람들이 떨어뜨리는 지혜를 받아먹으면 된다.

4. 견고한 구조를 활용한다

LPR의 규칙은 몇 가지 안 되지만 매우 엄격하다. 매주 모임에 참석하고, 친절하게 말하고, 자신의 점수를 보고한다. 하지만 아무리 견고한 구조라고 할지라도 규칙을 지키는 선에서 즉흥적인 활동을 할 수 있는 여유는 언제나 존재한다. 몇 주의 과정이 지나고 나는 그날의 모임을 마무리하기 위해 참가자들에게 두 가지 질문을 던졌다. **이번 주에는 무엇을 배웠는가? 이번 주에 자랑스러운 부분은 무엇인가?** 사람들을 자극하려는 의도가 아니라 단순한 호기심이었다. 그리고 이 질문은 우리 모임의 바뀌지 않는 특징이 됐다.

● 결과보다 노력을 측정하는 것이 더 가치 있다는 사실을 나는 나의 딸 켈리 골드스미스 덕분에 배웠다. 켈리는 '능동적' 질문과 '수동적' 질문의 차이점을 가르쳐주었다. "분명한 목표가 있는가?"는 수동적 질문이다. "분명한 목표를 세우기 위해 최선을 다했는가?"는 능동적 질문이다. 상황이 아닌 나 자신에게 책임을 지우기 때문이다.

한번은 새로운 구성원이 눈에 띄게 감정적인 고통을 겪고 있을 때(2020년은 모두에게 힘든 해였다), 나는 마이크를 켜라고 요청했다. 그리고 신입에게 도움이 될 조언(피드포워드)을 한 가지씩 말해달라고 부탁했다. 그날 회의는 평소보다 30분 더 길어졌지만, 그가 모든 사람의 걱정과 배려에 깊게 감동했을 것으로 믿는다. 그리고 그다음 주에 그는 완전히 다른 사람이 되어 나타났다.

LPR의 가장 중요한 특징은 사람들이 서로를 돕기 위해 그곳에 있다는 점이다. 누군가의 삶을 조금 더 좋게 만들어줄 기회를 포착했다면 붙잡아라. 즉흥적으로 행동하라. 형식을 마음대로 다루어라. 목소리를 내라. (그리고 나에게도 알려줘라. 그러면 당신은 나도 도울 수 있다.)

5. LPR이 끝난 후에 더 의미 있는 일이 일어날 수 있다

이 깨달음을 얻게 된 것은 월요일 줌 그룹의 많은 구성원들이 LPR이 끝난 이후에도 연락하며 서로 돕고 있다는 사실을 알게 됐을 때다. 여러 번의 LPR에서 이러한 현상이 반복됐다. LPR의 고백적인 분위기를 생각하면 놀랄 것 없는 일이었다. 사람들은 각자의 목표와 행복, 관계에 관해 이야기를 나누었다. 댈러스포트워스 지역의 로션 판매 실적을 보고하는 시간이 아니었다. 솔직한 감정은 상호 간의 솔직함을 이끌어냈다. 사람들은 서로를 돕고 싶은 마음이 생겼고, 그렇게 서로 연결됐다.

사람들에게 LPR을 소개할 때의 작은 기쁨 중 하나는 나의 코칭 경력을 쌓아주었던 일곱 가지 깨달음이 자연스럽게 어우러진다는 것이다. 매주 LPR에 참가하는 사람들은 본질적으로 자신들의 **준거집단**이며, 발전하고 서로 돕겠다는 같은 믿음을 가지고 있다. 그리고 이들은 **피드포워드**의 활용을 극대화한다. 상대에게 피드포워드를 요구하기도 하고, 비판하지 않고 오로지 감사한 마음으로 이를 제공하기도 한다. 또한 이들의 가장 중심적인 사고방식은 모든 구성원이 다른 구성원들의 성장에 있어 이해 당사자라는 것이다. 그래서 LPR은 **이해 당사자 중심적**이다. LPR의 구조(진보와 퇴보 보고하기)와 회의 주기(매주), 태도(우리는 배우고 돕기 위해 모였다)의 측면은 앨런 멀럴리의 BPR에서 파생된 것이다. 구성원들의 다양성과 정직한 태도는 매년 진행하던 '**이제 무얼 하지?**' 수업에서 가져온 것이다. 자기 점검 절차에는 나의 **오늘의 질문**을 이용했다. 마지막으로 **100명의 코치 커뮤니티**를 만들면서 그 진가를 알아보게 된 공동체의 힘을 활용한다.

LPR 실험의 첫 번째 시즌이 끝난 후 나는 노동절을 일주일 앞두고 전화나 문자메시지를 통해 구성원들에게 두 번째 시즌을 언제 시작하면 좋을지 물어보았다. 이들은 주간 모임을 그리워했다. 이는 보통 내가 듣던 반응과는 사뭇 달랐다. 바쁜 사람들이 모임이 충분하지 않다고 불평하는 경우는 거의 없었다. 하지만 이들은 그랬고, LPR 금단현상에 시달리고 있었다. 나는 이러한 모습 자체가 이 개념을 증명하는 것이라고 보았다.

LPR은 무언가를 더 잘하고 싶다는 단순한 목표, 말하자면 더 좋은 사람이나 상시, 배우자가 되고 싶다는 목표 그 이상의 문제를 다루는 체계라는 것을 의미했다. 우리의 가장 기본적인 열망을 다루었으며 만족을 얻도록 도와주었다. 그리고 마땅한 삶을 살기 위해 노력하는 과정이 새로운 습관이 될 만한 덕목이라는 듯이 지속적으로 실행했다. 두 번째 시즌을 원한다는 것은 LPR이 내 예상보다 더 효과가 있다는 증거였다. 이들은 자신의 성장에 대한 주체의식이 생겼고(그냥 주어지는 것이 아니라 노력을 통해 얻어야 한다는 인식이 생겼다), 이제는 더 많은 것을 얻기 위해 돌아오고 있었다. 모두가 자기처럼 열망이 넘치는 공동체를 떠나고 싶어 하지 않았다.

LPR이 나의 세상을 구했다는 것은 바로 이런 의미다. 리더십에 관한 노자의 통찰력을 떠오르게 한다.

"좋은 지도자는 사람들이 그 존재를 거의 눈치채지 못하게 해야 한다. 그가 일을 끝내고 목적을 달성하고 나면, 사람들은 이렇게 말할 것이다. '우리가 해냈어.'"

위태롭고 힘들었던 시기에 나는 100명의 코치를 보호하는 일을 시작했고, 결국 이들은 자신을 스스로 보호하게 됐다.

11장

도움 요청하기

LPR의 핵심은 기본적으로 책임의 구조로 이루어져 있다. 주기적으로 다른 사람들에게 자기 행동을 설명하게 만들면서 책임감을 부여한다. 우리 인생에서 무엇이 중요한지 평가하게 하며, 그 결과 인간의 가장 변하지 않는 약점을 공격한다. 그건 바로 우리가 원하는 어떤 행동을 매일 실천하는 데 실패하는 것이다. LPR은 이러한 장점만으로도 마땅한 삶을 성취하는 데 귀중한 조력자가 된다. 행동, 야망, 야망 사이의 간극을 더 잘 메울수록 우리의 발전은 타당하고, 그러므로 마땅하다고 느껴진다.

피터 드러커의 예리한 경영 예언 중에 이런 말이 있다.

"과거의 리더는 말하는 방법을 알았고, 미래의 리더는 물어보는 방법을 알 것이다."

나는 LPR이 덜 뚜렷하지만 똑같이 가치 있는 이점을 제공한다는 것을 금방 깨달았다. 단순히 LPR에 참여하는 선택만으로도 우리는 마땅한 삶의 가장 큰 장애물을 극복하게 된다. 바로 **도움을 요청하게 되는 것**이다.

자수성가의 신화는 현대 사회에서 더욱 신성시되는 허구 중 하나다. 이러한 신화가 지속될 수 있는 것은 우리가 투자하는 인내, 자원, 노력에 동등한 수준으로 정당하고 만족스러운 보상을 약속하기 때문이다. 지나치게 매력적인 보장이 대부분 그렇듯이 우리는 당연히 이를 의심해야 한다.

정확히 자수성가라고 말할 수 있는 수준까지 혼자 힘으로 성공하는 게 불가능한 것은 아니다. 그렇다면 여기에서 중요한 문제가 하나 눈에 띈다. 다른 사람에게 도움을 요청해 더 좋은 결과를 확실히 얻을 수 있는데 왜 군이 그렇게 하겠는가? 마땅한 삶은 혼자 힘으로 얻었다고 해서 더욱 '마땅하거나' 영광스럽거나 만족스럽지 않으며, 심지어 가능성도 더 적다.

하지만 너무 많은 사람들이 혼자 힘으로 가려고 한다. 치료가 필요한 수준으로 도움 요청을 꺼리는 태도는 색맹이나 음치처럼 유전적인 결함이 아니다. 이는 후천적으로 얻어진 것으로, 어릴 때부터 길들여진 행동 결함이다. 기업이 얼마나 교활하게 도움을 요청하지 못하게 하는지는 대학원 조직심리학 수업이 아니라 일을 하면서 알게 됐다.

1979년에 나는 뉴욕 아몽크에 있는 IBM 기업 본사에서 일하고 있었다. 당시 IBM은 세계에서 가장 존경받는 회사였고, 경영에 있어 최고의 모델이었다. IBM에는 문제가 하나 있었다. 회사 내부적으로 관리자들이 부하 직원을 잘 지도하지 못한다는 인식이 있었던 것이다. 그래서 나는 관리자를 훌륭한 코치로 훈련하는 IBM의 프로그램을 검토해달라는 요청을 받았다. 몇 년에 걸쳐 이 프로그램에 수백만 달러의 돈이 투자됐지만, 성과는 미미했다. 관리자들은 여전히 직원들을 지도하는 데 서툴렀다. 나는 무엇이 왜 잘못됐는지 직접 확인하기 위해 아몽크에 있는 본사에 초청됐다. 나는 직원들을 인터뷰했고, 그 내용은 대표적으로 다음과 같았다.

나는 직원들에게 물었다.

Q: 당신의 상사가 잘 지도해주나요?
A: 아니요.

관리자에게 물었다.

Q: 당신의 부하 직원이 조언을 해달라고 부탁한 적이 있나요?
A: 아니요, 단 한 번도요.

다시 직원에게 물었다.

Q: 상사에게 지도해달라고 부탁한 적이 있나요?

A: 아니요.

IBM의 실적 평가 시스템이 궁금해진 나는 직원들의 연말 보고를 분석했고, 이들이 최고 성과자를 결정하는 방법을 알게 됐다. **지도할 필요 없이 효과적인 성과를 낸 사람.** 기본적으로 IBM은 악순환을 만들고 있었다. 관리자가 도움을 제안하면 직원들은 "괜찮습니다. 저는 도움을 받지 않고도 효과적인 성과를 낼 수 있습니다"라고 반응하도록 권장됐다. (말도 안 된다!)

IBM의 딜레마가 특별한 예시라고 말하고 싶지만 사실은 그렇지 않았다. 그들은 똑같은 실수를 하는 기업의 예쁘게 포장된 사례일 뿐이었다. 이러한 특성은 IBM 경영진의 최고 단계에서 시작됐는데, 그들 중에 도움이 필요하다는 사실을 인정함으로써 자신의 가치를 떨어뜨리려는 사람은 거의 없었다. 도움 요청은 나약함의 신호라고 여겼다. 도움을 요청하는 경우는 (1) 무언가를 모르거나, (2) 무언가를 할 수 없거나, (3) 자원이 부족할 때다. 다른 말(더 경멸적인 말)로 표현하면, 도움을 요청하는 이유는 다음과 같다.

- 무지
- 무능
- 부족

세 가지 전부 좋은 모습은 아니다. 어떤 조직이든 상사의 행동을 본보기로 삼는 경향이 있기에, 도움을 요청하는 CEO의 태도는 재빨리 계급을 따라 내려와 모든 사람들이 이를 모방하도록 자리를 잡는다. 물론 기업들은 경영대학원에서 배웠던 주제(팀워크, 상황적 리더십, 분권화, 전사적 품질 경영, 식스 시그마, '우수성' 등)를 보편화하기 위해 적극적으로 트레이너를 고용해 교육을 진행하지만, 이런 교육은 사실 의사나 공인회계사가 전문가 자격을 유지하기 위해 이수해야 하는 평생교육과정에 가깝다.

한 사람이 자신의 나약함을 드러내고 "도움이 필요합니다"라고 말하는 순간 시작되는 관리자와 직원의 일대일 코칭은 기업 환경에서는 잘 포착되지 않는다. 그보다는 전통적인 스승과 제자 사이에서 기술이 전해 내려오는 의료, 공연 예술, 목공이나 배관 작업과 같은 전문 기술 분야에서 코칭과 유사한 활동이 자주 일어난다. 하지만 이를 코칭이라고 보기는 어렵다. 그보다는 밀접한 실습 형태의 가르침이다. 실습생이 전문가로 발전할 만큼 충분히 익히게 되면 끝나는 유한한 과정이다. 반면, 코칭은 계속 성장하고 싶은 우리의 욕구만큼 끝이 없는 과정이다. 가르침과 코칭의 차이는 "배우고 싶다"와 "점점 더 성장하기 위해 도움이 필요하다"의 차이다.

나는 아몽크에 있는 동안에는 이 둘의 차이를 완전히 이해하지 못했었다. 내 경력에서 대부분의 큰 도약이 그랬던 것처럼 몇 달이 지난 후 다른 사람의 제안을 받으며 명확하게 이해할 수 있었다. 이번 경우에는 대형 제약회사 CEO의 전화였다.

나는 막 그 회사의 인사부에서 리더십 강연을 진행한 후였다. CEO도 수업에 참여했는데 내가 한 어떤 말이 그의 정곡을 찌른 것 같았다. 그는 흔치 않은 요구를 했다.

"우리 회사에 큰 부서를 관리하면서 분기마다 실적을 내는 책임자가 한 명 있습니다. 그는 젊고, 똑똑하고, 도덕적이고, 의욕적이고, 창의적이고, 카리스마도 있지만, 거만하고, 고집스럽고, 전부 알고 있다는 듯이 행동하는 친구예요. 우리 회사는 팀의 가치를 중요하게 생각하는데, 누구도 그가 팀플레이를 하고 있다고 생각하지 않아요. 만약 당신이 이 친구를 변화시켜준다면 우리에게는 엄청난 가치가 될 겁니다. 그렇지 않으면 그는 여기를 떠나야 하죠."

그때만 해도 경영진과 일대일로 일해본 적이 없었고(우리가 오늘날 알고 있는 경영 코칭 분야는 당시에는 존재하지 않았다), 수십억 달러 규모 회사의 CEO와 직접 소통이 가능한 위치의 사람을 코칭한 적은 더더욱 없었다. CEO의 간결한 설명으로 짐작건대, 나는 이런 사람을 이미 몇 번 만나본 적이 있었다. 모든 성취의 단계에서 성공을 거둔 유형의 사람이었다. 직장에서는 물론, 다트 게임을 할 때나 낯선 사람과 말다툼할 때도 꼭 이겨야 했다. 출근한 첫째 날부터 그의 이마에는 '뛰어난 잠재력'이라고 적혀 있었다. 평생 자신이 항상 옳다는 것을 확인하는 삶을 살았던 사람이 나의 도움을 받아들일까?

이전에는 기업의 중간 관리자들을 많이 가르쳤었다. 성공을 목전에 두고 있지만 아직은 도달하지 못한 사람들이었다. 과연 나의 방법이 조금 더 엘리트적인 경영진에게 일대일 방식으로 효과를 낼 수 있을까? 명백히 성공한 사람을 더 성공하도록 만들 수 있을까?

나는 CEO에게 대답했다.

"내가 할 수 있을 것 같습니다."

CEO가 한숨을 쉬었다.

"확신이 들지 않네요."

"그럼 이렇게 하죠. 일단 1년 동안 그 책임자와 일하겠습니다. 좋은 성과를 낸다면 그때 보수를 지급하시고, 그렇지 않으면 한 푼도 받지 않겠습니다."

다음 날 나는 CEO와 함께 나의 첫 번째 일대일 코칭 고객을 만나러 뉴욕으로 돌아가는 비행기에 올라탔다.

이 첫 번째 고객과 일하는 것은 큰 장점이 하나 있었다. 그는 다른 선택의 여지 없이 코칭을 받는 데 전념해야 했다. 그렇지 않으면 일자리를 잃게 되기 때문이었다. 다행히도 그는 직업의식이 있었고, 바뀌고 싶다는 의지도 있었다. 그래서 그는 발전했고, 나는 보수를 받았다. 하지만 그와 비슷한 고객들을 더 접하게 되면서 깨달은 점은 리더가 도움을 요청하는 데 창피함을 느끼지 않는 환경을 만들어줘야 한다는 것이었다.

그리고 IBM에서 알게 된 모순이 다시 생각났다. 회사의 리더는 코칭이 직원들에게는 중요하지만 자신에게는 그렇지 않다고 생각했다. 물론 말도 안 되는 생각이다. 완벽한 사람은 없다. 우리는 모두 결점이 있는 인간이다. 우리 모두 도움을 요청해야만 한다. 내가 선택한 돌파구는 뛰어난 고객들에게 이 불변의 진리를 일깨워주는 것이었다.

그 방법 중 하나는 그들에게 함께 일하는 사람들을 돕기 위해 리더로서 할 수 있는 일을 모두 적으라고 하는 것이었다. 나는 이를 '요구의 훈련'이라고 불렀다. **당신의 사람들은 당신에게서 어떤 도움을 원하는가?**

그들은 먼저 확실한 것들, 지원이나 인정, 소속감 및 목적 등을 줄줄 읊을 것이다. 그러고는 더 깊게 들어간다. 사람들은 사랑받고, 관심받고, 존경받고 싶어 한다. 무언가에 충성하고 싶어 하고, 대가로 충성심을 받고 싶어 한다. 그리고 열심히 해낸 일에 대해 못 본 척하거나 깎아내리지 않고 정당한 보상을 해주길 원한다.

"그것이 바로 당신의 직원들이 원하는 것들입니다."

나는 CEO 고객들에게 이렇게 말한다.

"그 화살을 당신에게로 돌려보는 것은 어떨까요? 당신에게도 같은 것들이 필요하다고 인정하세요. 당신이 직원들보다 더 나을 것은 없습니다. 심지어 그들 중 한두 명은 당신이 떠난 후에 이 조직의 리더가 될 수도 있죠. 그들은 곧 당신이에요."

나는 그들이 직원들을 도와주는 리더라며 자신을 자랑스럽게 말할 때, 그리고 이와 동시에 자신들은 똑같은 도움이 필요하지 않다는 모순적인 발언을 할 때, 자기 직원들과 그들의 요구를 비하하고 있다는 것을 알기를 바랐다. 그리고 직원들도 이 사실을 모르지 않는다. 이는 리더십의 대실패였다.

성공한 리더들은 어떤 일이든 실패한다는 생각에 움츠러들었기 때문에, 나의 고객들은 "도움이 필요합니다"라는 말에 대한 수치심과 혐오를 극복하고 내 코칭을 받아들이기까지 오랜 시간이 걸리지 않았다. 그들은 도움을 받아야 좋은 성과를 낼 수 있다는 사실을 인정했다. 똑똑한 사람들에게 이런 말까지 해줘야 한다는 게 놀라웠지만, 그 시절엔 그랬다. 오늘날에는 경영 코칭에 대한 요구가 많이 늘어났으며, 이를 통해 회사도 리더를 중요하게 여기고 그들이 성장할 수 있도록 기꺼이 돈을 지불하고 있다는 사실을 알 수 있다.

훨씬 적은 돈으로 LPR에 참여하면 이와 똑같은 코칭의 장점을 많이 얻을 수 있다. 무엇보다도 "나는 더 성장하고 싶고 도움이 필요합니다"라고 말할 수 있다. 이 사실을 인정하는 것은 LPR로 들어오는 입장료다. 고객들과 이 훈련을 많이 진행할수록 도움이나 존경심, 휴식, 두 번째 기회 등 다양한 종류의 요구는 직장에서 비웃음의 대상이 되거나 성격 결함, 또는 무지나 무능처럼 못마땅한 약점이 된다는 사실을 알게 됐다.

언제나 나를 가장 곤혹스럽게 하는 것은 인정 욕구였다. 구글에 '인정받고 싶은 마음'을 검색하면 처음 100개의 검색 결과들은 이를 심리적 결함이라고 묘사하고 있다. 타인의 의견을 더 중요하게 여기거나 자신과 의견이 달라도 타인에게 동의하고, 사랑받기 위해 남을 칭찬하는 등 부끄러운 행동들을 예시로 들고 있다. 언제부터 인정받고 싶은 마음이 가식이나 아부, 전략적 위장의 동의어로 쓰일 정도로 나쁜 일이 됐는가? **어떻게 인정받고 싶은 마음이 결핍으로 폄하될 수 있는가?**

나는 직장에서 인정과 관련된 문제, 예를 들어 도움 요청하기와 같은 문제는 꼭대기에서부터 시작한다고 생각한다. 내 경험상성공한 리더들은 직원들의 인정과 수용에 대한 요구에 민감하게반응하고, 이를 제공하는 데 매우 능숙하다. 하지만 이와 똑같은이유로 그들은 자신도 도움이 필요하다는 사실을 받아들이지 않고, 인정받고 싶은 마음을 모른 척하려고 한다. 그들은 리더란 내적 인정, 즉 자기만족만으로 충분해야 한다고 생각한다. 그것 말고는 박수갈채 표시등을 직접 켜서 사람들에게 주목을 받으려는행동에 불과하다. 최종적으로 CEO의 이러한 태도는 계급을 따라점점 내려가다가 결국 인정과 수용이 조직 전체에서 정당한 자리를 찾지 못하는 결론에 이른다.

"내가 말하는 대로 하고, 내가 하는 것은 따라 하지 말라"라는 식으로 인정받고 싶은 마음을 망설이는 것은 이 주제의 전문가에 게조차 영향을 주었다. 나의 절친한 친구이자 100명의 코치 중 한 명인 체스터 엘턴(Chester Elton)은 직장 안에서의 인정의 가치에 있어 최고 권위자다. 나는 그가 함께 일했던 리더들 사이에서 인정 구하기를 주저하는 모습을 본 적이 있는지 물었다.

그는 이렇게 말했다.

"그 질문을 하기에 내가 적합한 사람인지 모르겠네요. 나는 정말로 우울했던 시기를 겪은 적이 있습니다. 그래서 친구 여럿에게 이런 글을 보냈죠. '나는 종일 인정받음에 관해 이야기하고 있어. 솔직히 말하면 나도 지금 당장 인정받을 수 있으면 좋겠어.' 나는 황홀할 정도로 아름다운 답장을 많이 받았어요. 그들이 나를 구원한 거죠."

"당신이 이 질문의 적임자 같은데요." 내가 말했다.

"딱 한 번이었습니다. 그것도 20년 전 일이죠. 다시는 그러지 않았어요." 그는 "내가 말하는 대로 하고, 내가 하는 것은 따라 하지 말라"의 실수를 인정했다. "하지만 그렇게 하는 게 맞고, 앞으로 그렇게 해야죠."

몇 년 동안 리더가 자신들의 욕구를 인정하고 자신 있게 말할 수 있도록 돕는 것이 내 코칭의 큰 부분을 차지했다. 때로는 그들에게 필요한 유일한 조언이기도 했다.

　나는 2010년 위베르 졸리(Hubert Joly)가 미니애폴리스에 있는 호텔 기업 칼슨의 CEO였을 때 그를 코치하기 시작했다. 내가 늘 하던 방식으로 진행했다. 위베르의 부하 직원과 칼슨의 이사진을 상대로 인터뷰를 한 뒤, 그들의 피드백을 정리해 두 가지 보고서로 작성했다. 가장 먼저 위베르에게 긍정적인 피드백만 들어 있는 보고서를 보내며 감사한 마음을 가지라고 조언했다. 그리고 다음 날 그에게 부정적인 피드백이 담긴 더 긴 보고서를 보내며 내용을 꼼꼼히 잘 읽고 소화하라고 했다. 그는 이미 존경받는 리더였음에도 내가 《일 잘하는 당신이 성공을 못하는 20가지 비밀》에서 정리한 20가지 나쁜 경영 습관 중에서 그의 계산에 따르면 총 13가지 실수를 저질렀다. 그의 중요한 문제점은 자신이 항상 기여해야 한다고 생각하는 것이었으며, 이에 따라 무조건 이겨야 한다거나 비판은 무시해버리는 등 다른 문제도 파생됐다.

　그리고 그를 직접 만난 다음에야 왜 그가 그렇게 지나친 욕구를 가지게 됐는지 알 수 있었다. 그는 모국인 프랑스의 가장 우수한 학교에서 1등을 했었다. 맥킨지에서는 유명 컨설턴트로 일했다. 30대에는 EDS 프랑스의 지사장이었고, 미국으로 건너온 다음 칼슨의 최고 자리에 올랐다. 하지만 그는 종교학자의 면모도 지니고 있었는데, 사도성요한수도회의 수사 두 명(그들은 경영대학원에서 만났다)과 함께 노동의 본질에 관한 글을 쓴 적이 있었다. 그래서 구약성서와 신약성서뿐만 아니라 코란과 중동 종교의 가르침에 대해서도 능통했다. 나는 그가 바로 마음에 들었다.

나는 보고서에 그의 나쁜 습관에 대해 장황하게 늘어놓지 않았다. 그가 바꾸고 싶고 전념하고 싶은 세 가지 습관을 고르게 했다. 그때부터 코칭이 시작됐다. 자신의 과거 행동에 대해 동료에게 사과하고, 더 나은 모습을 약속하고, 도움을 요청하고, 피드포워드 조언을 감사히 받아들였다.

2년이 지난 후, 위베르는 가전제품 기업인 베스트바이의 CEO가 됐고, 그곳에서 그는 미국 사업의 가장 큰 도전에 직면하기에 이르렀다. 바로 아마존과 가격경쟁 중인 대형 소매상점들을 구하는 일이었다. 베스트바이에 합류하기 전 그는 큰 성장을 이루었고, 승리의 세리머니를 한 뒤 나와의 코칭 관계를 끝낼 수도 있었다. 하지만 그는 그렇게 하지 않았다. 두 가지 이유에서였다. (1) 그는 끊임없이 자기 계발에 전념하고 있었고, 그래서 도움이 필요하다는 것을 표현하는 데 매우 익숙해졌다. (2) 베스트바이의 새로운 동료들이 자기 계발 과정을 실제로 볼 수 있기를 바랐다. 그래서 그는 새로운 직장에서 자신의 코치로서 함께해달라고 나를 불렀다. 그는 도움이 필요하다는 것을 공개적으로 알렸고, 실제로 직원들에게 이렇게 말했다.

"나에게는 코치가 있습니다. 피드백이 필요해요. 여러분도 피드백이 필요합니다."

베스트바이를 위한 그의 전략은 저렴한 가격이 아니라 더 좋은 '조언, 편의, 서비스'를 제공함으로써 온라인 소매상점과 경쟁하는 것이었다. 고객들이 1,000개가 넘는 베스트바이 내장 중 한 군데에 방문했을 때 다른 곳에서 살 이유가 없을 정도로 직원들이 아는 것이 많고 열정적이어야 했다. 다시 말해, 위베르는 매장의 운명을 전적으로 베스트바이의 직원들에게 맡긴 것이었다.

베스트바이에 대해 더 많이 알게 되고 그의 전략에 따른 인력을 어떻게 확보할지 함께 논의하고 있을 때, 위베르는 놀라울 정도로 상식에 반하는 전략을 하나 떠올렸다. 그는 일반적인 하향식 경영 방식으로 직원들을 도우려고 하지 않았다. 오히려 정반대였다. 그는 직원들에게 자신을 도와달라고 부탁하려고 했다. 그들에게 공개적으로 자신의 약점을 드러내고 모든 단계마다 도움이 필요하다는 사실을 인정하는 것이었다.

또한 직원들에게 인정받고 싶은 마음도 드러냈는데, 개인적으로 "나를 좋아합니까?"라는 질문을 던지며 확답을 요구하는 식이 아니라 그의 전략을 온전히 받아들이고 이에 전념해주기를 바랐다. 구매를 권하는 실력 있는 판매원이나 자기를 절대 잊지 않고 표를 던져달라고 부탁하는 노련한 정치가처럼, 위베르의 부탁은 뼛속까지 아주 깊게 파고들어 갔다. 그는 직원들의 '진심'을 요구하면서 자신의 전략을 믿어달라고 부탁했다. 그리고 그들은 그렇게 해주었다. 위베르가 할 일은 부탁하는 것뿐이었다.

숨 쉴 때마다 새로운 내가 된다면

2018년 아마존의 제프 베이조스(Jeff Bezos)가 "위베르가 베스트바이에 합류한 지난 5년은 매우 놀라웠다"라고 말할 만큼, 주가가 4배나 오르는 성장을 한 베스트바이의 혁신 과정을 통해 위베르도 개인적인 성장을 이루었다. 직원들 앞에서 불완전한 사람이 돼 자신도 모든 것을 알지는 못한다는 사실을 인정하며 도움을 요청했다. 나는 그를 앨런 멀럴리와 프랜시스 헤셀바인과 함께 나의 가장 성공적인 고객으로 꼽는다. 앨런과 프랜시스는 가장 적게 변했기 때문이고(그들은 나와 만났을 때 이미 훌륭한 사람이었다), 위베르는 가장 많이 변했기 때문이다.

만약 당신에게 마땅한 삶을 살 가능성을 키워줄 단 한 가지 조언을 남긴다면 바로 이것이다. **도움을 요청하라. 당신은 당신이 생각하는 것보다 훨씬 도움이 필요하다.**

만약 신체적 고통이 극심하다면 의사에게 도움을 구하기를 망설이지 않을 것이다. 주방 싱크대가 막혔다면 배관공에게, 법적인 문제가 생겼다면 변호사에게 연락할 것이다. 당신은 어떻게 도움을 요청해야 하는지 알고 있다. 하지만 도움을 요청하는 것이 더 나은 선택일 때에도 그렇게 하지 않는 순간들이 매일 존재한다. 특히 두 가지 상황을 조심하라.

첫 번째는 당신의 무지나 무능이 드러나기 때문에 도움 요청을 부끄러워하는 것이다. 한 골프 클럽의 강사가 회원 300명 중에서 그녀에게 레슨을 받아본 사람은 20퍼센트도 안 된다는 이야기를 들려준 적이 있다. 그들은 자신의 잘못된 스윙이 부끄러워서 그녀에게 도움을 받지 않았다.

"나는 이 클럽에서 최고의 골퍼 30~40명 정도를 레슨하고 있어요." 그녀가 말했다. "그 사람들은 더 좋은 샷을 날리고 싶다는 마음뿐이에요. 어떻게 그 실력에 도달했는지, 또는 누구의 도움을 받았는지 전혀 신경 쓰지 않죠. 이런 사람들은 점수표도 신경 안써요."

우리가 피해야 할 두 번째 상황은 '나는 이 일을 혼자 할 수 있어야 해'라고 생각하는 것이다. 당신이 이미 가지고 있다고 생각하는 지식이나 기술과 관련된 일에 부딪혔을 때 이런 함정에 빠지기 쉽다. 잘 아는 동네를 운전하고 있을 때 GPS의 길 안내를 받지 않고도 목적지에 도착할 수 있어야 한다고 생각한다. 또는 전에 사람들 앞에서 연설을 몇 번 해본 적 있다면 결혼식 축사나 올해의 중요한 판매 실적 프레젠테이션 내용을 약간 손보는 데 친구들의 도움을 받지 않는다.

나는 이제는 이런 문제를 겪지 않는다. 그래서 오늘의 질문 목록에 더 이상 "나는 최선을 다해 도움을 요청했는가?" 항목이 없는 것이다. 나는 몇 년 전쯤 이 싸움에서 승리를 선언했는데, 내 인생에서 다른 사람에게 도움을 요청하는 것보다 혼자 해결하는게 더 유리하고 효율적인 도전 과제가 있는지 자문했을 때 그 답을 찾을 수 없었다. 당신도 그래야 한다.

친구나 이웃, 동료, 낯선 사람, 심지어 경쟁자가 당신에게 도움을 요청했던 순간들을 모두 떠올려보자. 그때 당신은…

- 거절했는가?
- 분노했는가?
- 그들이 멍청하다고 생각했는가?
- 그들의 능력을 의심했는가?
- 뒤에서 그들을 조롱했는가?

내가 아는 대부분의 좋은 사람과 같다면, 당신의 첫 번째 반응은 그들을 도와주는 것이다. 거절 의사를 나타냈다면 그건 당신에게 도움이 될 만한 능력이 없어서였을 테고, 아마 이를 사과하며 **무능함이 당신의 실패**라도 되는 듯이 생각했을 것이다. 당신이 하지 않을 유일한 반응은 즉각적이고 노골적인 **거절**이었을 것이다.

다른 사람에게 도움을 요청하겠다는 마음을 접기 전에 이 사실을 떠올려라. 만약 당신에게 도움을 요청하는 사람을 안 좋게 생각하지 않고 기꺼이 도와주었다면, 왜 당신이 도움을 요청하는 사람들은 관대하거나 너그럽지 않을 것이라고 걱정하는가? 다른 사람이 해주었으면 하는 대로 행동하라는 의미의 황금률은 항상 양방향으로 작용하며, 도움과 관련된 상황에서는 더욱 그렇다.

휠씬 더 중요한 질문이 하나 있다. 다른 사람들을 도울 때 당신은 어떤 기분을 느꼈는가? 아주 좋은 감정이었다는 것은 모두 동의하리라고 생각한다. 그렇다면 왜 다른 사람이 그런 감정을 경험할 기회를 빼앗는가?

숨 쉴 때마다 새로운 내가 된다면

도움받은 경험 기록하기

이번에는 기억을 되살리고 겸손한 마음을 가지는 훈련을 한다.

실전에 적용하기

당신의 가장 자랑스러운 업적을 5~10가지 정도 적어본다. 특히 그 성취가 마땅하다고 생각되는 것이어야 한다. 이제 당신은 각각의 업적에 대한 상을 받는 자리에 초대됐고, 모든 가족과 동료들, 친구들 앞에서 감사 연설을 해야 한다고 가정해보자. 당신은 누구한테 감사 인사를 전할 것인가? 그 이유는 무엇인가?

아마 당신은 모든 상황에서 도움이 없었다면 성공하지 못했다는 사실을 알게 될 것이다. 내가 말하는 도움이란 단순히 예상치 못한 행운이나 뜻밖의 발견을 말하는 것이 아니다. 다른 사람들의 지혜나 영향력이 당신의 계획을 진전시켰거나 재앙이 될 뻔한 잘못된 판단을 막아주었던 순간을 의미한다. 이렇게 과거를 되짚어

보지 않으면 당신이 얼마나 많은 도움을 받았는지 과소평가하기 쉽다.

일단 당신이 잊어버렸거나 알아채지 못했던 모든 도움에 감사하는 마음을 가진다면, 이 훈련의 놀라운 보상을 받을 준비가 된 것이다. 더 자주 도움을 요청했다면 얼마나 더 많은 것을 이룰 수 있었을까 하는 생각이 든다. 또는 후회하며 자책할 수도 있다. 이제 그 상상력을 미래로 향해보자. 당신은 앞으로 언제 도움이 필요할까? 그리고 당신이 도움을 요청할 첫 번째 사람은 누가 될까?

12장

습관으로 만들기

우리의 노력은 언제 시작할까? 그리고 언제 끝날까? 언제쯤 모든 일을 쉬면서 지난 과정을 음미하고 재평가하며, 때로는 새로운 무언가를 성취해야 한다는 결론을 내리게 되는가?

앞서 4개 장에 걸쳐 **규율**에 관한 이야기를 나누었다. 이는 마땅한 삶을 이루는 데 필요하며, 후천적인 능력으로 규칙 준수, 책임, 추적 조사, 측정, 공동체의 결과물이라는 사실을 배웠다. 또한 **계획을 유지**하기 위한 시스템으로 LPR의 간단한 구조를 살펴보았다. 그리고 **도움이 필요**하다는 사실을 인정하면 더 좋은 성과를 얻을 수 있다는 사실도 되짚어보았다.

규율, 계획 유지하기, 도움 요청하기를 뒤따르는 중요한 주제는 **타이밍**에 관한 것이다. 마땅한 삶에 도달하는 것은 힘든 여정이며, 때로는 완벽하게 몰입해야 한다. 하지만 우리는 인간이다. 우리의 자원, 즉 에너지와 동기부여, 집중력은 고갈되기 마련이다. 그렇다면 우리는 언제 가속페달을 밟아야 하고, 언제 뒤로 물러나 회복하고 다시 시동을 걸어야 할까? 그래서 어떻게 '항상 얻기 위해 노력'하는 시간과 지금까지 무엇을 이루었고 앞으로 어떤 것이 남아 있는지 고민하는 시간 사이에서 균형을 잡을 수 있을까?

인생은 긴 게임이다. 꼭 명심하라. 매우 긴 게임이다. 자기 자신은 물론 주변 상황을 잘 파악하는 전략을 마련하고 있어야 긴박감을 유지하면서도 자원 고갈을 피할 수 있다. 그러면 언젠가 마땅한 삶을 향한 노력은 습관이 될 것이다.

1. 시작을 얻어라

살아가다 보면 인생의 한 단계가 끝나고 다음 단계가 시작하는 사건들을 경험하게 될 것이다. 그중에는 현대 사회에서 예측할 수 있는 이정표들도 있다. 졸업, 첫 번째 직장, 결혼, 첫 번째 집, 자녀 양육, 이혼, 직업적 성공과 실패, 사랑하는 사람의 죽음, 행운, 번뜩이는 아이디어 등이 그렇다. 이러한 순간들은 인생의 활기를 줄 수도, 아무것도 하지 못할 정도로 혼란을 줄 수도 있다("이다음에 뭘 해야 하지?"). 기회이거나 위기일 수도 있고, 터닝 포인트나 좌절이 될 수도 있다. 게일 쉬이(Gail Sheehy)는 이러한 순간을 "단계(passage)"라고 부르며 1977년 동명의 베스트셀러 책에서 이를 다룬 적이 있다. 이제는 작고한 내 친구 윌리엄 브리지스(William

Bridges)는 이를 '**변환**(전환, transition)'이라고 불렀다. [나는 몇 년에 한 번씩 이 주제를 다룬 《변환(Transitions)》이라는 제목의 1979년 고전 작품을 다시 들춰본다. 강력하게 추천하는 책이다.]

우리는 모두 과거와 미래의 간극을 경험한다. 윌리엄 브리지스는 이렇게 설명한다. "변환은 미리 대기하고 있는 대체 현실에 좌우되는 것이 아니다. 인생의 한 부분이 끝나면 자동으로 변환 과정에 들어가게 된다."

하지만 변환을 행동의 소강상태, 즉 휴식 시간을 가지며 수동적으로 다음 단계('대체 현실')를 기다리는 폭풍 전의 고요함이라고 생각한다면 심각한 실수를 저지르게 된다. 우리의 변환은 탈출구를 찾을 때까지 목적 없이 방황하는 시간이 아니다. 변환 역시 살아 숨 쉬는 유기체로, 인생의 온전한 몰입 단계만큼이나 활발한 시기다.

미국의 안무가 트와일라 타프(Twyla Tharp)는 변환의 전문가이며, 50년의 경력 동안 발레와 현대무용의 안무를 160가지 이상 만들었다. 하나의 안무가 끝나고 다음 새로운 안무 사이에 160번이 넘는 변환 과정을 겪은 것이다. 다르게 표현하면 다음 작품을 시작하기 전에 누워서 쉬고 싶은 유혹이 160번 넘게(1년에 적어도 세 번) 존재했다는 뜻이다. 타프는 이 유혹에 넘어가지 않았다. 그녀는 새로운 영감이 떠오를 때까지 마냥 기다리지 않았고 주도적으로 찾아다녔다. 그녀의 표현에 따르면 "새로운 시작을 얻어야" 했다. 과거의 작품은 잊어버리고, 작곡가를 찾아 음악을 듣거나 몇 시간 동안 홀로 동작을 연구하며 하나의 아이디어도 놓치지 않기 위해 자기 모습을 계속 촬영했다. 그리고 마침내 모든 동떨어진 조각들이 하나로 맞춰질 때 그녀는 창작을 시작할 준비를 했다.

그녀는 이런 식으로 새로운 시작을 얻어냈다. 경험해보지 않은 사람의 눈에는 프로젝트 사이의 시간이 아무것도 하지 않는 사각지대처럼 보였지만, 실제로는 공연 개막 전까지 치열하게 리허설을 하는 시간만큼이나 몰입하고 땀에 흠뻑 젖는 시기였다. 타프에게 변환은 노력 끝에 찾아오는 휴식이 아니다. 또 하나의 매우 중요한 시기이고, 그녀가 지금까지 해온 것만큼 열심히 노력하는 과정이다.

나는 타프의 의견에 동의한다. 우리 모두 인생의 터닝 포인트를 정의하는 고유의 기준을 가지고 있으며, 그 순간은 과거의 자아에서 분리되고 우리가 되고 싶은 새로운 자아에 적응하기 시작하는 때다. 트와일라 타프와 같은 창작 예술가는 각 작품 사이의 간격 또는 중요한 스타일 변화 사이의 짧은 간격(피카소의 청색 시대와 장밋빛 시대 사이의 간극과 비슷하다)과 같은 작은 단위를 변환 시기라고 정의했지만, 우리는 다른 기준을 선택할 수 있다.

예를 들어, 나의 경우에는 내 인생에서 커다란 터닝 포인트가 되는 지표는 **사람들**이다. 그중에서도 특히 **다양한 형태로 "너는**

더 잘할 수 있어"라는 조언을 해준 사람들이다. 나에게 맨 처음 그런 말을 해준 사람은 고등학교 때 수학 과목에서 D를 받은 것은 변명의 여지가 없는 일이라고 했던 뉴턴 선생님이었다. 그는 나에게 더 많은 것을 기대했다. 그리고 이와 비슷한 경험이 여러 번 있었다. 의도했든 아니든 이들은 모두 내가 현재 모습에 대한 갑작스러운 불만족이나 새롭게 변화하고 싶은 강한 욕구를 느끼게 해주었다. 내가 어떤 사람이 될지 아직 확신할 수는 없었지만 그들은 나를 변환 과정으로 유도했고, 그렇게 나는 선택지를 선별하고 답을 찾아서, 새로운 시작을 얻을 수 있었다.

인생의 흐름을 해석하는 지표는 지극히 개인적인 선택에 달려 있다. 어떤 경영진은 인생의 중요한 변화 지점은 자신의 실수였다고 말했다. 그는 창피했던 실패의 순간들에서 배울 점을 찾았고, 다시는 그 실수를 반복하지 않았기 때문이다. 또 다른 이는 함께 일하는 사람들 사이에서 더 이상 자신이 가장 아랫사람이 아니며, 그만큼 자신의 영향력이 커졌다는 사실을 깨달았던 순간이었다고 회상했다. 그는 자신의 직급이 올라가고 있음을 깨달은 순간들로 시간의 경과를 구분했다. 한 산업 디자이너는 자신이 디자인한 상품을 통해 경력의 변화 지점을 구별했다. 각각의 디자인은 한 작품에서 다른 작품 사이의 거리를 표시하는 이정표와 같았다. 자신의 디자인들을 시간 순서대로 살펴보면서 각각의 제품을 시장에 내놓을 때마다 자신이 발전하고 있다는 증거로 여겼다.

나이도 하나의 요인이 될 수 있다. 중요한 터닝 포인트에 대한 당신의 관점은 시간이 흐르면서 변할 수 있다. 이 글을 쓰고 있는 2022년의 나는 73년이라는 긴 시간에 걸쳐 나에게 영향을 준 사람들의 눈을 통해 인생을 이해하지만, 이제 갓 성인이 된 사람에게는 그 기준이 유치원부터 고등학교 졸업까지의 15년 정도일 것이며, 여름방학은 새로운 단계로 넘어가는 변환의 시기였을 것이다. 나이가 들다 보면 터닝 포인트라고 생각했던 젊은 시절의 변환은 희미해지고, 반면 그때는 인지하지 못했던 다른 사건들이 중요한 변환이 될 것이다. 지금 나처럼 73세가 되면 인생의 터닝 포인트에 고등학교 때 사건을 더는 포함하지 않으리라고 생각한다.

당신이 변환의 시기에 있다는 것을 알기 전에는 새로운 시작에 발을 들이고 있는지 알 수 없다. 그리고 터닝 포인트를 구분하는 기준을 세우기 전에는 변환의 시기에 있다는 사실을 알 수 없다.

2. 과거에서 벗어나라

인생의 다음 단계에 도달하기 전에 먼저 과거의 당신에게서 벗어나야 한다. 우리는 과거의 성취를 놓아줘야 할 뿐만 아니라(그 성취를 얻은 사람은 지금의 당신이 아니다) 예전의 정체성과 일하는 방식도 모두 버려야 한다. 과거에서 교훈을 얻을 수는 있지만, 매일 과거로 돌아가는 것은 좋지 않다.

2018년 처음 커티스 마틴을 만난 것은 그가 NFL을 은퇴한 지

12년이 지났을 때였다. 나는 그가 프로 선수에서 일반인으로의 변환 과정을 어떻게 겪었는지 궁금했다. 그는 무엇을 잃어버렸을까? 포기하기 힘들었던 것은 무엇이었을까? 나는 그가 경기나 동료들, 관중의 환호 소리, 경기 후 인터뷰에서 흔히 일어나는 일 등을 언급할 것으로 생각했다. 하지만 아니었다. 그의 답은 내가 예상했던 것과 전혀 달랐다.

커티스는 프로 운동선수의 '패턴'이 그리웠다고 했다. NFL에 진출한 선수들은 고등학교 때부터 최고의 선수인 경우가 많다. 이들은 10대 초반부터 선의를 가진 어른들에게 주목을 받고, 가르침을 받고, 보살핌을 받는다. 어른들에게 진로를 물어볼 필요도 없다. 언제나 일이 잘 풀렸고, 자기 의지대로 행동하는 부유한 30대 슈퍼스타일 때도 그랬다. 7월 여름 캠프부터 1월 플레이오프까지 NFL 선수의 모든 순간은 계획되고 통제된다. 무엇을 먹을지, 언제 운동을 할지, 언제 경기 영상을 보며 연구하고 작전을 암기할지, 언제 훈련할지, 언제 부상을 치료할지, 언제 버스나 제트기를 타러 갈지 등이 모두 정해져 있다. 좋은 성과를 내는 선수가 성공의 일정 부분을 몇 년 동안 채택한 훈련 및 운동 패턴과 연관 짓는 것도 놀라운 일이 아니다.

바로 이 지점에서 **새로운 호흡 인식 체계**("숨을 쉴 때마다 새로운 내가 된다")가 커티스에게 영향을 주었다. 커티스는 운동선수라는 직업의 약점을 잘 알았을 것이다. 운동선수는 가장 최근 경기로 평가받으며, 선수 생활을 계속하려면 이전 시즌의 성적에만 의존할 수 없다는 것을 말이다. 어쩌면 빌 파셀스 코치의 따끔한 조언 덕분일 수도 있다. "커티스, 너는 이 경기에서 빠지고 싶지 않을 것이다. 너를 대체할 선수들이 네가 다시는 필드로 돌아오지 못하게 할 테니까 말이야." 하지만 커티스는 현재에 충실한 삶을 살며 미래를 꿈꾸는 사람이다. 그는 언제나 과거를 돌아보지 않으며, 과거의 커티스는 유물이라고 여긴다.

그는 선수 시절 내내 두 가지 길을 걸어왔다. 하나는 선수로서의 커티스와 다른 하나는 전직 선수로서의 커티스다. '선수로서의 길'에서 그는 주어진 패턴을 따랐고, 그러한 패턴들 덕분에 성공으로 이끌어줄 집중력을 얻는다는 것을 알고 있었다. '전직 선수로서의 길'에서는 풋볼에서 얻은 교훈을 남은 인생에 활용할 수 있는 지혜로 바꾸었다. 그는 33세의 나이로 은퇴했을 때, 외부 지시에 따르고 싶은 욕구를 놓아버리는 것이 어렵지 않았다. 왜냐하면 그의 내면에서 나오는 자기 결정력으로 대체할 준비가 돼 있었기 때문이다(그리고 이는 그의 더 큰 열망인 다른 사람을 돕는 일과 일치했다). 커티스의 인생에는 여전히 **'패턴'**이 필요하지만 이제는 그가 직접 만들고 있다.

우리가 과거의 자신에게서 벗어날 수 있다면, 새로운 자아를 만들기 위해 과거의 패턴을 모두 버리는 일은 마치 방을 나가면서 불을 끄는 것만큼 아주 쉬워진다.

숨 쉴 때마다 새로운 내가 된다면

3. '반응'을 통제하라

좋은 습관을 만드는 방법은 단순하다. 오늘날에는 충분한 연구를 일반적으로 자극(Stimulus), 반응(Response), 결과(Outcome)의 3단계로 설명한다. 나는 대학원에서 선행 사건(Antecedent), 행동(Behavior), 귀결(Consequence)의 앞 글자를 따 'ABC 단계'라고 배웠다. 어떤 사람들은 '원인-행동-영향의 단계'라고 부르기도 한다. 어떤 명칭으로 부르든 상관없다. 우리에게 중요한 것은 오로지 중간 단계, 즉 우리의 반응(또는 행동)이다. 이 영역만큼은 우리가 통제하고 바꿀 수 있다.

만약 똑같은 자극에 매번 서툴게 반응한다면 항상 똑같이 실망스러운 결과를 얻는다고 해도 그다지 놀랄 일이 아니다. 결국 우리의 서툰 반응은 당연해지고, 또 다른 안 좋은 습관을 얻게 된다. 이 습관을 없앨 수 있는 유일한 방법은 변하지 않는 자극에 대해 우리의 반응을 의식적으로 바꿔서 더 좋은 행동을 하는 것이다. 예를 들어, 나쁜 소식을 전달해준 사람을 나무라지 않고, 그 대신 평정심을 유지하고서 그 사람에게 감사하는 마음을 갖는 것은 어떨까? 반응을 바꾸면 습관이 바뀐다.

나는 매우 똑똑한 리더들에게 이 깨달음을 일깨워주면서 경력을 쌓아왔다. 내가 리더들에게 추천한 방법은 직원들과의 회의가 마치 위험한 자극이 도사리고 있는 지뢰밭과 같아서 그들의 비생산적인 습관이 나타나기 쉽다는 점을 명심하라는 것이었다. 이러한 습관에는 회의실에서 가장 똑똑한 사람이 돼야 한다거나, 너무 지나친 가치를 부여하거나, 모든 논쟁에서 이기려고 하거나, 정직함을 나무라는 태도 등이 있었다. 내 고객들은 빨리 터득했다. 그들에게 필요한 것은 의학적 치료가 아니라 반응을 경계하라고 상기시켜주는 도구였다. 자신의 문제점을 적은 메모지를 옆에 두는 것처럼 아주 간단한 방법도 효과가 있었다. **이기려고 하지 말자. 그럴 가치가 있는 행동인가? 내가 이 주제의 전문가인가?** 시선이 닿는 곳에 이렇게 적은 메모지를 두는 것만으로도 자극에 대한 반응을 바꿀 수 있었다. 이렇게 좋은 습관을 의식하고 반복하자 지속적인 **습관**이 됐다.

이러한 과정을 마땅한 삶을 사는 것만큼 복잡하고 중요한 문제에도 적용할 수 있을까? 마치 칭찬을 들으면 자동으로 "감사합니다"라고 말하는 것처럼, 꾸준한 노력을 습관으로 바꿀 수 있을까?

나는 가능하다고 생각한다. 단, 반응을 하기 전 자극과 결과 사이에 잠시 멈추고 충분히 생각하는 시간을 갖는다면 말이다. 잠깐의 멈춤은 촉발된 사건의 외적 및 내적 메시지뿐만 아니라 우리가 취하는 행동의 바람직한 결과까지 고려할 수 있는 시간을 준다. 이로써 감정적이거나 충동적으로 행동하지 않고 우리의 최선의 이익을 위해 합리적으로 반응하게 된다.

이제 와 생각해보면 학창 시절 누군가가 나에게 "너는 더 잘할 수 있어"라고 말했던 흔치 않은 상황에서 나는 인생에서 매우 중요한 변환을 맞이하고 있음을 직감했던 것 같다. 과거의 마셜을 버리고 새로운 마셜이 될 기회였다. 그 말 자체가 자극제였다. "넌 지금 실수하고 있어!"라고 말하고 있었지만 사실은 "변하지 않으면 평생 후회하게 될 거야"라는 의미를 담고 있었다. 처음 뉴턴 선생님이 나는 D를 받기에 아까운 학생이라고 말했던 그때, 내 반응은 선생님의 말이 옳다는 것을 입증해서 그에게 인정을 받는 것이었다. 다음 해 졸업반이 된 후 나는 수학 과목에서 A를 받았고, 수학 학력 검사에서 처음으로 800점 만점을 기록했다. 이러한 반응으로 나의 태도가 완전히 바뀌었다고 말하고 싶지만, 하나의 사건으로는 좋은 습관을 만들지 못한다. 여러 번 반복해야 한다.

나는 인디애나주 테러호트에 있는 로즈헐먼공과대학을 다니는 동안 게으른 삶으로 다시 돌아갔다. 또다시 비슷한 일이 일어난 때는 1970년으로, 이번에는 경제학 수업의 잉(Ying) 교수의 도움을 받았다. 그는 내가 "행동을 다듬는다면" 장래가 더 밝을 것이라고 했다. 그는 나에게 경영대학원 입학시험을 보고 인디애나대학교 경영학 석사과정에 지원하라고 권유했고, 그 덕분에 나는 기적적으로 UCLA의 박사과정에 들어가게 됐다. 그곳에서 밥 탄넨바움(Bob Tannenbaum) 교수와 프레드 케이스(Fred Case) 교수에게서 "너는 더 잘할 수 있어" 조언을 적어도 두 번 들었다. 그때마다 나는 성장함으로써 긍정적인 반응을 보였다.

폴 허시의 곁에서 인생의 터닝 포인트를 겪을 때까지 나는 이러한 상황에 대한 반응을 거의 습관처럼 계속 반복했었다. 언제나 나의 원동력은 최선을 다하지 않은 것을 후회할 것 같다는 두려움이었다. 나는 이제 바뀌지 않는 게으름뱅이가 아니었다. 미래를 붙잡고 후회의 고통을 피하기 위해 최대의 노력을 하겠다는 마음은 곧 자극의 기본 반응이 됐다.

이러한 이유로 나는 1970년대 후반 이후 그런 조언을 들을 때마다 매우 적극적이고 열정적으로 반응하게 됐다고 생각한다. 나는 그 조언을 듣게 만들었던 요인에 대해 잠시 생각한 뒤, 왜 이렇게 익숙하게 느껴지는지 즉시 깨닫는다.

"예전에 겪어본 적 있어. 이 신호가 뭘 뜻하는지 알아. 이건 터닝 포인트야."

자극은 똑같다. 성공적인 결과에 대한 보상도 똑같다. 그래서 나의 반응도 똑같아야 한다. 내 머리는 여기에 빨리 적응하고, 인생의 다음 단계를 시작하기로 마음먹는다. 다른 모든 것처럼 노력해서 얻어야 한다는 것을 잘 알고 있다. 그리고 나는 이를 받아들일 수 있다. 따라서 나의 노력은 습관이 된다.

나처럼 외부의 격려를 받은 행운아가 아니어도 상관없다. 사실 나는 요령을 피우면서 관성에 이끌려 살았기 때문에 나를 밖으로 꺼내 새로운 시작을 도와줄 다른 누군가가 필요했다.

당신까지 그럴 필요는 없다. 이 과정은 가능성이 부족한 사람들만을 위한 것이 아니다. 이미 만족을 얻었지만 여전히 더 높은 곳에 도달할 수 있다고 믿는 사람들에게도 유용하다. 내가 그랬듯이 다른 누군가가 옆에서 정확한 방향을 가리켜주기를 기다릴 필요는 없다(그래도 이런 일은 언제나 행운이다). 당신은 어쩌면 이미 그렇게 살고 있을 수도 있다. 더 많은 것을 할 수 있고 또 그래야 한다는 생각이 들 때마다 당신은 사실 '너는 더 잘할 수 있어' 훈련을 시작하고 있는 것이다. 자기 자신에게 해준 응원이라고 해서 효과가 부족하다거나 또는 습관이 될 가치가 없는 것은 아니다.

4. 당신 눈앞의 샷을 쳐라

골프는 18개 홀을 도는 동안 실수가 불가피한 매우 어려운 경기다. 실력 좋은 선수가 최상의 컨디션일 때도 그렇다. 최고의 선수는 숙련된 건망증으로 자신의 실수를 상쇄한다. 그들은 어쩔 수 없는 실수가 벌어지면 순간적인 분노나 짜증으로 긴장감을 풀며 간단하고 효율적으로 처리한 뒤 그 실수를 잊어버린다. 홀 시작 지점부터 공이 불행하게 착륙한 곳[어떤 경우에는 페어웨이에서 20야드(약 18미터) 거리의 무성한 잔디밭에 떨어져서 길게 드리운 나뭇가지가 앞길을 방해하기도 한다]까지 200걸음 넘게 걸어가는 동안, 그들은 마음을 비우고 자신의 공과 현재 상황, 눈앞의 샷에만 집중한다. 현재에 충실히 임하는 방법을 통달한 셈이다.

이전에 어떤 일이 일어났든 그들의 생각을 침범하지 못한다. 캐디와 함께 게임 전략, 이동 거리, 골프채 선택에 대해 의견을 나눈다. 높은 잔디에 파묻힌 공을 잘 꺼낼 가능성을 따져본다. 투지 넘치는 샷을 시도하거나 실점을 하나 인정하고 페어웨이로 공을 치는 것의 손익을 계산한다. 그들은 필요할 때가 되면 다음 샷을 처리할 테지만, 지금 이 순간에는 그들이 원하는 샷을 결정하고 공을 쳐야 한다. 다른 것은 중요하지 않다. 그리고 이 과정을 한 라운드에서만 60~70번 정도 반복한다. 모든 샷을 치기 전의 루틴 인 것이다. 다시 말해, 습관이다.

이 루틴에서 가장 좋은 부분은 320야드(약 293미터) 드라이브 샷이든 홀까지 3피트(약 1미터) 모자란 20피트(약 6미터) 퍼티 샷이 든 이전 위치에서 다음 위치까지 걸어서 이동한다는 것이다. 이 들은 그 거리를 이동하면서 과거의 샷에서 현재의 샷으로 변환을 맞이하고 현재에 집중하게 된다. 모든 샷에서 이 과정을 꾸준히 한다면 결과와 상관없이 자신의 라운드에 만족할 것이다. 적어도 그 상황에서 할 수 있는 모든 것을 했다는 사실에 만족할 것이다.

나처럼 실력이 형편없는 골퍼(너무 형편없어서 25년 전에 포기했다) 는 골프 방송에서 모든 샷을 치기까지 오랫동안 고민하는 모습을 볼 때면 굉장히 지루하다. 왜 프로 선수들은 내가 하던 것처럼 그 냥 공 앞으로 걸어가서 바로 공을 치지 않는 걸까? 당연히 그들의 방법이 옳다. 루틴을 지키는 것은 그들의 실력을 키우는 데 큰 역 할을 한다. 그래서 골프 선수들의 이러한 접근법은 우리가 현재의 모습으로부터 과거와 미래의 모습을 분리하는 데도 매우 적절하

숨 쉴 때마다 새로운 내가 된다면

다. 매우 효과적으로 현재에 집중할 수 있기 때문이다.

노벨상 수상자 대니얼 카너먼(Daniel Kahneman)은 "당신에게 보이는 것이 전부다(What you see is all there is)"라는 말을 한 것으로 유명하다. 흔히 앞 글자만 따서 '위지아티(WYSIATI)'라고 부르는데, 이 개념은 인간이 얼마나 순식간에 제한된 정보를 이용해 성급한 결정을 내리는지를 지적하고 있다. 인간이 편향되고 비이성적으로 행동하는 또 하나의 예시이며, 이 경우에는 성급한 판단이 그러하다.

나는 WYSIATI라는 개념을 좀 더 긍정적인 관점에 적용하고 싶다. 우리가 접하는 모든 사실은 상황에 따라 달라지며, 현재 상황에서 할 수 있는 한 최선을 다하는 것이 고귀한 일이라는 사실을 상기시켜주는 도구로 이용하는 것이다. 골퍼가 지금 눈앞의 샷을 칠 때 그들은 매우 이성적이고 객관적인 행동자로서 그들의 판단을 흐릴 수도 있는 과거나 미래의 걱정을 분리한다. 그들은 대부분 인생이 그렇듯이 골프도 상황에 따라 다르며, 과거나 미래가 아닌 오로지 현재만 관련 있다는 사실을 받아들인다. 최고의 컨디션일 때 그들은 자기 성찰과 현재에 몰입하기의 달인이 된다.

현재에 몰입하기의 가치가 중요한 것은 당연하다. 그럼에도 '눈앞의 샷 치기'에 실패하는 것은 우리가 끊임없이 하는 행동 중의 하나다. 아침 식사를 할 때는 머릿속으로 오후에 있을 프레젠테이션을 연습하느라 아이를 신경 쓰지 못한다. 회의를 할 때는

10분 전에 했던 불편한 통화 내용을 되새기느라 집중하지 못한다. 그리고 주변 사람들의 안 좋은 모습만 기억하며 틀에 가둬버리고 그들을 용서하지 않거나 변화된 모습을 인정하지 않는다.

눈앞의 공을 치지 못할 때 우리는 변환에 실패하게 된다. 크든 작든 인생의 한 부분이 완전히 변해버렸고 이제는 새로운 현실을 마주해야 한다는 사실을 깨닫지 못한다. 2020년 3월 코로나 락다운이 시작됐을 때 100명의 코치 중에서도 이러한 현상을 겪는 것을 목격했다. 어떤 회원들은 **그건 그때 일이고 지금은 다르다**는 것을 자연스럽게 인정했지만, 어떤 이들은 이러한 변화를 힘들어했다. 후자의 상황을 겪은 사람 중에는 2020년을 성공의 해로 이끌고 있던 타샤 유리치(Tasha Eurich)가 있다.

2년 전 그녀는 대형 출판사에서 《통찰력(Insight)》이라는 첫 책을 출간했다. 우리가 보는 우리의 모습과 다른 사람이 보는 우리의 모습의 차이에 관한 내용이었다. 이 책은 기업계에서 큰 인기를 끌었다. 또한 타샤는 열정적인 연설가였다. 그래서 나는 2020년 1월 샌디에이고에서 열린 100명의 코치 모임의 오후 첫 번째 순서를 그녀에게 맡긴 적도 있었다. 그날 그녀는 강연장을 뒤흔들어놓았다. 그로부터 6주 후 모든 사람들의 계획이 무너졌다. 타샤도 괴로워했다. 그녀는 2020년까지 2년에 걸쳐 경력을 쌓아왔지만 한순간에 무너지고 말았다. 동료들도 똑같은 고통을 겪고 있다는 사실은 그녀에게 위안이 되지 못했다. 끝이 보이지 않는 위기에 갇혀 있었다.

2020년 5월 초 타샤에게 연락했을 때, 그녀는 그동안 투자한 모든 노력에 대해 무력감을 느끼고 있었고, 과거에서 벗어나 현실을 마주할 준비가 돼 있지 않았다. 세상은 변했고, 그녀는 새로운 세상으로의 변환에 어려움을 겪고 있었다. 나는 그녀에게 "눈앞의 샷에 집중"하면서 바꿀 수 없는 과거를 그만 놓아주라고 조언했다. 그리고 세상이 무너졌을지는 몰라도 완전히 사라진 것은 아니라는 말도 덧붙였다.

서서히 그녀의 기업 고객들이 새로운 작업 환경(텅 빈 사무실, 재택근무, 줌을 통한 화상회의 등)에 적응함에 따라 그녀의 전문 지식에 대한 수요도 되살아났다. 전처럼 확신할 수는 없지만(적어도 지금까지는), 그녀는 천천히 과거를 놓아주기 시작했다. 이런 상황에서 우리에게 남는 것은 현재와 미래뿐이다. 현재의 타샤와 미래의 타샤를 구분함으로써 그녀는 중요한 통찰력을 얻었다. 그렇게 더 희망스러운 상황으로 탈출할 수 있었다.

2020년 11월, 타샤는 컨설팅 및 코칭 일감이 아직 부족한 상황에서 남는 시간 동안 자신만의 멘토링 모임을 만들기로 마음먹었다. 타샤는 내가 만든 100명의 코치를 모델로 삼아 자신에게 코칭을 받을 지원자를 구하는 짧은 영상을 올렸다. 수백 명의 지원자 중에서 10명을 선별한 뒤 '타샤 텐(Tasha Ten)'이라는 이름을 붙였다. 이 모임으로 인해 보수나 대중의 환호를 받은 것도 아니었다.

그저 타샤 개인의 관대함에서 비롯된 것으로, 그녀의 삶에 약간의 목적과 의미를 더해주었다. 그녀는 이 모임이 어디로 향할지 몰랐지만 그 끝을 간절히 알고 싶어 했다.

바로 이때가 타샤의 변환이 완료된 시점이다. 그녀는 큰 도움이 됐지만 다시는 돌아갈 수 없는 코로나 이전의 세상에 더는 매달리지 않았고, 그것을 대체할 의미 있는 무언가를 찾아냈다. 그녀는 마침내 새로운 시작을 얻어냈다.

나는 이번 장을 시작하면서 두 가지 질문을 던졌다. **우리의 노력은 언제 시작하는가? 그리고 언제 끝나는가?** 답은 간단하다. 우리가 시작한 일을 이루었을 때, 외적으로나 내적으로 상황이 변해 지금까지 해오던 일을 계속 유지할 필요가 없을 때, 우리의 노력은 끝난다. 그리고 나 자신을 재정립하기 위해 삶을 재창조해야한다는 판단이 들 때, 그래서 다른 사람의 아이디어라도 나의 것으로 만들겠다고 결심했을 때, 노력은 다시 시작된다. 시작과 끝 사이에서 우리의 역할, 정체성, 과거에 대한 미련, 기대감 등 많은 것들을 떠나보내고 새로운 것으로 채워야 한다. 이렇게 우리는 새로운 시작을 얻는다. 한쪽 문을 닫고 새로운 문을 열어야 한다.

당신의 '불가능함'은 무엇인가?

시인 도널드 홀(Donald Hall)이 그의 친구인 조각가 헨리 무어(Henry Moore)에게 인생의 비밀을 물었을 때, 막 80세가 된 무어는 즉시 현실적인 답을 내놓았다.

"인생의 비밀은 매일매일 모든 순간에 평생을 헌신하고 모든 것을 바칠 수 있는 무언가를 가지는 것일세. 그리고 여기에서 가장 중요한 것은, 자네가 이룰 수 없는 것이라야 하네!"(열망의 가장 완벽한 예시라고 생각한다.)

홀은 무어에게 있어 "이룰 수 없는 것"은 '역대 조각가 중에서 가장 위대한 조각가가 되는 것'이라고 생각했다. 고귀한 열망이긴 하지만, 많은 사람들의 평범해 보이는 열망과 크게 다르지 않을 것이다. 그건 바로 행복해지는 것, 깨달음을 얻는 것, 또는 죽고 난 뒤에 좋은 기억으로 남는 것이다.

당신에게 '불가능한 것'은 무엇인가?

13장

대가를 지불하라
그리고 마시멜로를 먹어라

예전에 나는 스위스 은행 UBS의 개인자산 팀이 주최한 우먼 인 비즈니스 회의에서 연설을 한 적이 있다. 내 앞 순서였던 사람은 기술 산업계의 선구적인 여성으로, 자신의 회사의 설립자이자 CEO였고 상당한 유명 인사였다. 20년이 지난 지금도 나는 여전히 그녀의 지혜와 신선한 솔직함을 기억하고 있다. 그녀는 타의 추종을 불허하는 사람이었다.

그녀는 멘토링 강의를 너무 자주 하지는 않는다고 말했다. 회사를 이끄는 것은 부담이 많은 직업이고, 만약 모든 초청을 받아들이면 모든 시간을 멘토링에 써야 하기 때문이었다. 그녀는 자신의 인생에서 중요한 세 가지를 고수한다고 했다. 가족과 시간을 보낸다. 자신의 건강을 돌보고 운동을 한다. 자기 일에 최선을 다한다. 이 세 가지 역할로 그녀는 자신의 에너지를 전부 써버렸다. 그녀는 요리나 집안일, 잡다한 일을 하지 않는다고 했다. 콘퍼런스 홀 안의 모든 여성의 시선을 사로잡은 그녀는 직설적인 메시지를 더 강력하게 전달했다.

"요리하고 싶지 않으면 하지 마세요. 정원 일을 하고 싶지 않으면 하지 마세요. 청소를 하고 싶지 않으면 청소할 사람을 고용하세요. 당신에게 중요한 일만 하세요. 그것 말고는 전부 버리세요."

그러자 한 청중이 손을 들고 이렇게 말했다.

"당신에게는 그게 쉽겠죠. 당신은 부자니까요."

CEO는 그 평계를 받아들이지 않았다. 그녀는 반발하며 이렇게 말했다.

"이 회의에 참석한 사람들이 받는 연봉 중 가장 낮은 금액이 25만 달러라는 이야기를 들었습니다. 능력이 없는 사람이라면 여기에 초대되지 않았을 겁니다. 그런데도 당신이 하고 싶지 않은 일을 대신 해줄 사람을 고용할 여유가 안 된다고 말하는 건가요? 당신은 전문가로서 최저임금을 받고 싶지 않을 것입니다. 다른 부분에서는 왜 그래도 괜찮나요? 당신은 시간의 가치를 완전히 깎아내리고 있는 겁니다."

그녀는 많은 사람들이 받아들이기 힘들어하는 냉혹한 진실을 말하고 있었다. **만족한 삶, 특히 마땅한 삶을 추구하려면 대가를 지불해야 한다는 것이다.** 돈에 관한 이야기가 아니었다. 중요한 일에는 최대의 노력을 기울이고, 필연적인 희생은 받아들이며, 위험과 실패의 두려움을 인지하지만 그것들을 극복하는 능력에 대해 말하고 있었다.

어떤 사람들은 기꺼이 대가를 치른다. 또 다른 사람들은 설득력 있지만 결국에는 후회하게 되는 이유들로 대가를 지불하려고 하지 않는다.

흔하게 볼 수 있는 이유 중 하나는 유명한 손실 회피 개념과 관련이 있다. 손실을 회피하려는 마음이 동등한 크기의 이익을 얻으려는 욕구보다 더 크다는 뜻이다. 노력을 통해 성공할 가능성이 클 때는 기꺼이 대가를 지불하려고 하지만, 그 가능성이 작으면 열의가 훨씬 줄어든다. 노력과 희생이 헛되지 않을 것이라는 확신을 원한다. 우리가 가진 모든 것을 목표 달성에 투자하고 아무것도 얻지 못하게 되는 상황을 두려워한다. 온전히 쏟아부은 헌신이 헛수고가 돼서는 안 된다고 우리는 생각한다. 그것은 공평하지 않다. 그래서 대가를 지불하지 않으려고 한다. 희생이 없으면 허무함도 없다.

이는 매우 강력한 믿음이라서 나의 일대일 코칭에도 수용했다. 성공한 고객들은 대가를 지불하는 것을 편안하게 받아들이는 편이긴 하다. 이러한 특성이 그들을 높은 곳까지 오르게 해주었다. 하지만 나는 여전히 코칭에 전념하는 것이 헛되지 않은 일이라는 것을 그들에게 확신시켜야 할 필요를 느낀다. 나는 이렇게 말한다.

"이 훈련은 힘듭니다. 한 번의 실수가 그동안의 성장을 무효로 만들고 시작점으로 돌아가게 하죠. 하지만 내년이나 내후년까지 꾸준히 노력한다면, 당신은 성장할 것입니다."

흔쾌히 내 코칭의 보증을 약속하는 것 같지만, 사실 코칭의 확실성을 알리는 것 또한 코칭의 과정이다. 대가를 지불하는 것에 대한 고객들의 저항심을 낮춤으로써 그들이 유리한 출발을 할 수 있도록 도와준다.

또 다른 이유는 먼 미래를 보지 못하기 때문이다. 오늘의 희생은 지금 당장 즐길 수 있는 보상을 제공하지 않는다. 자기통제에 따른 이익은 먼 훗날에 우리가 알지 못하는 미래의 우리에게 주어진다. 그래서 우리는 돈이 남으면 저축해서 복리로 모아 30년 뒤 유용한 자금으로 사용하는 대신 지금 당장 써버리는 선택을 하는 것이다. 어떤 사람들은 당장의 이익을 희생한 과거의 자신에게 훗날 감사하게 될 것임을 예견하면서 대가를 지불할 수 있다. 반면 어떤 사람들은 앞날을 내다보지 못한다.

세 번째 이유는 세상을 제로섬의 관점으로 바라보기 때문이다. 제로섬이란 한쪽에서 무언가를 얻으면 다른 쪽에서 무언가를 잃는 것을 의미한다. 대가를 지불한다는 것은 반드시 희생되는 것을 계산한 기회비용과 같다. 이 일을 하면 다른 일을 할 수 없다. 이 개념이 완전히 잘못된 것은 아니다. 그렇지만 대가 지불의 관점에서 봤을 때는 무의미하다. 대가를 지불하기로 선택한다면, 즉 쉽고 확실한 것보다 위험하고 어려운 것을 하기로 한다면, 이는 확실한 것을 희생한 것이 아니다. 대부분 어려운 길을 선택하면 자동으로 확실한 것을 포함한 다른 모든 선택지를 배제하게 된다. 어쨌든 당신은 동시에 두 군데에 존재할 수 없고, 무언가를 내놓아야 한다. 이 사실을 빨리 인정할수록 대가를 지불하는 것이 더 수월해질 것이다.

프랑스의 위대한 스키 선수 장클로드 킬리(Jean-Claude Killy)가 자기 감독에게 했던 말을 읽은 적이 있다.

"나는 겨울인 지역을 돌아다니며 훈련했어요. 반년은 북반구에서, 또 반년은 남반구에서. 몇 년 동안은 여름을 지내본 적이 없습니다."

프랑스의 국가적 영웅이자 1968년 겨울 올림픽에서 알파인스키 금메달을 모두 휩쓸었던 뛰어난 선수 킬리는 여름이 없는 삶을 고난이라고 표현하지 않았다. 그는 세계 챔피언이 되기 위해 지불한 대가에 만족한다고 말하고 있었다. 그는 금메달을 딴 후에 얼마든지 여름을 경험할 수 있었다.

최근 몇 년 사이에 나는 사람들이 무언가를 얻기 위한 희생을 망설이는 네 번째 이유를 알게 됐다. 그들을 안전지대에서 강제로 몰아내기 때문이었다. 나를 예시로 들자면, 나는 갈등을 좋아하지 않고 열 번 중에 아홉 번은 피하려고 한다. 나에게 갈등 상황은 가치 있는 일이 아니다. 하지만 그 열 번째에 내가 매우 중요하게 여기는 무언가가 위험에 처했을 때(계획이나 가족 또는 친구가 곤란한 상황일 때), 꼭 필요하다고 생각하는 일을 하기 위해서라면 누구와도 기꺼이 부딪힌다. 그런 행동을 즐기지는 않지만, 후회하지는 않는다.

이러한 이유를 조롱하려는 의도는 아니다. 당신이 치러야 하는 대가가 예상되는 보상보다 지나치게 클 때 당연히 상식적이라고 느껴진다. 요구되는 노력은 결과만큼의 가치가 없다. 그것은 마치 하루 동안의 여행을 위해 그 나라의 언어를 배우는 데 6개월을 투자하는 것과 같은 상황이다. 차라리 그 하루 동안 통역을 고용하는 편이 나을 것이다.

언제 대가를 지불할지, 언제 그냥 지나칠지 현명한 선택을 하려면 먼저 어디에나 존재하는 지연된 만족과 즉각적 만족이라는 이분법 문제부터 해결해야 한다. 나는 **대가를 지불하는 것은 지연된 만족**의 동의어라고 본다(그리고 **대가를 지불하지 않는 것은 즉각적 만족**의 동의어다). 두 가지 모두 자기통제와 관련이 있다. 매일매일 우리가 아침에 눈을 뜨면서부터 만나는 딜레마다.

예를 들어보자. 당신은 아침 일찍 일어나 출근하기 전에 운동을 하고 싶다. 알람이 오전 5시 45분에 울리자 당신은 잠시 고민한다. 침대에서 30분 더 잠을 자는 즉각적 만족의 유혹을 느끼며, 운동의 이익과 함께 의지의 참담한 실패로 하루를 시작하는 정신적 고통을 따져본다. 잠 대신 운동을 선택하든 아니든, 이는 온종일 해결해야 할 수많은 이분법 문제의 시작에 불과하다. 아침 식사를 할 때도 계속된다. 평소처럼 오트밀과 과일로 건강한 식사를 할 것인가, 아니면 달걀과 베이컨, 토스트와 진한 라떼의 유혹에 넘어갈 것인가? 그러고 나면 이제 출근을 한 뒤 첫 한 시간 동안 일어난다. 오늘 할 일 중에서 가장 어려운 일부터 해결할까, 직장 동료들과 수다를 떨까? 그렇게 하루가 끝나고 제시간에 잠자리에 들 것인가, 늦게까지 넷플릭스를 볼 것인가? 이러한 선택을 할 때까지 계속된다. 한시도 쉬지 않는다.

지연된 만족에 대한 우리의 태도는 평생 흥미로운 과정을 거치며 변화한다. 내 생각에는 즉각적 만족이 마음을 괴롭히는 선택이 아닌 시기는 성인기에 딱 두 번 존재한다. 첫 번째는 시간이 부족하다는 감각이 전혀 없는 젊은 시절이다. 돈을 저축하거나 건강을 관리하거나 특정 직업에 헌신할 필요를 느끼지 않는다. 놓친 부분을 만회할 시간이 충분히 있기에 시간과 자원을 낭비한다. 대가를 지불하는 것을 어느 정도 '나중(그 의미가 무엇이든)'으로 미룰 수 있는 것이다. 두 번째는 인생 말년에 지금의 당신과 미래의 당신 사이의 격차가 좁아졌을 때다. 특정 나이가 되면 당신은 항상 되고 싶었던 사람이 되거나, 아니면 높은 장벽을 넘지 못하고 지금의 모습을 인정하게 된다. 이제 모든 칩을 현금으로 바꿀 시간이다. 그래서 비싼 여행을 예약하고, 당신의 시간을 거리낌 없이 제공한다. 아이스크림 한 통을 죄책감 없이 먹을 수 있다.

이러한 두 번의 시기 사이의 긴 시간 동안 당신은 끊임없이 지연된 만족의 시험대에 오른다. 그렇기에 지연된 만족을 선택하는 능력은 마땅한 삶을 사는 데 있어 매우 결정적인 요인이다. 어쩌면 지능보다 더 믿을 만한 변수일 것이다.

결국 대가를 지불하는 가장 설득력 있는 이유는 당신이 무언가를 희생할 때마다 그 가치를 더 중요시할 수밖에 없기 때문이다. 인생에 가치를 더하는 것은 의미 있는 목표다. 또 한편으로는 대가를 지불하는 것은 그 희생이 보상을 주었든 아니든 기분 좋은 일이다. 최고의 샷을 쳤다면 목표에 미치지 못하더라도 부끄러울 것이 없다. 후회도 없을 것이다. 후회는 대가를 지불하지 않는 것에 지불하는 대가이기 때문이다.

하지만 인생을 살아가다 보면 충분한 대가를 치렀고 아무리 잠깐이라도 여유를 가지며 느긋하게 즐겨야 한다고 느껴지는 순간들이 있다. 마시멜로가 우리를 기다리고 있다.

1960년대 말, 스탠퍼드대학교의 심리학자 월터 미셸(Walter Mischel)은 스탠퍼드 내의 빙유치원(Bing Nursery School)에 다니는 미취학 아동들을 대상으로 그 유명한 '마시멜로 실험'을 진행했다. 아이들에게 마시멜로 한 개를 보여준 뒤, 그들이 원할 때 언제든 마시멜로를 먹을 수 있다고 말해주었다. 그리고 만약 마시멜로를 먹지 않고 20분 동안 혼자 기다린다면 마시멜로 두 개라는 더 큰 보상(보상에는 쿠키, 사탕, 미니 브레첼 등도 포함된다)을 받을 수 있다고 말했다. 이는 즉각적 만족과 지연된 만족 사이의 선택의 문제다.

아이들은 마시멜로를 바라보며 혼자 기다리게 되는데, 탁자 위에 벨이 하나 있어서 원할 때 언제든 연구자를 호출하고 마시멜로를 먹을 수 있었다. 또는 연구자가 돌아올 때까지 기다리다가 20분 정도 지난 후에 마시멜로가 그대로 남아 있다면 두 개의 마시멜로를 받을 수 있었다. 미셸은 이렇게 썼다.

아이들이 스스로 벨을 누르지 않으려고 애쓰는 모습을 통해 당신은 안쓰러운 마음을 느낄 수도 있고, 아이들의 창의성에 감탄하며 응원할 수도 있고, 어린아이조차도 유혹을 거부하고 지연된 보상을 위해 인내할 수 있다는 새로운 희망을 얻을 수도 있다.

몇 년 후 미셸은 이 아이들을 추적 조사해 두 개의 마시멜로를 기다린 대상자들이 SAT에서 높은 점수를 받았고, 학업 성취가 더 높았으며, 비만도도 낮았다는 결론을 내렸다. 이 결과를 가지고 미셸은 1994년에 《마시멜로 테스트: 자제력이 성공의 원동력인 이유(The Marshmallow Test: Why Self-Control Is the Engine of Success)》라는 책을 출간했고, 이 실험은 인간 행동에 관한 흔치 않은 실험 연구 중 하나로서 하나의 문화가 됐다("마시멜로를 먹지 말라"라는 문구가 적힌 티셔츠도 있었다).•

일반적으로 지연된 보상이란 나중의 더 크고 중요한 보상을 위해 지금의 사소하고 즐거운 보상을 참는 것을 의미한다. 대부분의 심리학 저서에서는 지연된 만족을 신격화하며 '성취'에 관한 모든 것과 연결 짓는다. 우리는 장기적인 성과를 얻기 위해 눈앞의 기쁨을 희생하라는 꾸지람을 듣는다.

하지만 마시멜로 실험을 다르게 해석할 수도 있다. 실험이 내포하고 있는 지연된 만족이 더 좋다는 주제를 무시하기는 어렵지만, 이 연구가 두 번째 마시멜로 이후로 더 확장된다고 가정해보자. 주어진 시간만큼 기다린 후에 아이는 두 번째 마시멜로를 받으면서 이런 말을 듣는다. "만약 조금 더 기다리면 세 번째 마시멜로를 줄게!" 그렇게 네 번째 마시멜로, 다섯 번째 마시멜로, 그리고 백 번째 마시멜로까지 계속된다.

그런 논리라면 지연된 보상의 달인은 먹지 못한 오래된 마시멜로 수천 개에 둘러싸인 채 죽음을 기다리는 노인일 것이다. 그 누구도 그런 모습으로 나이 들어 죽어가고 싶지 않을 것이다.

나는 고객들에게 마시멜로에 관한 경고의 메시지를 자주 전달하곤 한다. 이런 사람들의 업적은 그들의 의지력이나 지연된 보상

● 그 이후의 상식을 반영한 실험들에서 최초 마시멜로 실험의 공정성에 의문을 제기했다. 스탠퍼드대학교 내의 고등교육을 받은 부모의 부유한 자녀들은 그렇지 않은 부모의 가난한 자녀들과 비교해 지연된 만족에서 오는 보상이 더 분명한 환경에서 자랐을 것이다. 또한 이런 아이들은 권위 있는 인물, 즉 실험자가 보상을 줄 것이라고 믿을 가능성이 컸다.

을 기다리는 능력만큼이나 놀라운 수준이다. 나의 고객 중에는 세계적으로 성공한 리더들이 많다. 그들은 수준 높은 교육도 많이 받았다. 때로는 미래를 위해 희생하는 데만 몰두한 나머지 현재의 삶을 즐기지 못하기도 한다. 그들에게 해주는 조언을 당신에게도 해주고 싶다. **마시멜로를 먹어야 할 때가 있다는 사실을 명심하라. 그리고 마시멜로를 먹어라!** 당장 오늘부터 시도해보자(단, 즉각적 만족의 즐거움을 되찾는 정도로만 한다). 죽음을 엿볼 수 있는 사건이 당신을 일깨울 때까지 기다리지 말라.

존 번(John Byrne, 나는 그의 결혼식에서 주례를 봤다)은 기업가 잭 웰치(Jack Welch)의 2001년 회고록 《잭 웰치·끝없는 도전과 용기》를 공동 작업한 작가로, 1995년 웰치가 59세의 나이에 심장마비를 일으킨 뒤 심장 수술을 세 번이나 받았던 당시의 이야기를 들려준 적이 있다. 큰 수술에 두려움을 느낀 웰치는 자신의 인생에서 크고 작은 일들을 다시 생각하게 됐다. 어떤 깨달음을 얻었을까?

저렴한 와인은 그만 마시자는 것이었다. 웰치는 그때까지 14년 동안 제너럴일렉트릭의 CEO로 일하면서 매우 부유한 삶을 살았지만, 그의 집에서 대접하는 값싼 와인을 보면 그렇게 생각하지 못했을 것이다. 인생의 덧없음을 강렬하게 깨달은 웰치는 그날 이후 자신의 저장고를 가장 귀한 보르도 레드와인으로만 채워놓았다. 웰치의 집에서 저녁 식사를 한다면 이 와인들이 그가 제공하는 전부일 것이다. 결국에는 운 좋은 남자의 마시멜로를 마시게 되는 것이다.

자기 자신을 위한 멋진 삶을 살고 싶다면, 장기적인 성취는 단기적인 희생이 있어야 한다는 사실을 인정해야 한다. 하지만 지연된 만족에 너무 집착해서는 안 된다. 잠시 멈추고 여정을 즐겨라. 인생은 끊임없는 마시멜로 실험이지만 마시멜로를 가장 많이 쌓아두는 사람에게 더 큰 보상이 주어지는 것은 아니다. 차라리 후회를 비축해두는 편이 더 나을 것이다.

월터 미셸은 그의 책 후반부에 두 형제의 상반되는 인생 이야기를 들려준다. 형은 진중하고 부유한 투자 은행가로서 길고 안정적인 결혼 생활을 하며 잘 자란 성인 자녀를 두고 있었다. 동생은 뉴욕의 그리니치빌리지에 살며 소설 다섯 편을 출간한 작가로서 업계의 주목을 받지는 못했지만, "그럼에도 낮에는 글을 쓰고 밤에는 짧은 연애를 오가는 독신 생활을 하면서 행복한 삶을 살고 있다고 말하는" 사람이었다. 저자는 마시멜로 실험을 인용하면서 성실하고 신중한 은행가는 마시멜로를 평생 기다릴 수 있지만, 그와 대조적으로 작가는 즉각적 만족을 생활방식의 선택이라고 여긴다고 짐작했다.

놀랍게도 미셸은 형제의 상반된 모습을 보여줌으로써 동생의 삶도 인정했다. 그는 동생이 대학에서 창작 글쓰기 과정을 통과하고 실제로 다섯 편의 소설을 쓰기까지 대단한 자제력을 연마했을 것이라고 지적했다. 또한 자유로운 연애 생활에 대해서는 "전

넘하지 않으면서 즐거운 관계를 유지하기 위해" 똑같은 자제력이
필요했을 것이라고 했다.

다시 말해, 마시멜로 실험을 처음 고안한 사람 역시 우리 모두
가 어느 정도의 마시멜로를 먹기를 원한다.

지연된 만족을 지연시키지 않기

우리 삶 속에서 지연된 만족의 역할을 더 깊이 알아보자.

실전에 적용하기

하루 동안 당신이 접하는 모든 딜레마를 지연된 만족(마시멜로 먹지 않기)과 즉각적 만족(마시멜로 먹기)의 이분법으로 분류해보자. 어떤 결정에 직면했다면 잠시 멈추고 마음속으로 7초를 센 뒤(누구라도 할 수 있는 아주 짧은 시간이다) 자기 자신에게 질문을 던진다. **미래의 더 커다란 보상을 위해 지금 이 순간의 만족을 지연할 것인가, 아니면 쉬운 길을 택하고 즉각적인 만족에 안주할 것인가?** 다르게 표현하면, **이 상황에서 대가를 지불하고 있는가, 이익을 얻고 있는가?**

이 방법을 통해 지연된 만족으로 얻는 보상과 당신의 문제 해결 능력에 더 많은 주의를 기울이게 된다면, 적어도 즉각적 만족에 무심코 굴복하는 경우보다 그 횟수가 잦아진다면, 할 수 있는 한 꾸준히 연습해보자. 쉽지는 않을 것이다. 끊임없이 자신을 점검해야 하고 매일 접하는 모든 유혹에 유의해야 한다. 하지만 식단이나 운동 계획을 지키는 것처럼 처음 4~5일 정도를 포기하지 않고 잘 버틴다면, 지연된 만족은 더 이상 한 번의 놀라운 사건에 그치지 않고 자연스러운 반응이 될 가능성이 커진다. 여기까지 잘 따라왔다면 이제는 한 단계 발전된 방법에 도전해보자.

바로 실전에 적용하기

사람들은 각자의 목표에 등급을 부여한다. 어떤 목표는 우선순위가 높고, 어떤 목표는 낮다. 어떤 목표는 성취하기 어려운 반면, 어떤 목표는 쉽다. 내 경험상 어려운 목표는 높은 우선순위에 있고, 쉬운 목표는 낮은 우선순위에 있는 경향이 있다. 일반적으로 우리 사회는 매일매일 쉽고 우선순위가 낮은 목표들부터 도전해야 한다고 말한다. 성취감을 느끼며 하루를 시작하는 것이 좋기 때문이다. 그리고 사람은 당연히 쉽게 손이 닿는 열매부터 따려고 하므로 우리는 사회적 통념을 따르면서 높은 우선순위의 목표를 달성하는 만족감을 지연시킨다.

하루 동안 이 통념에서 벗어나보자. 높은 우선순위 목표를 먼저 해결해보는 것이다.

관습을 거스르는 여느 도전이 그렇듯이, 이 하루 동안의 일회성 과제는 대부분의 사람들에게 어려운 일이다. 우선순위가 높은 목표는 난이도도 높은 경우가 많기 때문이다. 예를 하나 들어 보겠다. 나는 편지든 이메일이든 나에게 오는 모든 연락(초청, 초대, 제안, 긍정적이거나 부정적인 의견 등)에 2일 안으로 답을 보내려고 한다. 시간을 내서 나에게 연락한 사람들을 무시하고 싶지 않은 데다 그들은 답장을 받을 자격이 있기 때문이다. 물론 이런 연락들이 특별히 긴급하거나 중요한 것도 아니고, 한 번도 만난 적 없는 사람들에게 편지나 이메일을 보내기 위해 2일에 한 번꼴로 세 시간씩 투자하는 것을 즐기지도 않는다. 하지만 답장을 보내는 일이 책의 한 챕터를 쓰는 것만큼 어려운 일은 아니기에, 하루 업무를 끝내지 못해 저녁까지 일해야 할 때면 두 시간 동안 글을 쓰는 것과 같은 높은 우선순위의 일이 아닌 답장 보내기를 시작하는 것이다.

나의 할 일 목록 중에서 이메일에 답장하는 것은 수월한 중간 우선순위이고, 글을 쓰는 것은 어려운 매우 높은 우선순위다. 솔직히 말해서 하루 업무를 끝내기 전에 수월한 일을 선택함으로써 내가 지연된 만족을 느끼고 있거나 얻고 있다고 할 수는 없다. 왜냐면 답장 보내기는 새로운 챕터를 쓰는 것만큼 만족감을 주지 않기 때문이다. (내가 만족하지 않는다면 지연된 만족은 없다.) 그렇다면 나는 실제로 얼마의 대가를 지불하고 있는 것일까?

만약 글쓰기가 내 생각만큼 정말로 우선순위가 높았다면, 나보다 자제력이 뛰어난 성공한 작가들의 전략을 따랐을 것이다. 이들은 아침에 일어나 마음이 평안하고 다른 것에 방해를 받지 않을 때 가장 먼저 글을 쓴다. 목표가 다섯 시간 동안 연속으로 책상 앞에 앉아 있는 것이든, 구체적으로 단어 수를 채우는 것이든, 그 계획을 지키면 가장 큰 성취로 하루를 시작하는 극도의 만족감을 얻는다. 이들이 가장 먼저 얻는 것은 마땅한 결과물이다. 그 뒤에 따라오는 모든 것은 보너스다.

나를 포함한 대부분의 사람이 이 방법을 따라 하지 않는 것이 놀라울 정도로 매우 매력적인 혜택이다. 이들은 아침에 맨 먼저 글을 쓰기 위해 책상 앞에 앉는 과정을 반복함으로써 지연된 만족을 지연시키지 않았다. 그들은 마시멜로를 가지고 있었고, 또 마시멜로를 먹었다(하루를 마친 직후에 말이다).

14장

신뢰는 두 번 얻어야 한다

마땅한 삶의 목적은 무엇일까?

내가 감탄한 한 가지 대답은 피터 드러커의 말이었다.

"인생의 사명은 자신이 얼마나 똑똑하고 옳은지 증명하는 것이 아니라 긍정적인 변화를 만드는 것이다."

우리가 어떻게 긍정적인 변화를 만들지는 우리가 결정한다. 어떤 사람들은 엄청난 규모의 희생과 야망을 통해 변화를 만든다. 생명을 구하는 의사, 잘못을 바로잡는 활동가, 사회를 개선하는 자선가가 그렇다. 또 어떤 사람들은 소박하고 작은 활동을 한다. 친구의 고통을 위로하려고 애쓰고, 어린이 야구단에서 코치를 하고, 인연이 될 두 사람을 소개해주고, 아이들에게 필요한 부모가 되려고 한다. 이와 같은 양극단 사이에는 배려와 친절함을 낳는 무수한 선행이 존재한다.

성공한 사람들에게 마땅한 삶을 추구함으로써 얻은 만족을 설명해달라고 부탁했을 때, 여태껏 단연 1등을 차지한 답변은 "사람들을 돕는" 행위였다. 나는 이 대답들이 피터 드러커의 예리하면서도 관대한 통찰력을 다시 한번 확인해준다고(아직도 필요하다면) 생각했다. "우리의 사명은 긍정적인 변화를 만드는 것"이라고 말하면서 그는 우리에게 옳은 일을 하라고 촉구하지 않았다. 그는 이미 존재하는 것, 우리도 이미 알고 있는 것을 설명하고 있었다. 우리는 다른 사람에게 도움이 될 때 가장 온전히 삶을 누린다는 것이다.*

당신이 이루고 싶은 긍정적인 영향력의 유형을 이해하기 위해서는 매우 개인적인 두 가지 특성부터 파악해야 한다. 첫 번째는 신뢰, 두 번째는 공감이다. 긍정적인 변화를 만들려면 이 두 가지가 필요하다. 이번 장에서는 신뢰의 중요함에 대해 살펴볼 것이다.

신뢰는 오랜 시간에 걸쳐 사람들이 당신을 신뢰하고 당신이 하는 말을 믿을 때 얻게 되는 평판이다.

---

* 더 자기중심적인 2위 답변들에서도 긍정적인 변화 만들기의 목표를 엿볼 수 있었다. "가족 부양하기"와 "자녀를 건강한 시민으로 키우기"는 "사업 시작하기"나 "50세에 은퇴할 만큼 돈 벌기"보다 더 그럴 것이다. 하지만 개인의 만족감의 원천을 깊게 파고들어 간다면, 긍정적인 변화를 만드는 것은 일반적으로 그 안에 내포돼 있다는 것을 짐작할 수 있다. 예를 들어, 나의 고객이었던 해리 크래머(Harry Kraemer)는 2005년 50세의 나이에 백스터제약회사 CEO 자리에서 내려왔다. 그는 또다시 CEO 일을 하고 싶지도, 할 필요도 없었다. 그 대신 노스웨스턴대학교 켈로그경영대학원에서 가장 유명한 교수가 돼 수백 명의 학생을 가르치는 일을 선택했다. 그는 이 일이 과거에 백스터에서 생명을 살리는 약을 제조했던 업적과 일맥상통한다고 생각했다.

신뢰를 얻는 과정은 두 단계로 이루어져 있다. 첫 번째 단계는 다른 사람들이 가치 있게 여기는 일에서 능력을 쌓고, 그 일을 꾸준히 잘 해내는 것이다. 이 과정을 통해 다른 사람의 신뢰를 얻는다. 사람들은 당신이 약속한 것을 지킬 것이라고 믿는다. 두 번째 단계는 그 능력에 대해 다른 사람에게서 인정을 얻는 것이다. 확실한 신뢰성을 얻으려면 믿음과 인정이 모두 수반돼야 한다. 예를 들어, 당신이 매달 할당량 이상을 판매하는 판매원이라면 사람들은 당신을 주목할 것이다. 그렇게 1~2년 정도 흠잡을 데 없는 행보를 유지한다면 당신은 사람들에게 신뢰를 얻게 된다. 한결같은 능력은 신뢰를 낳는다. 그리고 신뢰는 영향력을 만든다. 신뢰는 사람들이 옳은 일을 하도록 설득할 수 있는 권위이며, 결국에는 긍정적인 변화를 만드는 우리의 능력을 끌어올린다.

능력 키우기부터 긍정적인 변화 만들기까지는 매우 직접적으로 연결돼 있다. 사람에게 선의가 있다는 것을 전제로 하면, 인정받은 능력은 신뢰를 낳고, 신뢰는 영향력을 낳으며, 이는 곧 긍정적인 변화를 만들게 된다. 영웅과도 같은 나의 멘토 폴 허시나 프랜시스 헤셀바인, 그리고 피터 드러커도 분명히 여기에 해당했다. 이미 나를 만나기 훨씬 전에 그들은 이름을 알리고 인정받을 수 있는 업적을 몇 년 동안 꾸준히 쌓았다. 그들의 초월적인 능력은 나에게 끼친 영향력의 근원이자, 그들과 인연을 쌓고 싶다는 마음이 들 수밖에 없었던 이유이기도 했다.

하지만 그것은 시작에 불과했다. 그들이 나의 삶에 만들어준 긍정적인 변화는 굉장했고, 나는 곧 그들과 같은 사람이 되고 싶다는 생각이 들었다. 특히 그들이 얻은 신뢰를 나도 얻고 싶었다. 자녀, 학생, 동료, 조수, 독자 등 다른 사람들도 부러워하는 마땅한 삶을 사는 것보다 더 훌륭하고 만족스러운 형태의 인정은 없다고 생각한다.

나는 25년 넘게 이 목표를 이루기 위해 전념했다. 경영 코치로서 성공하기 위해서, 특히 주요 고객을 기업의 최고위층 사람들로 한정하기 위해서는 신뢰성이 중요하다는 사실을 이미 알고 있었다. 최고 위치에 있는 고객들은 당신이 유능할 뿐만 아니라 자신들이 존중하는 사람들도 당신을 인정하기를 원했다. 바로 이때 나는 신뢰성을 두 번 얻어야 한다는 것을 처음으로 깨달았다. 첫 번째는 최고의 능력에 도달했을 때, 그리고 두 번째는 발전하는 나의 능력을 사람들이 알아보고 인정해주기를 기다릴 때다.

오랜 시간이 지난 후 2020년 LPR 모임을 하던 중, 박식한 물리학자이자 기업가이며 《룬샷》의 저자인 사피 바칼(Safi Bahcall) 덕분에 신뢰를 얻기 위한 나의 도전을 완벽하게 설명하는 새로운 발견을 할 수 있었다. 사피는 매주 모임에서 행복에 관한 자신의 노력에 정확한 점수를 매기는 일에 어려움을 겪고 있었다. 그리고 어느 순간 왜 행복을 측정하는 일이 그를 혼란스럽게 하는지 이유를 깨달았다. 그는 성취를 행복과 연관 짓고 있었다. 즉, 목표 달성이 그를 행복하게 만들어야 했고, 반대로 행복은 목표 달성을 위한 그의 능력을 끌어올려야 했다.

실제로 이 둘은 행복한 인생을 살고 긍정적인 변화를 만드는 여정에 있어 서로 독립적인 변수다. 서로 연관은 있을지 몰라도 필연적인 것은 아니다. 행복을 얻는 것은 그 자체로의 목적이며 목표 성취와는 별개의 문제다. 우리는 경험을 통해 행복이 성취를 가져다주지 않으며, 반대로 성취가 항상 행복을 가져다주는 것은 아니라는 사실을 알고 있다. 그래서 큰 성공을 이룬 사람들은 고통받거나 우울한 경우가 많다.

성취와 행복이 독립적인 변수인 것과 마찬가지로, 능력을 얻는다고 해서 자동으로 인정받는다는 보장은 없다. 대단한 능력과 그 능력을 인정하는 것은 독립적인 변수로, 이 둘을 연결해야 다른 사람들이 인지할 수 있다. 코치로서 큰 신뢰를 얻기 위해 나는 유명해져야 했다. 인정은 나에게 그냥 주어지지 않는다. "일만 하면 된다"의 안전한 구역에서 벗어나기 위해 여기에 새로운 필수 과제를 추가해야 했다. 즉, 더 많이 알려져야 했다. 더 이상 "설명이 필요 없는" 서비스로는 부족했다. 그런 자만심은 50년 전 더 단순했던 시대에는 효과가 있었을 것이다. 하지만 주목받기 위해 격렬하게 경쟁하는 이른바 관심 경제에서는 불완전한 전략이다. 일을 절반만 하고서 승리를 단언하는 것과 다름없다.

당신은 설명이 필요 없는 좋은 이야기를 전달하는 것은 물론이고, 스토리텔링 능력도 팔아야 한다. 주목받고 싶은 대상이 직장에서의 성취든, 새로운 스타트업 사업이든, 셀프 마케팅에 수반되는 어색함은 빠르게 변하는 환경에서 성공하기 위해 지불해야 하는 새로운 대가다. 셀프 마케팅의 어색한 업무를 감내함으로써 긍정적인 변화를 만드는 야심 찬 목적에 한 발 더 다가간다고 생각하면 마음이 조금 더 편안해질 것이다. 이는 오늘날 나의 코칭에 있어 중요한 부분이 됐지만, 처음에는 직접 시험해봐야 했다. 소크라테스식 문답법으로 아래의 네 가지 질문을 따져보았다.

1. 만약 경영 코치로서 더욱 유명해진다면 이 세상에 긍정적인 변화를 더 많이 만들 수 있는가?
2. 인정을 받기 위한 노력이 불편하게 느껴지는가?
3. 그 불편함이 나를 억제하며 긍정적인 변화를 만드는 능력을 제한하는가?
4. 잠깐의 불편함과 긍정적 변화 만들기 중에서 무엇이 더 중요한가?

그 어떤 불편한 과제도 더 큰 선을 위한 일이라는 것을 스스로 납득한 순간, 불편함은 내가 기꺼이 지불할 수 있는 대가가 됐다.

인정을 구하는 것에 관한 우리의 불편함에 대해 하나 고백할 것이 있다. 이 책을 시작할 때부터 나는 선택, 위험, 노력이 보상을 낳는다는 단순한 계산법으로만 마땅한 삶을 설명하지 않으려고 했다. 중요한 부분이기는 하지만, 무엇보다도 우리의 노력은 더 큰 열망에 이바지해야 한다. 단순히 결과가 중요한 문제가 아니다.

이제야 의도적으로 침묵했던 중대한 죄를 자백한다. 열심히 노력했다는 이유만으로는, 아무리 우리의 선택이 확실하고 완벽한 노력을 기울였다 할지라도 원하는 것을 모두 얻을 수 없다는 절대적인 진리를 침묵했다. 세상이 언제나 공평하지 않을 수 있다는 가능성을 함구했다. 만약 공평한 세상이라면 그 누구도 무시당하거나 냉대받거나 희생양이 되지 않았을 것이다. 고귀한 목적을 가진 좋은 사람이 돼 긍정적인 변화를 만드는 데 전념한다면 우리가 마땅히 받아야 할 것을 얻게 될 것이다.

성인이 되면 사람과 상황이 언제나 친절하지는 않다는 것을 안다. 대단한 일을 했음에도 세상이 알아주지 않거나 심지어는 비난을 받은 적이 있다면, 이것이 진실임을 잘 알 것이다. 대부분은 당신의 잘못이 아니다. 타이밍이 맞지 않았을 뿐이다. 또는 누군가가 당신의 관심을 가로챘을 것이다. 관심을 갈망하는 더 큰 목소리에 묻혀버린 것이다.

이상한 점은 다른 사람에게서는 이러한 문제점을 잘 파악하지만, 우리에게 일어날 때는 직시하지 못한다는 것이다. 만약 당신의 친구가 제품을 하나 출시했다면 그 친구는 자신의 브랜드가 주목받을 완벽한 마케팅 계획을 세웠다고 짐작할 것이다. 광고, 영리한 소셜 미디어 활동, 긍정적인 후기를 얻을 수 있는 무료 샘플, 매장 진열대의 상품 배치, 보도 자료, 인터뷰, 프로필 형식의 매체 활용 등은 전부 인정을 구하기 위한 활동으로, 브랜드의 신뢰성을 조금 높여줄 것이다. 이보다 부족하다면 제품에 대한 잘못된 투자라고 생각할 것이다.

하지만 이러한 관점을 우리의 일이나 다른 곳 어디에도 똑같이 적용하지 않는다. 사람들의 관심을 끄는 행동은 보기 흉한 자기도취라고 여긴다. 우리의 훌륭한 업적은 설명할 필요가 없어야 한다고 생각한다. 그러나 그렇게 해서는 안 된다. 나는 수많은 변명을 들어왔고, 그에 대한 내 대답은 이렇다. 당신은 전반전에만 전력을 기울이고 후반전은 대충 임하고는 성공적인 결과를 기대하지 않을 것이다. 그렇지 않은가? 그러면 당신의 고된 노력과 경력, 마땅한 삶의 운명이 불안정한 상황에서 왜 그렇게 행동하겠는가?

그래서 우리는 신뢰성을 받아들이려고 해야 한다. 신뢰성은 긍정적인 변화를 만들고 마땅한 삶을 사는 데 필수적인 특성이다. 다행히 나에게 계획이 있다.

피터 드러커는 이러한 통찰력뿐 아니라 신뢰를 얻기 위한 다섯 가지 규칙도 세웠다. 처음에는 이 규칙들이 뻔하고 진부하게 느껴

숨 쉴 때마다 새로운 내가 된다면

질 수 있다. 하지만 나보다 똑똑한 사람들도 처음에는 똑같은 반응이었지만 이제는 오히려 나에게 이 규칙들을 인용하곤 한다. 신뢰를 쌓고 싶다면 드러커의 법칙을 기억하는 것부터 시작해보자.

1. 이 세상의 모든 결정은 결정할 수 있는 힘을 가진 사람에 의해 이루어진다. 그 사실을 인정하라.
2. 긍정적인 변화를 만들기 위해 누군가에게 영향력을 끼쳐야 한다면, 그 사람은 우리의 **고객**이고, 우리는 **판매원**이다.
3. 고객은 살 필요가 없지만, 우리는 팔아야 한다.
4. 판매를 할 때는 우리의 개인적인 가치보다 고객이 중요하게 여기는 가치가 더 중요하다.
5. 실제로 긍정적인 변화를 만들 수 있는 곳에 집중해야 한다. 팔수 있는 것을 팔고, 바꿀 수 있는 것을 바꿔라. 우리가 팔거나 바꿀 수 없는 것은 포기하라.

이 다섯 가지 규칙은 인정을 구하는 활동이 거래와 관련돼 있다고 가정한다. 판매와 고객이라는 표현이 자주 언급되는데, 성취와 능력을 인정받고 싶다면 성취와 능력을 사람들에게 팔아야 한다는 뜻이 함축돼 있다. 드러커의 법칙은 인정받고 싶은 마음을 지지하면서, 우리의 신뢰가 달린 상황이라면 수동적으로 행동할 처지가 아님을 강조한다.

하지만 인정을 구하는 데는 올바른 방법과 잘못된 방법이 존재한다. 부모님을 기쁘게 하려고 애썼던 어린 시절부터 우리는 미래에 영향을 줄 수 있는 사람들에게 인정을 받기 위해 노력해왔다. 학교에서는 선생님에게 인정을 받으려고 했고, 상사나 고객이 생계를 좌우하는 결정권자가 됐을 때는 더 열심히 인정을 구했다(규칙 1을 확인하라). 더 높은 위치에 올라갈수록 자기 자신을 증명하는 데 더욱 능숙해진다. 마침내 습관으로 자리 잡으면 그렇게 행동하고 있는지도 눈치채지 못한다. 그리고 그때부터 신뢰성을 무너뜨리는 실수를 저지르기 시작한다. 다음 좌표평면을 통해 자기 자신을 입증하는 일이 가치 있을 때는 언제이고, 시간 낭비거나 득보다 실이 많을 때는 언제인지 파악할 수 있다.

높음

자신의 가치를
지나치게 부풀린다   신뢰성을 얻는다

낮음   높음

포기한다   자신의 가치를
떨어뜨린다

낮음

신뢰성 매트릭스

숨 쉴 때마다 새로운 내가 된다면

수직축은 자기 자신을 증명하기 위해 얼마나 노력하는지를 나타낸다. 수평축은 긍정적인 변화를 나타낸다. 좌표평면은 이 두 가지 차원을 연결한다. 우리는 스스로 두 가지 질문을 던진다. (1) 나 자신을 증명하기 위해 노력하고 있는가? (2) 나를 증명하는 것이 긍정적인 변화를 만드는 데 도움이 되는가? 이 좌표평면의 활용은 상황에 따라 다르다. 어떤 상황에서는 두 가지 질문에 대한 대답이 높거나 낮을 수 있다. 둘 다 높거나 둘 다 낮은 것은 좋은 상황이다.

네 개의 사분면이 각각 무엇을 의미하는지, 그리고 우리의 행동을 어떻게 결정하는지 살펴보도록 하자.

신뢰성을 얻는다: 가장 이득이 되는 상태는 오른쪽 위에 있는 사분면이다. 당신은 적극적으로 인정을 구하고 있으며, 그것이 당신이나 다른 사람의 인생에 긍정적인 변화를 만들게 된다. 좋은 예시로는 당신이 누구보다 잘 해낼 수 있다고 믿는 일자리를 적극적으로 쟁취하는 것이 있다. 몇 년 전, 나의 고객은 자신이 회사 CEO 후보에서 제외됐다는 소문을 들었다. 그리고 그 자리가 나의 고객도 잘 아는, 실속 없는 사람이라는 평을 듣던 외부인에게 주어졌다는 이야기도 들렸다. 그는 실망했지만 외부인이 책임지게 될 회사의 미래를 더 걱정했다.

"발표가 나왔나요?" 내가 물었다. "아니요."

"당신을 선택하는 게 더 낫다고 생각하나요?" 그가 말했다.

"네."

"그건 그냥 소문일 뿐이에요. 당신이 그 자리를 두고 투쟁할 기회예요."

내 제안을 듣고 그는 경영계획을 자세하게 적은 28장의 제안서를 이사회 의장에게 보낸 다음(그리고 상사에게도 알렸다), 직접 진술할 수 있는 회의를 요청했다. 회의에서 이사회 의장은 그가 회사를 이끌어갈 만큼 '야망이 강하다'라고 생각되지 않아서 실제로 그를 제외했었다고 말했다. 그러나 제안서를 쓰고 의장(새로운 CEO를 선택할 힘이 있는 결정권자)에게 직접 자기 능력을 알린 그의 진취성 덕분에 생각을 바꿨고 그는 CEO 자리를 얻었다.

이 사분면은 당신의 능력이 확실하고 그 결과가 전반적으로 긍정적인 변화를 가져올 때 두려움 없이 자신을 내세울 수 있는 상태다. 어느 하나라도 부족하면 후회로 남을 것이다.

포기한다: "그럴 만한 가치가 없는" 사분면으로, 자신을 증명하기 위한 노력이 긍정적인 변화를 만들지도, 인정받고 싶은 마음이 들지도 않는 상황이다. 흔한 예로는 당신의 입장과 완벽하게 상반되고 어떤 말에도 흔들리지 않는 사람과의 정치 논쟁이 있다. 당신의 '반대자'에게 불가능한 일을 시도하는 대신 스스로 이렇게 질문해보자. "그럴 만한 가치가 있는가?" 그 대답은 언제나 "아니다"일 것이다. 이런 상황은 포기해야 한다.

나는 하루에도 몇 번씩 이 사분면에 빠진 나를 발견한다. 지식이 부족한 분야, 예를 들어 기업 전략이나 거시경제학 또는 요리에 관한 의견을 요청받았을 때 그렇다. 지식이 부족한 나의 의견이 진지하게 받아들여지면 득보다는 실이 더 많다는 사실을 힘들고 고통스러운 과정을 통해 깨달았다. 이런 상황에서는 긍정적인 변화를 만들지 못한다. 나는 이제 다음과 같이 대답한다. "나는 전문가가 아닙니다." 이렇게 하면 관련 있는 모든 사람을 존중하고 보호하면서 대화를 끝낼 수 있다.

여기에서 언급한 두 가지 예시가 부정적이기는 하지만, 이 사분면에 속하는 것도 좋은 상황이다. 이중부정은 결국 긍정이다. 자신을 증명하려고 하지 않고 긍정적인 변화도 만들지 않는다면, 여기에서 유일한 반응은 포기하는 것뿐이다. 그것 말고는 시간 낭비에 불과하다.

자신의 가치를 떨어뜨린다: "그럴 필요가 없어"의 사분면으로, 인정을 얻음으로써 신뢰성을 높이고 긍정적인 변화를 만들 수 있지만 자신을 증명하는 것이 내키지 않는 상태다. 어떤 경우에는 당신의 능력이 너무 자명하며, 명성이 사람들의 구매를 유도한다고 믿는 지나친 자존심에서 비롯된다. 그래서 좋은 인상을 주어야 할 때 오히려 한발 물러난다.

때로는 너무 낮은 자존심 때문일 수도 있다. 그래서 자기 능력이 의심스럽거나 거짓말을 하고 있다는 생각이 든다(당신에게 주어진 능력이 가치가 없고 인정받을 수 없다고 믿는다). 당신은 마땅히 가져야 할 자존심을 표출하지 않고 있다.

자신의 가치를 지나치게 부풀린다: 이것은 '분위기 파악을 못 하는' 사분면으로, 긍정적인 변화를 만들 가능성은 거의 없지만 인정받고 싶은 마음만 매우 큰 상태다. 당신은 과대광고의 죄를 짓고 있다. 아무도 참여하지 않은 게임에서 이기려고 하는 것이다.

이것 역시 너무 지나치거나 부족한 자존감에서 기인한다. 우리는 자존감이 낮을 때 자기 자신의 능력을 부풀림으로써 보상받으려고 한다. 이는 경험이 부족한 사람들이 이사회 앞에서 프레젠테이션을 했을 때 이사진에게서 가장 많이 듣는 피드백이기도 하다. 이들은 대체로 말이 많아지고 지나치게 설명하려고 한다. 자신감 넘치는 사람들도 마찬가지다. 말을 너무 많이 하고, 과하게 설명하며, 자신을 증명하려고 애쓴다. 이유가 무엇이든 간에 이런 상황에서는 긍정적인 변화를 만들거나 신뢰를 쌓기 힘들다.

자신의 가치를 지나치게 부풀린다면 피터 드러커의 법칙을 모두 어기게 된다. 먼저 이런 상황에서는 아예 선택지에 없으므로 긍정적인 변화를 만들 수 없다. 또한 고객이 아닌 당신이 중요하게 여기는 것을 판매한다. 심지어 고객이 무엇을 가치 있게 생각하는지도 모른다. 더 심각한 것은 그 고객은 결정권자가 아니라는 사실이다. 완벽한 헛수고다. 결국 발전에 실패한 것보다 더 안 좋은 결과를 얻는다. 그 자리에 머무르지도 못하고 한두 걸음 뒤로 물러나는 셈이다.

숨 쉴 때마다 새로운 내가 된다면

나 역시 피터 드러커의 규칙에 관심이 없던 때에는 이 함정에
자주 빠졌다. 가장 최악의 순간은 1990년대 초 국제적십자위원회
의 아프리카 구호 프로그램에서 막 돌아온 때였다. 당시 나의 경
험담은 〈라호야 라이트(La Jolla Light)〉라는 지역신문 1면에 보도
됐다. 캘리포니아대학교 샌디에이고캠퍼스의 정치과학 교수 새
뮤얼 팝킨(Samuel Popkin) 박사가 나를 위한 파티를 열어주었다.
그는 나의 인도주의적 활동에 열렬한 찬사를 보내며 축배를 들었
다. 나를 내세우지 않을 완벽한 기회였다. 샘은 내가 받아야 할 신
뢰를 모두 주고 있었다. 그럼에도 파티에 온 이웃들에게 아프리카
에서의 시간을 과대평가하고 있는 나를 막을 수는 없었다. 매우
들뜨고 거만해진 나는 그들이 나의 '고객'이라는 증거가 없는데
도 설레발치는 '판매원'처럼 행동했다. 이웃들이 돌아간 뒤 나이
든 신사 한 명이 남았다. 마침내 숨을 돌리며 그에게 말했다.

"죄송합니다. 제가 아직 성함을 여쭙지 못했네요."

그는 손을 내밀어 악수하며 이렇게 말했다.

"조너스 소크(Jonas Salk)입니다. 만나서 반갑습니다."

소아마비 백신을 개발한 남자를 마주한 나는 "무슨 일을 하신
다고요?"라고 물어보지 못했다. 그의 이름이 곧 그의 신용이었다.

좌표평면 위의 4개 사분면은 인정을 구해야 할 때(즉, 당신을 팔
아야 할 때)와 그러기에 적절하지 않은 때를 말해준다. 드러커의 주

장은 모두 좌표평면 위에서 설명할 수 있다. '가치 부풀리기'는 변화를 만들기 위해 노력하기보다 당신이 똑똑하고 옳다는 것을 증명하느라 시간과 노력을 낭비하는 것을 말한다. 바꿀 수 있는 것을 바꾸고, 바꿀 수 없는 것을 포기하는 것은 '포기하기' 사분면에 해당하고, 당신의 고객이 원하는 것보다 당신이 원하는 것을 더 중요하게 여기는 것은 '가치 떨어뜨리기' 사분면에 해당한다. 가장 최적의 사분면인 '신뢰성 얻기'에서야 비로소 드러커의 모든 법칙을 찾을 수 있다. 당신은 긍정적인 변화를 만들면서 판매원의 역할도 해낸다. 자신의 요구보다 고객의 요구를 더 중요하게 여긴다. 또한 고객에게 결정을 내릴 힘이 있고 당신 뜻대로 되지 않더라도 이의를 제기하지 않는다는 사실도 받아들인다. 당신이 바꿀 수 없는 문제는 바꾸려고 하지 않는다.

이 좌표평면은 내가 몇 년 동안 집중적으로 다뤄온 주제를 담고 있다. 하나는 유능해지는 것, 그리고 다른 하나는 능력을 인정받는 것이다. 둘 중 하나에서만 신뢰를 얻는 것으로는 충분하지 않다. 두 번 모두 얻어야 한다. 그렇지 않으면 긍정적인 변화를 만들 수 있는 능력이 저하되고, 당신의 인생에 끼치는 영향력도 줄어들 것이다.

당신의 반전은 무엇인가?

이런 일을 겪어본 적이 있을 것이다. 당신은 직계가족 외의 친척들이 모두 모이는 가족 결혼식에 참석했다. 하객들이나 결혼 당사자 가족 중에 가벼운 친분이 있는 사람들도 있고, 잘 모르는 사람들도 있다. 피로연이 시작되고, 당신은 조용한 사촌 에드가 사람들에게 이끌려 올라간 무대에서 프레드 아스테어와 저스틴 팀버레이크가 섞인 것 같은 춤을 추는 모습을 보게 된다. 에드가 훌륭한 댄서라는 사실에 진심으로 놀란다. 그동안 어떻게 그 재능을 숨겨왔을까?

축사를 할 때도 비슷한 일이 일어난다. 어릴 때부터 알고 지낸 신부 들러리 에리카는 항상 진지한 성격에 현재는 화학 박사과정을 밟고 있는데, 신랑 신부에게 축사하기 위해 일어선 뒤 10분 동안 웃으면서도 진심이 담긴 연설로 피로연장을 빛나게 하고 분위기를 한층 끌어 올린다. 에리카에게 박수를 보내면서 당신은 같은 탁자 앞에 둘러앉은 사람들에게 시선을 돌린다. 모두가 똑같은 생각을 하고 있다. 에리카가 이렇게 재미있을지 누가 알았겠어?

이런 장면은 코미디나 스릴러 영화의 주된 요소다. 이전까지는 인상 깊지 않던 캐릭터에게 생각지도 못한 능력이 있다는 사실이 밝혀지는 반전의 순간이다. 영화 〈나의 사촌 비니(My Cousin Vinny)〉에서는 마리사 토메이(Marisa Tomei)가 맡은 교활하고 똑똑하고 유능한 모니카 비토라는 캐릭터가 차에 대해 깊은 지식이 있다는 사실이 밝혀진다. 만족스러운 결론을 보여주어서 계속 보고 싶은 장면들이다. 캐릭터의 숨겨진 능력이 밝혀져서 기쁘고, 어쩌면 특별한 재능이 마침내 모두에게 알려졌다는 사실이 부럽기도 하다. 많은 사람들이 그렇게 느낄 것이다. 자기만의 특별함이 알려지기를 원한다. 하지만 먼저 많은 사람이 알지 못하는 특별한 기술과 특성을 파악해야 한다.

실전에 적용하기

사람들에게 공개됐을 때 그들을 놀라게 하고 **"누가 예상이나 했겠어?"**라고 말하게 할 당신의 재능은 무엇인가?

세계적 수준의 도자기 공예 컬렉션에 참여하거나 일요일마다 무료 급식소에서 자원봉사를 할 수도 있고, 또는 당신이 쓴 시가 잡지에 실렸다거나, 코딩을 할 줄 안다거나, 아니면 수영 선수권대회에 출전해 같은 나이대 그룹에서 우승을 차지했다는 사실일 수도 있다. 어쩌면 에드나 에리카처럼 춤을 잘 추거나 스탠드 업 코미디언처럼 축사를 잘할 수 있어서 재능을 펼칠 만한 결혼식만 있으면 될지 모른다.

내가 말하고 싶은 것은, 당신의 '누가 예상이나 했겠어?' 재능이 공개되면 당신을 잘 안다고 생각한 사람들은 깜짝 놀랄 뿐만 아니라 당신이 사실은 열정과 헌신, 풍부한 자원을 지니고 있으며, 그들이 생각한 것보다 훨씬 유능하다는 사실을 넌지시 알릴 수 있다는 것이다. 사람들은 당신이 더욱 믿을 만하다고 생각한다. 이것이 바로 이상적인 결과다. 당신은 신뢰를 얻게 된다.

이제 이 방법을 직장으로 확장해보자. 동료들과 상사들에게서 신뢰를 얻을 수 있는 당신만의 반전, 즉 '누가 예상이나 했겠어?' 재능은 무엇인가? 만약 모든 사람들이 알게 된다면 당신의 인생에는 어떤 긍정적인 변화가 일어날까? 그렇다면 왜 아직도 숨기고 있는가?

15장

단 하나의 공감

긍정적인 영향력을 만드는 능력을 형성하는 두 번째 자질은 **공감**이다.

공감은 다른 사람의 감정과 생각을 경험하는 행위다. 1873년 독일의 한 철학자가 사용한 **아인퓔룽**(Einfühlung)이라는 단어에서 기원했다. 이는 '감정을 이입하다'라는 뜻으로, 오늘날 우리는 다른 사람의 정서와 상황에 감정을 이입한다는 의미로 받아들인다.

마땅한 삶을 살기 위한 가장 중요한 자질 중 하나는 긍정적인 관계를 쌓는 것이다(이런 이유로 LPR에 "나는 최선을 다해 좋은 관계를 유지했는가?"라는 질문이 있는 것이다). 아마 모두 인정하겠지만 공감은 관계를 쌓는 데 있어 가장 중요한 변수다. 대부분의 중요한 문제들처럼 이 역시 학습을 통해 배워야 한다. 신뢰는 다른 사람에게 영향을 끼칠 수 있도록 돕지만, 공감은 긍정적인 관계를 쌓도록 도와준다. 하지만 두 가지 모두 긍정적인 변화를 만든다는 같은 목표를 갖는다.

우리는 보통 공감을 좋은 것으로 생각한다. 다른 사람의 고통에 주의를 기울이고 관심을 두는 것이 무슨 문제가 있겠는가? 하지만 공감은 다른 사람의 아픔을 느끼는 것만 있는 것이 아니다. 그보다 훨씬 복잡하다. 공감은 적응력이 뛰어난 반응으로 상황에 따라 달라진다. 우리는 머릿속으로만 공감하기도 하고, 때로는 마음에서 우러나 직접 표현하기도 한다. 또는 공감이라는 감정이 우리를 육체적으로 압도하며 무력하게 만들 때도 있다. 충동적으로 행동함으로써 공감을 표현하기도 한다. 이렇듯 상황이 변하면 공감도 따라 변한다.

그중에서도 내가 가장 좋아하는 것은(코칭에 가장 유용하다) **이해의 공감**이다. 이 공감을 통해 우리는 다른 사람들이 그렇게 생각하고 느끼는 이유와 과정을 이해한다. 이를 **인지적 공감**이라고 부르는데, 우리의 머릿속을 다른 사람과 똑같은 생각으로 채울 수 있다는 의미다. 우리는 다른 사람의 동기를 이해한다. 결과에 어떻게 반응할지 예측할 수 있다. 인지적 공감은 부부나 오래된 연인들이 말하지 않아도 서로를 이해할 수 있게 한다. 또한 유능한 판매원이 고객을 만족시키기 위해 의존하는 비법이며, 그렇기에 "나는 내 고객들을 훤히 꿰고 있다"라는 점이 그들의 자긍심이 된다. 시장조사나 제품 테스트를 통해 얻게 되는 예리한 통찰도 마찬가지다.

유능한 광고주들은 이러한 공감을 기반으로 소비자가 자신도 모르게 제품을 사고 싶도록 메시지를 전달한다. 하지만 공감이 지나치게 악용되면 어두운 면이 드러난다. 악의를 가진 정치적 활동가는 시민들의 편견과 불만에 대한 이해를 토대로 그들을 장악해 사회적·정치적 혼란과 혁명을 일으킬 수 있다. 이는 또한 인류가 수백 년 동안 공감이 가진 모든 형태의 힘을 과소평가해왔음을 상기시켜준다.

우리는 다른 사람의 감정 상태를 경험하는 **감정적 공감**도 한다. 다른 사람의 감정을 우리 내면에 복제하면서 나타나는 공감으로, 일반적으로 그 사람에게 "너의 고통에 공감해"나 "네가 잘돼서 기뻐"의 형태로 감정을 전달한다. 감정적 공감은 우리 내면에서 강력한 힘을 가진다. 감정적 사건에 대한 사람들의 반응을 관찰한 뇌 연구에 따르면, 광적인 미국의 풋볼 팬들은 그들의 팀이 터치다운으로 득점하는 것을 보면 실제로 터치다운을 한 선수가 느끼는 것과 같은 강렬한 희열을 경험할 수 있다고 한다. 이러한 이유로 우리는 연기를 하고 있는 영화 캐릭터를 보면서 눈물을 흘리거나 배꼽 빠지게 웃는다. 장면 속 캐릭터가 신나거나 두려움을 느끼면 우리도 그들과 같은 감정을 느낀다. 그래서 의사가 환자를 대하는 태도에 따라 안정감을 느끼기도 한다. 의사가 우리의 감정에 공감해주면 이 고통이 나 혼자만의 것이 아니라는 위로를 받는다.

이런 유형의 공감을 가장 강하게 느끼는 사람은 부모다. 그 감정이 항상 긍정적인 것은 아니지만 말이다. 나는 언젠가 다섯 아이를 둔 이웃 남자 짐에게 왜 항상 풀이 죽어 보이는지 물어본 적이 있다. 그는 이렇게 말했다.

"아빠인 나는 가장 적게 행복한 아이만큼 행복할 수 있거든요."

바로 이 점이 감정의 공감에 수반되는 위험이다. 이처럼 지나치게 감정이입을 하면, 관심의 대상과 우리 자신에게 도움이 되는 수준을 넘어서서 다른 사람의 고통 속에 빠져 마음의 상처를 받을 수도 있다.

프랑스의 공감 전문가 오르탕스 르 정틸(Hortense le Gentil)이 주장하는 '오고 가기 전략'을 이용하면 이러한 위험을 줄일 수 있다. 그녀는 이렇게 말한다.

"모든 방법을 동원해서 다른 사람의 감정을 공유하세요. 하지만 파티에 너무 오래 머무르지는 마세요. 함께한 다음에는 떠나십시오."

우리가 어떤 사건에 대한 상대방의 반응을 염려할 때 더욱 미묘한 형태의 공감이 나타난다. **배려의 공감**은 한 가지 중요한 면에서 감정적 공감과 차이를 보인다. 배려의 공감은 **한 사건에 대한 상대방의 반응을 신경 쓰는 것이지, 사건 자체에 관한 관심은 아니다.** 예를 들어, 딸이 속한 축구 팀에서 어떤 아이의 아빠는 팀이 득점한다면 그 골을 누가 넣었든 상관없이 기뻐할 수 있다(골은 행복한 사건이다). 반면 당신은 그 골이 당신의 딸을 얼마나 행복하게 만들었는지를 보는 것만으로 기쁠 것이다(사건 자체가 아니라 사건에 대한 딸의 반응에 관심이 있다). 배려의 공감은 상대방의 행복하거나 슬픈 감정 때문에 우리가 같은 감정을 느끼는 것이지, 상황 자체가 행복하거나 슬프기 때문이 아니다.

가족 행사에서도 배려의 공감을 찾을 수 있다. 저녁 식사를 하며 대단히 즐겁게 시간을 보냈더라도 식사가 끝날 무렵 당신의 배우자가 식사 중에 있었던 일로 화가 났다면, 우리의 기쁨은 즉시 배우자의 불만에 압도된다. 우리는 자연스럽게 배우자의 고통에 공감한다. 상대의 감정을 신경 쓰지 않는 남편이나 아내, 애인을 누가 원하겠는가?

특히 고객을 직접 상대하는 사업을 하는 사람들은 배려의 공감에 노련하다. 그래서 작은 사고가 일어나면 사고 그 자체가 아니라 사고로 야기된 고객의 불쾌함을 걱정하는 모습을 보인다. 고객은 공감하는 태도를 중요하게 여긴다. 만약 문제를 해결하기 위해 충분히 노력을 기울인다는 사실을 알게 되면 고객들은 거의 모든 실수를 눈감아줄 것이다.

가장 효과적인 공감의 태도는 바로 **행동하는 공감**이다. 이해와 감정, 배려를 넘어서 실제로 변화를 만들기 위해 행동하는 공감을 말한다. 이 특별한 단계에 도달하려면 언제나 대가가 필요하며, 이를 지불하려는 사람은 거의 없다. 게다가 감정적 공감에 따라 행동할 때조차도 우리의 선한 행동은 긍정적인 변화를 만들기보다는 너무 지나치게 행동할 때가 있다.

대서양 연안의 부유한 명문가의 가장인 조안은 지역사회를 위해 좋은 일을 아주 많이 했지만 자신의 기여에 대해 절대 이야기를 꺼내지 않는 사람이다. 어느 날 내가 행동하는 공감의 훌륭한 롤 모델로서 그녀를 매우 존경한다고 말하자 그녀는 정중하게 반대 의견을 냈다.

"자칫하면 나는 해결사가 될 거예요. 나는 관심이 너무나 많아서 지나치게 행동합니다. 그래서 사람들이 실수를 통해 배우고 스스로 해결하게 내버려두지 않고, 내가 나서서 문제를 해결하려고 합니다. 나는 그들의 버팀목이 되고, 그들은 나에게 더 의존하게 되죠."

우리는 이러한 유형의 공감을 수많은 상황에서 경험한다. 사회적 약자에 대한 걱정에 사로잡힐 때, 우리가 이미 겪어본 일을 다른 사람이 선택해 불안해질 때, 사람들을 향한 이해가 자신에게 방해가 될 때, 다른 사람의 가려움이나 말더듬 등 신체적 불편함이 전염될 때, 우리가 경험한 일을 기억하기 때문에 다른 사람의 감정적 고통을 완벽하게 이해할 때가 그렇다. 하루에도 수십 번씩 감정이입을 한다. 그럴 때마다 좋든 나쁘든 공감 능력을 보여주는 기회가 된다. 동료가 겪는 괴로움의 감정에 사로잡혀서 퇴근한 후에도 가족에게 집중하지 못한 적이 있다면, 당신은 지나치거나 부족한 공감의 위험을 경험한 것이다.

예일대학교 철학 교수인 폴 블룸(Paul Bloom)은 2019년 도발적인 제목의 책《공감에 반대하다(Against Empathy)》에서 이에 관한 완고한 주장을 펼치고 있다. 블룸은 이렇게 말했다.

"인간의 거의 모든 능력은 장단점을 가늠할 수 있다."

그리고 공감이 가진 여러 단점에 주목했다. 예를 들어, 공감은 편향돼 있다. 우리는 '좋아하는 사람, 매력적인 사람, 위협적이지 않고 친근한 사람'에게 감정이입을 하려고 한다. 블룸은 연민과 염려, 친절, 사랑, 도덕성을 반대하는 것은 아니라고 강조한다. 공감을 그렇게 정의할 수 있다면 여기에 전념할 의향이 있다고 했다. 블룸은 이성이나 절제된 사고가 수반되지 않은 공감, 근시안적이고 감정적인 반응이 반영된 공감에 반대한다.

나는 블룸의 의견에 동의한다. 만약 공감이 '다른 사람의 입장에서 1킬로미터를 걸을 수 있는' 능력이라면 우리는 아마 합리적으로 이런 질문을 던질 것이다. "왜 1킬로미터 뒤에 멈추는가? 왜 2킬로미터를 걷지 않는가? 왜 영원히는 안 되는가?" 내가 공감에 따지고 싶은 부분이기도 하다.

이처럼 찬란한 선함이 내재된 특성으로서 공감은 자기 자신에게 안 좋은 감정을 갖게 만든다. 공감은 우리에게 너무 많은 것을 요구하기 때문이다. 다른 사람의 고통에 공감하지 못하면 죄책감을 느낀다. 공감의 대상으로부터 자신을 분리하고 우리가 느꼈던 감정을 정리하고 나면, 마치 보여주기식 공감을 연기해온 양 자신이 가식처럼 느껴지기도 한다. 언제 우리는 공감해야 한다는 부담에서 벗어나 편해질 수 있을까?

하지만 이러한 비판 때문에 공감을 마땅한 삶의 필요조건이라고 여기는 이유까지 모호하게 만들고 싶지는 않다. 우리가 더 많이 연민하고, 도덕적이고, 친절하게 만들기 때문은 아니다. 물론 칭찬할 만한 감정이긴 하지만 말이다.

1장에서 소개한 인식 체계를 강화하는 데 있어 공감만 한 것이 없으며, 우리는 과거의 나와 새로운 나의 끊임없는 연속이라는 사실을 상기시켜준다. 공감의 가장 큰 역할은 효과적으로 현재에 집중하도록 일깨워준다는 점이다.

나는 몇 년 전 유명한 정치 인사들의 연설문을 쓴 스피치라이터를 만났다. 그는 작가로서 소설과 수필을 출간하기도 했지만, 정치인을 위한 글을 쓸 때는 자신을 '공감 전문가'라고 생각했다고 말했다. 나는 그가 쓴 '전문가'라는 표현이 인상 깊었다. 그는 연설문을 쓸 때 사용하는 공감은 작업을 할 때는 생각과 감정을 가득 채우고 일이 끝나면 쉽게 털어낼 수 있는 별개의 능력이라고 여겼다. 일하는 동안에는 필요한 모든 것을 쏟아붓고, 끝나면 미련 없이 잊어버리는 완벽한 전문가였다. 자신에게 일을 맡긴 정치인을 존중했고, 그들의 정책과 역사에 동의했다. 그는 다른 사람의 목소리로 글을 쓰는 것을 "극도의 관대한 행동"이라고 묘사했다. 그는 정치인의 개성을 담았고 고객의 목소리와 연설을 들으며 글을 썼다. 그는 이렇게 말했다.

"내가 일을 할 때는 내가 가진 모든 생각과 좋은 글을 고객에게 주었어요. 내 글을 쓸 때 사용할 좋은 표현을 남겨두지 않았어요. 그 표현들은 연설에 들어가야 했죠. 다 마친 원고를 넘기고 정치인이 이를 수정해서 연설하고 나면 연설문을 완전히 잊어버렸어요. 마치 무아지경 속에서 글을 쓴 뒤에 내 글을 쓰기 위해 빨리 벗어나는 것처럼 말이죠."

스피치라이터는 마땅한 삶을 사는 데 있어 가장 유용한 형태의 공감을 설명하고 있었다. 그가 고객의 머릿속에 들어가 작업을 하는 동안 그는 이해와 감정의 공감을 드러냈다. 그리고 그 후에는 모든 공감을 내려놓았다. 그 감정들이 인생의 새로운 영역을 침범하게 두지 않았다. 그것은 과거의 그에게 속해 있었다. 새로운 그는 새롭게 얻어야 할 것이 있었다. 한마디로 그는 모든 사람들이 더 자주 경험하고 싶은 흔하지 않은 경지에 도달했다. 즉, 그는 현재에 몰입하고 있었다.

배우이자 가수인 텔리 리엉(Telly Leung)은 공감을 분리하고 현재에 몰입하는 정신적 과정을 완벽하게 설명한다. 텔리는 브로드웨이의 뮤지컬 히트작인 〈알라딘〉에서 2년 연속 주연을 맡았다. 그는 어떻게 2년 동안 일주일에 여덟 번씩 체력을 요하는 공연의 주연 캐릭터를 맡으면서 자신의 동기와 에너지를 유지할 수 있는

숨 쉴 때마다 새로운 내가 된다면

지를 설명하면서 공감을 두 부분으로 나누었다.

첫 번째, 그의 공연을 보는 관중들과의 감정적 공감이 있었다. 텔리는 이렇게 말했다.

"공연을 처음 봤을 때 나는 여덟 살짜리 어린아이였어요. 음악과 노래와 춤과 신나는 감정에 매료됐죠. 나는 그 경험에 대한 기억을 모든 공연 때마다 떠올립니다. 무대 위에 오를 때면 '어린 텔리'를 생각하면서 그날 밤 관중석에 앉아 있을 여덟 살짜리 아이들의 감정을 상상해요. 아이들이 내가 느꼈던 것과 같은 감정을 느꼈으면 하거든요. 매일 밤, 나에게 이렇게 말해요. '이건 너를 위한 쇼야!'"

두 번째는 함께 공연하는 동료들을 향한 존중으로, 텔리는 이를 "진정한 공감"이라고 부른다. 매 공연 그를 집중시키고 캐릭터에 몰입하게 만드는 직업의식을 말한다. 무대 위에서 최선을 다하려는 배우는 1초도 정신적으로나 감정적으로 돌아볼 여유가 없다.

"무대 위에서 알라딘의 역할을 맡은 두 시간 동안, 나는 매우 까다로운 감정들을 표현해야 합니다. 행복하거나 슬퍼하기도 하고, 사랑에 빠지거나 퇴짜를 당하고, 진지하거나 쾌활하고, 또는 화를 내거나 즐거워해야 합니다. 그리고 다른 배우들과 감정적으로 연결돼야 하죠. 무대 위에서 한순간도 빼놓지 않고 동료 배우들을 향한 공감을 보여줘야 해요. 매일 밤 자스민 공주와 사랑에 빠져야 하고요. 그리고 나는 해냅니다! 막이 내려오면 즉시 다음 무대까지 그 감정들을 닫아둡니다. 그런 다음 내 파트너를 향한 사랑을 다시 꺼낼 수 있는 집으로 돌아갑니다."

나는 텔리의 설명보다 더 좋은 표현을 찾을 수 없다.

"진정한 공감이란 지금 당신과 함께하고 있는 사람에게 필요한 사람이 되려고 최선을 다하는 행동입니다."

'전문적' 공감이든 '진정한' 공감이든 용어가 무엇이든 간에 스피치라이터와 배우는 우리에게 똑같은 질문을 던진다. 당신은 긍정적인 영향력을 만들 수 있을 때만, 즉 그것이 중요한 순간에만 공감을 표현하고 경험하고 있는가?

나는 **"단 하나의 공감"**이라는 표현을 선호한다. 이 표현은 하나의 사람과 상황에만 관심을 집중시킬 수 있고, 공감을 표현할 기회들은 유일무이한 사건이라는 사실을 일깨워주기 때문이다. 단 하나의 공감은 그 순간에만 존재하며, 상황에 따라 달라진다. 때로는 이해의 공감과 비슷하기도 하고, 때로는 감정, 배려, 행동의 공감과 닮아 있다. 단 하나의 공감에서 유일하게 지속되는 부분은 하나의 순간에만 우리의 관심을 집중시키며, 그 때문에 관련된 모든 사람들에게 남다른 순간을 만들어준다는 점이다. 단 하나의 공감을 보여준다면 당신은 가식적일 수 없다. 가까운 과거든 오래전이든 다른 순간의 사람들에게 무례한 행동도 아니다. 그 진가를 알아볼 수 있는 사람, 즉 지금 함께하고 있는 사람에게만 공감을 보여주고 있는 것이다.

숨 쉴 때마다 새로운 내가 된다면

만약 내가 남은 평생 단 하나의 메시지 카드를 들고 다닐 수 있다면, 그래서 언제 어디서나 마땅한 삶을 살기 위해 어떻게 행동해야 하는지 되새길 수 있다면, 내가 적을 메시지는 다음과 같다.•

　지금 나는 내가 원하는 모습으로 살고 있는가?

이 질문에 한 번만 긍정적으로 대답해보면, 그 순간은 당신의 것이 된다는 사실을 깨달을 것이다. 그리고 이 질문을 습관적으로 계속 던지다 보면, 며칠에서 몇 달, 그리고 몇 년에 이르기까지 수많은 마땅한 순간들이 쌓여 마침내 마땅한 삶에 도달하게 될 것이다.

● 이 아이디어는 전부 나의 친구이자 100명의 코치 구성원인 캐럴 카우프만(Carol Kauffman) 덕분에 얻을 수 있었다. 캐럴에게 감사를 표한다.

나오며

우승 세리머니 그 후

만약 당신이 주말에 내 친구 레오의 집에 초대받는다면, 아주 배불리 잘 먹을 수 있을 것이다. 레오는 고급 레스토랑의 웨이터가 메뉴를 나눠 주며 고객의 취향과 음식 알레르기 여부를 물어보는 것처럼, 사전에 당신이 어떤 음료를 좋아하는지, 좋아하지 않는 음식은 무엇인지 물어볼 것이다.

레오가 요리를 배우기 시작한 것은 30대 초반에 아내 로빈이 회계 일을 다시 시작하는 동안 집에서 세 딸을 돌보기 위해 일을 그만두면서부터였다. 전업주부로서 5년을 보낸 후 레오는 예전의 회사 동료가 차린 사모펀드회사에 합류했고, 그곳에서 30년 동안 최고 운영 책임자로 남았다. 그는 열심히 일했고 성과도 좋았지만, 가족 요리사의 역할도 포기하지 않았다. 레오는 자기 요리를 과시하지 않았다. 그가 자신을 '미식가'라고 소개한 것을 들은 적도 없다. 레오의 집에서 식사를 한 가족과 친구들만 그의 숨겨진 요리 실력을 알았다.

레오의 친구들은 이제 그의 요리 실력을 당연하게 여기지만, 레오는 아마 그렇게 생각하지 않을 것이다. 당신이 운 좋게 레오와 로빈의 집에 며칠 정도 묵는다면 그가 얼마나 조용하고 부지런하게 모든 사람들을 배불리 먹이는지 알게 될 것이다.

레오는 〈아이언 셰프(Iron Chef)〉 요리 경연 프로그램의 참가자처럼 수많은 재료를 가지고 맛있는 음식을 뚝딱 만들어내는 타고난 요리사는 아니다. 그는 요리책을 샅샅이 뒤지고 자신에게 맞는 요리를 찾은 다음 항상 레시피 그대로 따라 한다. 자유로운 창의성은 발휘하지 않는다. 맛있는 레시피들은 3공 바인더에 정리해놓고 식사 전에 참고한다. 한 주 동안 메뉴를 계획하고, 모든 재료를 구매한 다음, 남는 시간에 최대한 준비를 해놓는다. 매 끼니는 지난번보다 좋아진다. 불 앞에서 몇 년이라는 시간을 보내는 동안 레오는 성장하고 있었다.

레오의 한 가지 놀라운 점은 집을 외출하거나 외식하는 경우가 아니라면 로빈과 자신을 위한 간단한 식사든 온 가족을 위한 추수감사절 식사든 매일 요리를 한다는 것이다.

레오에게 요리는 시간만 있으면 언제나 하고 싶었던 버킷 리스트의 실현이 아니다. 레오는 직업이 없을 때도 요리를 했고, 일을 다시 시작했을 때도 계속 요리했으며, 40명의 직원과 국제적 투자 포트폴리오를 관리하느라 매우 바쁜 와중에도 요리를 그만두지 않았다.

요리사 레오는 마땅한 삶이라는 개념을 상징하지 않는다. 요리사 레오는 일상의 모든 훌륭함에서 오는 마땅한 삶의 정수다.

레오는 아침에 눈을 뜨면 요리사가 된다. 그는 맛있는 음식을 만든다. 그리고 손님에게 내놓는다. 사람들은 즐거워하고 어떨 때는 크게 감탄한다. 레오는 깨끗하게 비운 접시와 사람들의 미소를 보면서 인정받는다고 느낀다. 다음 날 아침이 돼도 그는 여전히 요리사다. 같은 과정은 반복된다.

레오는 어쩌면 식사를 마친 후 아내와 함께 그 음식을 곰곰 생각하는 순간을 가질 수도 있다. 둘은 "그 음식 맛있었어"라고 동의할 것이다. 하지만 레오가 기꺼이 즐기는 승리의 세리머니는 여기까지다. 그는 이러한 만족은 금방 사라진다는 사실을 받아들인다. 다음 식사 때 그 만족을 얻을 기회가 다시 주어진다는 것도 알고 있다.

여기에서 레오는 충분한 열정과 목적을 추구할 수 있고 매일매일 다시 돌아가고 싶은 천직(전문적인 일이든 개인적인 일이든 부업이든)을 찾은 사람들과 전혀 다르지 않다. 하루에 환자 30명을 치료하고 다음 날 또 다른 30명의 환자를 진찰하는 의사도 마찬가지다. 새벽 4시 30분에 일어나 매일 아침(젖소는 휴일이 없다) 소의 젖을 짜는 낙농업자나 이웃에게 매일 신선한 빵을 제공하는 제빵사일 수도 있다. 또는 자녀들을 모두 독립시킨 뒤 아이들은 여전히

숨 쉴 때마다 새로운 내가 된다면

마음속에 있으며 언제나 부모로 살아갈 것이라는 사실을 깨달은 엄마도 있을 수 있다. 의사, 낙농업자, 제빵사, 엄마로 사는 것에는 승리의 세리머니가 없다. 단지 그런 사람으로 살며 매일 자신이 가진 능력의 최선을 다하는 특권과 만족만 있을 뿐이다.

우리 모두 그런 행운을 가져야 한다.

내가 제시한 다양한 조언과 훈련법 중에서도 마땅한 삶이라는 개념의 수호천사처럼 모든 페이지를 맴돌던 다섯 가지 반복되는 주제를 한 번 더 강조하고 싶다. 이 주제들은 우리가 쉽게 통제할 수 있다(그리고 우리 인생에서 통제할 수 있는 것은 그렇게 많지 않다).

첫 번째는 **목적**이다. 우리가 하는 모든 일은 명확하게 표현된 목적을 가지고 한다면 더 향상되고, 더 흥미롭고, 우리가 되고 싶은 사람이 될 가능성이 커진다('표현된'이라는 부분이 큰 차이를 만든다).

두 번째는 **존재하기**다. 중간에 행방불명되지 않고 사람들과 현재에 존재하는 것은 사실 불가능한 요구다. 이 산의 정상에는 절대 도달할 수 없겠지만 그래도 등반을 포기해서는 안 된다.

세 번째는 **공동체**다. 당신이 선택한 공동체의 도움으로 무언가를 이루는 것은 더 큰 반향을 일으키고, 더 많은 사람들에게 영향을 끼치며, 많은 사람들의 기여 덕분에 단독 행동에서 더 좋은 성과를 내기도 한다. 당신은 홀로 무대에 오를 것인가, 합창단과 함께 노래할 것인가?

네 번째는 **무상**이다. 원대한 계획 속에서 우리는 아주 짧은 시간 동안 지구에 머문다. "사람은 태어나, 병들고, 죽는다"라는 부처의 말은 행복도, 오늘 하루도, 그 무엇도 영원한 것은 없다는 사실을 일깨워준다. 모든 것은 덧없다. 이는 우리를 우울하게 만들기 위한 것이 아니다. 항상 현재에 몰입하고 매 순간 목적을 찾을 수 있도록 영감을 주기 위한 통찰력이다.

다섯 번째는 **결과**다. 긍정적인 개념을 드러내는 부정적인 주제인데, 여기에서 나의 목적은 결과를 더 잘 성취하도록 돕는 것이 아니기 때문이다. 그보다는 당신이 목적을 달성하는 데 최선을 다하도록 돕는다. 최선을 다한다면 결과와 상관없이 실패하지 않을 것이다.

결국 마땅한 삶은 트로피 증정식도 없고 승리의 세리머니 시간을 늘려주지도 않는다. 마땅한 삶으로 얻는 보상은 그러한 삶을 끊임없이 얻기 위해 노력하는 과정에 있다.

숨 쉴 때마다 새로운 내가 된다면

감사의 말

마땅한 삶이란 무엇인지 이해할 수 있도록 도움을 준 '100명의 코치' 구성원들에게 감사 인사를 전하고 싶다.

에이드리언 고스틱, 아이차 에번스, 알레이나 러브, 앨런 멀럴리, 알렉스 오스터왈더, 알렉스 파스칼, 알리사 콘, 앤드루 노박, 안토니오 니에토 로드리게즈, 아트 클레이너, 아샤 케디, 애쉬슈 아드바니, 앗차라 주이채런, 아이세 비르셀, 벤 맥스웰, 벤 소마르 토포, 버니 뱅크스, 벳시 윌스, 베브 라이트, 베벌리 케이, 빌 캐리어, 밥 넬슨, 보니타 톰슨, 브라이언 언더힐, 캐럴 카우프만, 캐롤라이 산티아고, CB 보우만, 채리티 룸파, 샬린 리, 체스터 엘턴, 친투 파텔, 치라그 파텔, 크리스 캐피, 크리스 코피, 클레어 디아즈 오티즈, 클라크 캘러핸, 코니 디에켄, 커티스 마틴, 다시 버훈, 데이비드 장, 데이비드 앨런, 데이비드 버커스, 데이비트 코헨, 데이비드 캘리모어, 데이비드 콘버그, 데이비드 리히텐슈타인, 데이비드 피터슨, 디에나 멀리건, 디에나 키신저, 데보라 보그, 디파 프라할라드, 다이앤 라이언, 도나 오렌더, 도니 딜런, 돈타 윌슨, 도리 클리크, 더그 위니, 에디 터너, 에디 그린블랫, 엘리엇 매이시, 에릭 슈렌버그, 에리카 다완, 에린 메이어, 유진 프레이저, 에블린 로드스타인, 파브리지오 파리니, 페이지 파테히, 피오나 매컬리, 프랜시스 헤셀바인, 프랭크 바그너, 프레드 린치, 가브리엘라 티즈데일, 게일 밀러, 게리 리지, 기포드 핀초트, 그렉 존스, 해리 크래머, 히스 디케르트, 허미니아 아이바라, 히만슈 삭세나, 오르탕스 르 정티, 하워드 모건, 하워드 프레거, 위베르 졸리, 재클린 레인, 얀 칼슨, 자스민 톰슨, 제프리 페퍼, 제프 슬로빈, 제니퍼 맥컬럼, 제니퍼 페일러, 짐 시트린, 짐 다우닝, 짐 용 킴, 요하네스 플레커, 존 발도니, 존 디커슨, 존 노즈워시, 후안 마틴, 줄리 캐리어, 케이트 클라크, 캐슬린 윌슨 톰슨, 켄 블랜처드, 크리스틴 코크 파텔, 레인 코헨, 리바 핀초, 린다 샤키, 리즈 스미스, 리즈 와이즈먼, 루 카터, 루크레시아 이루엘라, 루크 예거, 마카레나 이바라, 마그달레나 무크, 매기 헐스, 마헤쉬 타쿠르, 마고 조지아디스, 마거리트 마리스칼, 메릴린 지스트, 마크 굴스턴, 마크 터섹, 마크 톰프슨, 마틴 린드스트롬, 멜리사 스미스, 마이클 카닉, 마이클 험프리스, 마이클 번게이 스테이너, 마이클 크리팔라니, 미셸 존스톤, 미셸 세이츠, 마이크 카우프만, 마이크 서속, 미탈리 초프라, 모이데 푸어마람, 몰리 창, 모라그 베럿, 나잉 윙 아웅, 난크혼데 반 덴 브룩,

니콜 하이만, 올렉 코노발로프, 옴란 마타르, 파메이 베시, 패트리샤 고튼, 패트릭 프리아스, 파우 가솔, 폴 아르겐티, 파웰 모틸, 파얄 사흐니 비처, 피터 브레그만, 피터 치, 필 퀴스트, 필리프 가렐, 푸니 모하예르, 프라카쉬 라만, 프라나이 아그라왈, 프라빈 코팔레, 프라이스 프리쳇, 라파엘 파스토르, 라지 샤, 리타 맥그래스, 리타 나스와니, 롭 네일, 루스 고티안, 사피 바칼, 샐리 헬게슨, 샌디 오그, 사닌 시앙, 사라 허쉬랜드, 사라 맥아더, 스콧 에블린, 스콧 오스만, 세르게이 시로텐코, 샤론 멜닉, 순 루, 스리칸스 벨라마칸니, 스리쿠마 라오, 스테파니 존슨, 스티브 버글러스, 스티브 로저스, 수비르 초두리, 타보 고트프리슨, 타에코 이노우에, 타샤 유리치, 텔리사 얀시, 텔리 리엉, 테레사 레셀, 테리 칼슨, 테리 잭슨, 테리사 박, 톰 콜디츠, 토니 마크스, 투샤르 파텔, 웬디 그리슨, 휘트니 존슨, 그리고 자자 파출리아.

The Earned Life

숨 쉴 때마다 새로운 내가 된다면

제1판 1쇄 발행 | 2023년 4월 3일
제1판 2쇄 발행 | 2023년 6월 7일

지은이 | 마셜 골드스미스, 마크 라이터
옮긴이 | 안솔비
펴낸이 | 김수언
펴낸곳 | 한국경제신문 한경BP
책임편집 | 이혜영
교정교열 | 한지연
저작권 | 백상아
홍보 | 이여진 · 박도현 · 정은주
마케팅 | 김규형 · 정우연
디자인 | 지소영
본문디자인 | 디자인 현

주소 | 서울특별시 중구 청파로 463
기획출판팀 | 02-3604-590, 584
영업마케팅팀 | 02-3604-595, 562   FAX | 02-3604-599
H | http://bp.hankyung.com   E | bp@hankyung.com
F | www.facebook.com/hankyungbp
등록 | 제 2-315(1967. 5. 15)

ISBN 978-89-475-4884-7   03320